职业教育旅游类专业精品教材

中国旅游地理

（第2版）

主　编　朱　华

副主编　李　晨　吕梦莎　赵吉明

编　者　王佳瑶　梁　欢　吴晓春

　　　　程娇娇　代依洋

北京理工大学出版社

BEIJING INSTITUTE OF TECHNOLOGY PRESS

内 容 简 介

本书在内容取舍、难易程度、编写体例等方面充分考虑了职业教育的特点。第一章论述了述了旅游地理学、旅游资源的基本知识以及旅游地理学研究的内容；第二章阐述了旅游交通的基本内容，包括旅游信息、旅游地图、旅游交通方式、旅游线路设计等；第三章讲解了旅游区划的基本概念、划分依据以及区划方法。从第四章至第十二章分别介绍了东北旅游区、华北旅游区、华东旅游区、华中旅游区、华南旅游区、西北旅游区、西南旅游区、青藏高原旅游区、港澳台旅游区的自然地理和人文地理。本书简明扼要，通过小知识、小故事、小视频、延伸阅读等分解各项教学内容，知识点配课堂练习，师生用手机扫二维码便可轻松获得相关教学资源，特别适合职业教育和旅游从业人员学习、使用。

图书在版编目（CIP）数据

中国旅游地理 / 朱华主编 . -- 2 版 . -- 北京：北京理工大学出版社，2022.11

ISBN 978-7-5763-1824-1

Ⅰ. ①中… Ⅱ. ①朱… Ⅲ. ①旅游地理学 – 中国 – 教材 Ⅳ. ①F592.99

中国版本图书馆 CIP 数据核字（2022）第 208332 号

出版发行 / 北京理工大学出版社有限责任公司

社　　址 / 北京市海淀区中关村南大街 5 号

邮　　编 / 100081

电　　话 /（010）68914775（总编室）

　　　　　（010）82562903（教材售后服务热线）

　　　　　（010）68944723（其他图书服务热线）

网　　址 / http://www.bitpress.com.cn

经　　销 / 全国各地新华书店

印　　刷 / 定州市新华印刷有限公司

开　　本 / 889 毫米 × 1194 毫米　1/16

印　　张 / 13.5　　　　　　　　　　　　　　责任编辑 / 王晓莉

字　　数 / 271 千字　　　　　　　　　　　　文案编辑 / 代义国

版　　次 / 2022 年 11 月第 2 版　2022 年 11 月第 1 次印刷　　责任校对 / 周瑞红

定　　价 / 51.00 元　　　　　　　　　　　　责任印制 / 边心超

　　旅游地理是一门不可或缺的应用性科学，掌握旅游地理知识是旅游专业学生的基本职业素养。教材以《国家职业教育改革实施方案》对职业教育"三教"改革要求为指导思想，根据职业院校学生的学情，遵循职业院校学生的认知特点，将行业标准、企业要求、工作实践、教学目标有机融合，注重学生专业知识的积累和思辨能力的训练。

　　教材立足于地理学的理论与视野，注重知识的共识性、术语的规范性，采用了最新的文献资料，也充分考虑了职业教育的特点。前3章为中国地理学知识，提纲挈领；后9章为中国各大旅游区自然地理和人文地理介绍，纲举目张，知识、技能相互渗透，形成了前后呼应的旅游地理学科知识体系。

　　在内容取舍、难易程度、编写体例方面，教材考虑了职业教育的特点，通过小知识、小故事、课堂讨论、延伸阅读等分解教学内容，知识点配课堂讨论。根据中国自然地理和人文地理的特征以及中国出入境旅游市场的划分，本教材将香港、澳门、台湾专门划为一个旅游区。

　　教材编写科学、规范，内容与教材课程设置对接，深入浅出，难易恰当，符合职业学校学生的认知水平，体现了职业教育"够用、适用、实用"三原则。教材编写人员有高校名师及中职、高职一线教师，将职业教育的特点和精神融入其中，符合新时代高职教育改革的要求，这是本教材又一大特色。

　　教材注重旅游地理专业知识与国家地理意识、思政教育、人文精神的融合，讲解了国家主权地理标志、国家地理人文精神、红色旅游和爱国主义教育基地，这是本教材的一大亮点。通过本书的学习，学生不仅能掌握中国旅游地理的基本概念和知识构架，了解我国的自然和人文地理，也能增强自己的国家地理意识，培养自己的家国情怀。

在本教材的编写过程中，一些学者提供了自己的旅游地理学术研究成果，一些一线中国旅游地理教师对教材编写内容、体例提出中肯的意见，均被纳入教材编写之中。本教材每一章都配有课堂讨论和测试，为教师制作了电子课件，任课教师可在北京理工大学出版社官网下载，或致函 ernestzhu@126.com 申请。

本教材是针对职业教育编写的，充分考虑了中国旅游地理职业教育的特点。教材由朱华担纲编写，设计编写框架和写作体例，负责统稿、审稿，参加编写 1~12 章。教材参编人员及编写章节：李晨第 1 章、第 4 章；吕梦莎第 2 章、第 5 章；王佳瑶第 3 章、第 6 章；程娇娇、赵吉明第 7 章、第 11 章；代依洋、赵吉明、王佳瑶第 8 章；梁欢、吴晓春、吕梦莎第 9 章；梁欢、吴晓春、李晨第 10 章；代依洋、赵吉明、王佳瑶第 12 章。

编　者

2022 年 11 月

目录 CONTENTS

第一章

中国旅游资源

本章概述 →

　　本章阐述了旅游地理学、旅游资源的基本知识以及旅游地理学研究的内容和对象；介绍了我国的地理位置、自然环境和历史文化；讲解了世界遗产在中国的分布、国家地理人文精神、中国的红色旅游等内容。通过本章学习，学生可以了解旅游地理学的基本概念，掌握旅游资源的分类以及世界遗产在中国各省市的分布，增强国家地理意识和地理思政水平，培养家国情怀。

教学目标 →

　　1. 了解旅游地理学的定义，掌握其研究对象和范围。

　　2. 掌握旅游资源的概念、范畴、分类及特点。

　　3. 区分世界遗产的类型，熟悉中国的世界遗产。

　　4. 学习国家地理人文精神，掌握中国红色旅游资源。

思维导图

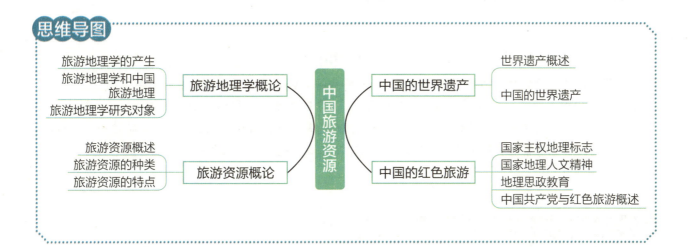

第一节 旅游地理学概论

　　地理学是一门古老的学科，曾被称为科学之母。旅游与地理关系十分密切，人类的旅游活动都是在一定的地理环境空间中进行的，人类旅游活动的历史也是地理学的历史。作为一门以地理环境与人类活动相互关系为研究对象的学科，地理学具有突出的地域性、综合性的特点，而人类旅游活动具有显著的地域性、综合性的特征，使得地理学与旅游学有了最佳结合点，旅游地理学的研究成为必然。

一、旅游地理学的产生

　　旅游地理学是旅游学和地理学两种不同性质的学科有机结合的产物。现代旅游地理学诞生于 20 世纪 30 年代。1930 年，美国学者麦克默里在《地理评论》上发表的《娱乐活动与土地利用关系》一文，被认为是旅游地理学的开山之作，标志着现代旅游地理学的诞生。1976 年，在第 23 届国际地理大会上成立了旅游地理专业组，旅游地理学正式成为地理学的一门分支学科。

　　如前所述，作为一门学科，旅游地理学的历史非常短暂，它是应现代旅游业的需要形成并发展起来的一门新兴学科。20 世纪末，国外的旅游地理学被引入中国。1979 年，中国科学院成立了旅游地理学科研究组，对促进我国旅游业的发展起了非常重要的作用，标志着我国旅游地理进入了系统研究。虽然当代地理学起源于近代，但我国古代就有旅游地理著作，其中最有名的著作为《山海经》和《徐霞客游记》。

小故事

父母在，不远行

　　万历三十六年（1608 年），22 岁的徐霞客开始出游。临行前，他肩挑行李，头戴远游冠，离开了家乡。中国古代有句俗语："父母在，不远行"，而徐霞客远行却得到母亲的支持，他一生绝大部分时间都是在旅行考察中度过的。无论多么疲劳，无论是露宿街头还是住在破庙，在跋涉一天之后，他都坚持把自己考察的收获记录下来，为后人留下了珍贵的地理考察记录——《徐霞客游记》。

二、旅游地理学和中国旅游地理

　　旅游地理学就是运用地理学的理论和方法，研究人类的旅行游览、疗养娱乐活动与地理和社会经济发展之间相关规律的科学。它是地理学的一门分支学科，属于人文地理学的范畴。旅游地理学不仅同地理学的很多分支关系密切，而且与社会学、民俗学、历史学、园林学、建筑学等学科彼此渗透，是一门综合性很强的边缘学科。

中国旅游地理是旅游地理学的一门分支学科，是在旅游地理学指导下关于中国区域旅游地理研究的学问，其知识体系大体包括中国旅游地理环境、中国旅游资源地理、中国旅游客源与客流地理、中国旅游服务业地理、中国区域旅游开发、中国旅游区划与分区旅游地理等。本教材偏重于中国旅游资源地理的学习。

作为一名旅游从业者，学习中国旅游地理可以开阔眼界，增长知识，陶冶情操，激发爱国主义情感；学好中国旅游地理，可以提高文化修养、旅游服务水准和质量，提升旅游从业人员的整体形象；学好中国旅游地理，可以合理地利用和开发旅游资源，促进中国旅游业与社会经济的和谐发展。

小知识

何谓地理

地理的历史之悠久，几乎可与人类的历史同步。原始人知道何处有水，何地可以觅食，更知何处可以安心睡觉。这种维持生存的能力说明他们对于地理环境已经产生了粗浅的认识，已经具备了浅显的地理知识。

"地理"一词最早出现在《周易·系辞》中，其历史相当悠久。《山海经》被认为是我国最早的涉及地理的典籍。

三、旅游地理学研究对象

任何一门学科都有其特定的研究领域和研究对象，旅游地理学的研究对象是人类一切旅游现象与地理环境之间的关系，其主要内容包括旅游资源、旅游客源、旅游区划、旅游规划、旅游信息以及旅游影响等，如图1.1所示。

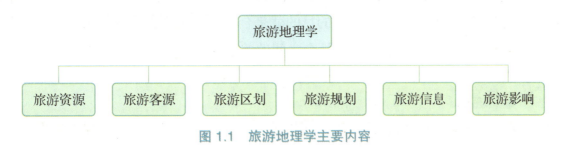

图 1.1　旅游地理学主要内容

1. 旅游资源

在西方，一些国家称旅游资源为旅游吸引物，是实现旅游活动的基本要素之一，是旅游活动的客体和旅游业发展的物质基础。旅游资源的研究包括旅游资源的定义、分类、调查、评价、开发与保护等。

2. 旅游客源

游客是旅游活动的主体，旅游客源是旅游业发展的市场基础，是旅游活动得以开展的首要条件。旅游客源的研究包括旅游者的概念、基本类型、地理背景、旅游动机、行为规律、旅游需求预测等。旅游者旅游行为的产生，其直接的心理动因是人的动机，旅游动机就是激发人们外出旅游的内在驱动力，即促使一个人有意于外出旅游及选择到何处去、开展何种旅游活动的心理动因。

3. 旅游区划

旅游区划是根据旅游地域分工原则，按照旅游资源的地域差异性及社会、经济、文化等条件，在地域上划分出不同等级的旅游区，制定相应的发展规划，为因地制宜地发展旅游业提供保障，从而达到合理开发、利用和保护旅游资源的目的。近年来，我国一些学者根据教学或科研工作的需要，先后提出了一些中国旅游区划方案。据不完全统计，有关中国的旅游区划方案目前有十多种。这些区划方案主要从两方面加以考虑：一是旅游资源、旅游条件发展现状的相似性，二是行政区划体系的完整性。

特别提示

旅游区

旅游区是由若干同性特征的旅游景点与旅游接待设施组成的地域综合体。要注意旅游区与旅游区划的区别与联系。

4. 旅游规划

旅游规划是对一定范围地域的旅游业在未来若干年内建设和发展的总体部署和策划，对旅游休闲资源、相关设施和服务以及其他相关资源进行合理配置和使用，力求旅游休闲业经济、社会和环境效益实现最大化。它包括旅游开发规划、环境容量、资源保护、线路设计等，为旅游业发展提供科学依据。规划的目的就是合理开发利用该区域的旅游休闲资源，处理好该地区旅游业发展与经济、环境和社会之间的关系。

5. 旅游信息

旅游信息包括旅游地理信息系统的建立和运用，旅游地图的绘制与表现形式等。地理信息系统具有形象直观、操作灵活、功能强大等特点，能将图形数据与属性数据完美地结合起来。旅游地理信息系统可以为游客提供旅游景点图的显示、查询、定位，餐饮服务的情况、休憩住宿的信息，为游客提供诸如最短路径分析、最佳旅游路线设计等辅助决策功能。

6. 旅游影响

旅游活动是一种复杂的社会现象，对社会文化、经济和环境等有着广泛的影响。旅游活动的文化属性、经济属性和政治属性不仅对目的地在经济、文化、环境等领域产生广泛深刻的影响，对客源地的社会、经济、文化等也会产生重大影响。旅游学要认识和研究旅游活动影响的表现形式及产生机制，研究控制旅游影响的措施，推动旅游业的可持续发展。

课堂讨论

1. 旅游地理学的研究对象是什么？
2. 旅游地理学有哪些主要研究内容？

第二节　旅游资源概论

一、旅游资源概述

1. 含义

自然界和人类社会凡能对旅游者产生吸引力，可以为旅游业开发利用，并可以产生经济效益、社会效益和环境效益的各种事物和因素，统称为旅游资源。旅游资源可以是有形的物质景观，如自然界中的巍巍高山、冰峰塔林、奇峰幽谷，一泻千里的江河、秀丽宁静的湖泊、洁净无垠的沙滩，繁盛艳丽的树木花草、飞翔跳跃的鸟兽虫鱼，气象万千的朝晖夕阳、神奇变幻的佛光海市等自然风光；可以是人文景观，如历史古迹、亭台楼阁、寺庙陵寝、诗词歌赋、神话传说，各民族多姿多彩的服饰、节庆、歌舞、风物特产，以及无形的精神现象，如神话传说、社会文明等。

2. 范畴

随着社会的发展、科学技术的进步以及人们生活水平的提高、生活方式的转换，传统的旅游方式已不能满足人们的旅游需求，旅游资源的内容变得越来越丰富，范畴越来越广阔。从旅游活动的地域来看，旅游者已可到达他们想去的任何地方：从世界最高峰到大洋海底，从繁华的都市到杳无人烟的沙漠和严寒的极地，甚至是浩渺的太空。从旅游活动的形式来看，现代旅游已不仅仅局限于山水观光，而是进一步寻求亲身体验，重在娱乐性、参与性、体验性。实际上，旅游资源的范围已非常广泛：除传统的自然风光、名胜古迹、风土民情之外，过去属于其他行业的事物，如知名工厂、水库电站、著名店铺、科研基地、文教单位、文化名人故居、战争遗迹等，甚至监狱等都可用来发展旅游业。

▷ 小知识

监狱之旅

到瑞典首都斯德哥尔摩的游客都有机会在郎霍尔门酒店里住上一晚，体验"全新的生活"。当然是由游客花钱当"犯人"，这是由监狱改成的豪华酒店。客人入住后，身着囚服，戴模拟刑具，服务人员则身着警服，客人离店时发给"释放证"。

据说这种旅行尤其受到那些为教育子女而伤透脑筋的家长的欢迎，他们认为监狱之旅可以让青少年游客尝尝失去自由的滋味，从而懂得珍惜自由而不走歧路，能起到很好的教育和警示作用。

二、旅游资源的种类

旅游资源的范围极广，根据不同的需要，可经从不同的角度对旅游资源进行分类。

1. 据《旅游资源分类、调查与评价》（GB/T 18972—2017）分类

这是一种最常见的旅游资源分类方法。其基本思路是：先将旅游资源分为几个主类，再划分出亚类、基本类型等几个层次。其依据旅游资源的性状，将其分为"8 主类""31 亚类""155 基本类型"。具体分类见表1.1。

表 1.1　《旅游资源分类、调查与评价》（GB/T 18972—2017）分类方法

主类（8）	亚类（31）	基本类型（155）
地文景观	综合自然旅游地、沉积与构造、地质地貌过程形迹、自然变动遗迹、岛礁	37 类
水域风光	河段、天然湖泊与池沼、瀑布、泉、河口与海面、冰雪地	15 类
生物景观	树木、草原与草地、花卉地、野生动物栖息地	11 类
天象与气候景观	光现象、天气与气候现象	8 类
遗址遗迹	史前人类活动场所、社会经济活动文化活动遗址遗迹	12 类
建筑与设施	综合人文旅游地、单体活动场馆、景观建筑与附属建筑物、居住地与社区、归葬地、交通建筑、水工建筑	49 类
旅游商品	地方旅游商品	7 类
人文活动	人事记录、艺术、民间习俗、现代节庆	16 类

2. 据旅游资源的属性及成因分类

这是一种最基本的旅游资源分类方法。根据旅游资源的属性及成因，可把旅游资源分为两个基本的类型，即自然旅游资源和人文旅游资源（图1.2）。

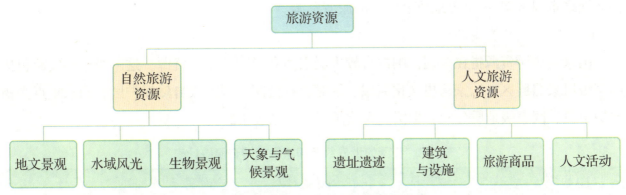

图 1.2　据旅游资源的属性及成因分类

（1）自然旅游资源

自然旅游资源指自然界天然赋存的能对旅游者产生吸引力并为旅游业所利用的各项因素。其最基本的组成要素是山、水、气、光、动植物等。它们巧妙组合，构成千变万化的自然景象：山光水色、奇石异洞、阳光海滩、流泉飞瀑、珍禽异兽、名花异卉、天象奇观等。我国幅员辽阔，有无数名山大川，自然环境复杂多样，拥有丰富的自然旅游资源。

（2）人文旅游资源

人文旅游资源指古今人类所创造的、能对旅游者产生吸引力并能为旅游业所利用的物质财富和精神财富的总和。其包括历史古迹、建筑园林、宗教文化、民俗风情、文化艺术等，集中反映了民族风采和地区特色。我国有 5000 多年的文明发展史，在漫漫的历史长河中，先辈给我们留下了大量珍贵的文化古迹，人文旅游资源异常丰富，为我国旅游事业的发展提供了极为有利的资源条件。

一些著名的旅游胜地大多是自然旅游资源与人文旅游资源巧妙结合的典型，既有迷人的自然风光，又有丰厚的文化底蕴。

小知识

遗址与遗迹

遗址是指人类活动的遗迹，属于考古学概念。遗址的特点表现为不完整的残存物，具有一定的区域范围，很多史前遗址、远古遗址多深埋地表以下。例如，河南舞阳贾湖遗址（距今 7500~9000 年）、河南渑池仰韶村遗址（距今 5000~7000 年）。

遗迹则是经过人类有意识加工的活动痕迹，因而能够反映当时人类的活动，如墓葬、灰坑、岩画、窖藏及游牧民族遗留下的活动痕迹等。

3. 据旅游资源的吸引程度进行分类

根据旅游资源的吸引程度进行分类，可将其划分为世界级旅游资源、国家级旅游资源、省级旅游资源、市（县）级旅游资源。

（1）世界级旅游资源

世界级旅游资源指具有世界意义的旅游资源，如列入《世界遗产名录》《世界生物圈保护区网络章程框架》《世界地质公园》的旅游资源。

（2）国家级旅游资源

国家级旅游资源指在全国范围内有较大吸引力和影响的旅游资源。这一级旅游资源包括国家级风景名胜区、国家历史文化名城、国家森林公园、国家级自然保护区、国家重点文物保护单位、国家级地质公园、中国优秀旅游城市，见表1.2。

表1.2 我国的世界级及国家级旅游资源统计表

吸引程度	类型	截止时间	数量
世界级	列入《世界遗产名录》的旅游资源	2021年7月	55项
世界级	列入《世界生物圈保护区网络章程框架》的旅游资源	2018年7月	34项
世界级	列入《世界地质公园》的旅游资源	2020年7月	41项
国家级	国家级风景名胜区	2017年3月	244处
国家级	国家森林公园	2019年2月	897处
国家级	国家级自然保护区	2018年5月	452处
国家级	国家重点文物保护单位	2019年10月	5053处
国家级	国家历史文化名城	2021年3月	137座
国家级	中国优秀旅游城市	2010年年底	339座
国家级	国家级地质公园	2020年3月	220个

（3）省级旅游资源

省级旅游城市指在省内及对周边省市有一定吸引力的旅游资源。这一级旅游资源包括省级重点风景名胜区、省级森林公园、省级自然保护区、省级文物保护单位。

（4）市（县）级旅游资源

市（县）级旅游资源一般只在市（县）范围内有一定吸引力的旅游资源，主要包括市（县）级风景名胜区和市（县）级文物保护单位。

三、旅游资源的特点

旅游资源涉及自然、经济、社会等多方面的因素，是一种特殊的资源，既具一般资源的共性，又有自己独有的特性。不同于土地、矿藏等传统资源，旅游资源一般具有广域性和多样性、组合性和综合性、地带性差异和非地带性差异、季节性和节律性、永续性和不可再生性等特点。

1. 广域性和多样性

旅游资源具有空间分布的广域性、内容的多样性的特点。

（1）广域性

从空间而言，从城市到乡村，从高山到深谷，从赤道到极地，甚至是遥远的太空，旅游资源无处不在。那些旅游业发展落后的地区并不一定是缺乏旅游资源，很可能是缺乏对旅游资源的发现和开发能力。

（2）多样性

从内容而言，各种自然的、人文的因素都有成为旅游资源的可能。昔日的监狱、废弃的矿井、荒芜的沙漠甚至火山喷发遗址、地震遗址等都可以成为旅游资源，足见旅游资源的多样性。

2. 组合性和综合性

在特定地域中，绝大部分旅游资源都不是单一存在的孤立个体，而是各资源要素相互联系、相互渗透、相互依存而共同形成的资源体。例如，杭州西湖风景区，湖光山色之中点缀着众多人文胜迹，亭台楼阁掩映其间，使杭州赢得"人间天堂"的美誉；桂林山水甲天下，是由漓江的水与两岸的山、奇峰相映衬形成的。

总的来说，自然资源离不开人文资源的烘托点染、藻饰精修，人文资源离不开自然资源的造型布局、设色构图，二者共同构成完善的观赏对象。

特别提示

> 旅游资源的组合性和综合性越强，其吸引力越大，开发利用的价值也就越大。因此，要注意旅游产品开发与设计中的组合性和综合性。

3. 地带性差异和非地带性差异

旅游资源的地域性指旅游资源的总特征、景观基调、色彩等具有地域分布特色。地域性可以表现为地带性差异或非地带性的差异。

（1）地带性差异

地带性差异以自然环境中的气候、植被、水体等因素最为明显，由此形成自然旅游资源的地带性特征，如常用"北雄、南秀、西旷、东密"形容中国风景特征，用"北咸南淡、西辣东甜"来形容中国不同地域的饮食特征。

（2）非地带性差异

非地带性差异以地质地貌、某些人文旅游资源表现最为突出，如典型的地貌造型、民族风情、文学艺术等。文物古迹多分布在人类文明发展较早、人类活动频繁的地区，现代城市及游乐项目多分布于现代经济较发达的地区，少数民族风情则多分布于边远地区。

4. 季节性与节律性

（1）季节性

旅游资源的季节性是指旅游资源的特征和吸引力随季节不同而发生的变化，尤以气候、生物、水体等旅游资源的季节性变化最为明显。例如，哈尔滨的冰雪景观只有在冬季才可以看到；北京香山的红叶出现在每年的秋天；壮观的钱塘江大潮出现在每年农历八月十六至八月十八；云南大理"蝴蝶会"在每年农历四月底至五月初；杭州西湖"断桥残雪"只能在积雪半融时才能领略到；昆明"曹溪印月"奇观每隔 60 年才出现一次，即每逢甲子年的中秋之夜才最见奇妙。

延伸阅读

钱塘江大潮

　　钱塘江大潮，以其"滔天浊浪排空来，翻江倒海山为摧"的壮观景象，吸引着无数人前往观看，是世界著名的两大涌潮之一。其形成原因与钱塘江入海的杭州湾的形状以及它特殊的地形有关。杭州湾呈喇叭形，口大肚小，钱塘江河道自澉浦以西急剧变窄抬高，致使河床的容量突然缩小，大量潮水挤入狭浅的河道，潮头受到阻碍，后面的潮水又急速推进，迫使潮头陡立，发生破碎，发出轰鸣，出现惊险而壮观的场面。

　　农历每月的初一前后和十五前后，太阳、月亮和地球排列在一条直线上，太阳和月亮的吸引力合在一起，吸引地球表面的海水，所以每月初一和十五的潮汐比较大。特别是中秋节前后，是一年中地球离太阳最近的时候，因此每年农历八月十五前后的秋潮是一年中最大的。

（2）节律性

　　节律性是指因重大的节庆和政治、文化、商业、体育活动而引起的旅游客流有规律的变化。例如，每四年一度的奥运会使主办地成为国际旅游的一个热点；电影节，如美国奥斯卡金像奖、法国戛纳电影节、意大利威尼斯电影节、德国柏林电影节、中国上海电影节等；各种艺术节，如奥地利维也纳国际音乐节、中国潍坊国际风筝节、意大利木偶节等。

特别提示

　　一些旅游目的地正是由于旅游资源的季节性与节律性这一特点的影响而出现旺季和淡季之分，这就要求旅游地必须采取有效措施，缩短或控制旅游淡季，延长旅游旺季。

5. 永续性和不可再生性

（1）永续性

　　永续性是指旅游资源具有重复使用的特点。大多数旅游资源在利用过程中，其本身并不会被旅游者的旅游活动消耗掉，旅游者只是从种种旅游活动中（如游览观光、泛舟滑雪、登山健行、观鸟赏花等）获得自身所需的身心放松和美好感受，并不消耗旅游资源本身。因此，旅游资源具有开发利用的永续性，可以长期甚至永远地重复使用下去。

（2）不可再生性

　　无论是自然旅游资源还是人文旅游资源，都容易受到破坏。旅游资源一旦遭到破坏，就很难恢复，故具有不可再生性。例如，地质地貌资源是经上亿年的地质变迁而形成的，一旦破坏不可恢复；原始森林中的大树至少需几百年才能重新长成，一旦破坏也难以恢复；而文物古迹是古人创造的，一旦破坏，即使进行人工修复也难现昔日风采。

　　1. 旅游资源有哪些特点？
　　2. 如何理解旅游资源的"变化性"？

第三节　中国的世界遗产

一、世界遗产概述

1. 含义与分类

　　世界遗产，特指被联合国教科文组织和世界遗产委员会确认的具有突出意义和普遍价值的自然景观与文物古迹，是人类罕见且目前无法替代的财产。世界遗产分物质性遗产与人类口述和非物质文化遗产两大类别，其中物质性遗产又可分为四种类型：自然遗产、文化遗产、文化与自然双重遗产、文化景观遗产。其中，自然遗产包括具有高度美学和科学价值的地质结构、地貌形态、生物种群等，文化遗产包括具有高度历史、艺术、科学及美学价值的文物、建筑群、遗址等。

小知识

世界遗产的评选标准

　　提名列入《世界遗产名录》的自然遗产项目，必须符合下列一项或几项标准：
　　（1）构成代表地球演化史中重要阶段的突出例证；
　　（2）构成代表进行中的重要地质过程、生物演化过程以及人类与自然环境相互关系的突出例证；
　　（3）独特、稀有或绝妙的自然现象、地貌或具有罕见自然美的地带；
　　（4）尚存的珍稀或濒危动植物种的栖息地。
　　提名列入《世界遗产名录》的文化遗产项目，必须符合下列一项或几项标准：
　　（1）代表一种独特的艺术成就，一种创造性的天才杰作；
　　（2）在一定时期内或世界某一文化区域内，对建筑艺术、纪念物艺术、城镇规划或景观设计方面的发展产生过大影响；
　　（3）能为一种已消逝的文明或文化传统提供一种独特的至少是特殊的见证；

（4）可作为一种建筑或建筑群或景观的杰出范例，展示出人类历史上一个或几个重要阶段；

（5）可作为传统的人类居住地或使用地的杰出范例，代表一种或几种文化，尤其在不可逆转的变化的影响下变得易于损坏；

（6）与具特殊普遍意义的事件或现行传统或思想或信仰或文学艺术作品有直接或实质的联系。（只有在某些特殊情况下或该项标准与其他标准一起作用时，此款才能成为列入《世界遗产名录》的理由。）

2.《世界遗产名录》

世界遗产是全人类共同继承的文化和自然遗产，为了确定、保护和恢复全人类的共同遗产，1972年联合国教科文组织在法国巴黎通过了《保护世界文化和自然遗产公约》，同时决定建立《世界遗产名录》。凡被通过加入《保护世界文化和自然遗产公约》的缔约国，其国家级的文化与自然遗产均可申请列入《世界遗产名录》，一经列入则作为全人类的共同遗产得到保护，即使在战争中也不能成为军事攻击的目标，以确保遗产的价值能永续保存下去。1985年，我国正式成为《保护世界文化和自然遗产公约》缔约国。1991年，我国当选为世界遗产委员会成员。

二、中国的世界遗产

世界遗产独特的美学价值、历史文化价值、科学价值得到世界人民的认可，成为旅游资源中的顶级品牌。世界遗产作为旅游资源的精品，吸引了众多游人，促进了当地旅游业的发展，带来了巨大的经济效益，实现了经济价值。

2019年，中国世界遗产数量与意大利并列世界第一。2020年，中国超越意大利，成为世界遗产数量最多的国家。截至2021年8月，我国已成功地申报了56项物质性遗产，其中文化遗产38项，自然遗产14项，文化与自然双重遗产4项。此外，昆曲、古琴、新疆维吾尔木卡姆艺术、蒙古族长调民歌4项被列入人类口述和非物质文化遗产。

我国的文化遗产、文化与自然双重遗产是独一无二的历史文化载体和人类历史发展的见证。它们所反映的是中华民族的悠久历史和灿烂文化，具有时代性、不可再生性、不可替代性。我国的自然遗产代表着某一类地质地貌中最重要的历史演化过程，展示了我国独特的地质地貌和生物资源。这些世界遗产是我国不可多得的珍贵旅游资源，使人们能够领略到中国的传统文化和绚丽的自然风光之美。它们是国际游客到中国旅游的首选。

课堂讨论

1. 世界遗产如何分类？
2. 怎样保护世界遗产？

第四节　中国的红色旅游

一、国家主权地理标志

1. 国家主权

主权是一国固有的独立自主处理其管辖区域内一切对内对外事务的最高的、排他的政治权力，是国家的本质属性，是"契约精神"和产权制度在国家间的应用和体现。国家主权是国家区别于其他社会集团的最重要属性，任何国家都有权按照自己的意愿，根据本国的情况，选择自己的社会制度、国家形式，组织自己的政府，独立自主地决定、处理本国的内部和外部事务。作为国家最主要、最基本的权力，国家主权首先表现为对外的独立权，防止外来侵略、进行国防建设和自卫的权力保障，其次表现为对内立法、司法、行政的权力来源，同时是对外保持独立自主的力量和意志。

领土完整是国家主权的表现，是国家主权的重要组成部分，也是衡量国家是否真正独立以及享有主权的重要标准，国家之间相互尊重领土完整是尊重国家主权的最主要的内容。领土的范围通过国家边界限定，而国家行使主权的空间界限则随边界的明晰得以确定。国家主权的根源存在于全体国民，所以国家主权的目的是保护国家的完整性，保护全体国民的利益，其中保护领土的完整性是重要的因素之一。任何团体或个人都不得行使非直接来自国民授予的权力，更不可利用国家主权进行其他目的的交易。

2. 边界与界碑

"边"指周边、周缘，可引申为边界，"界"则指地域的界限。德国国家大辞典记载，"边界是将本国与邻国分开的外在标志，这种外在标志可以是人为的，如界碑、界墙等；也可以是自然的，如沿山脊或者分水岭，沿河流流向等"，边界的确定通常有条约分配、划界、勘界与管理四个步骤，其物理形态主要有直线形、波形、环抱形和分离形等类型。作为伴随主权国家体系对领土划分和控制而产生的政治地理界线，边界通常是依据政治动机划分的，其背后往往隐藏着各种利益追求。在边界划分的过程中，常会参考山川地理、族群文化、历史条件、治理需要、塞防交通等具体情况，也会结合国家战略、未来发展方向和其他政治动机。

自然与人为边界的划定

　　边界的划勘可以采取自然标示原则，也可以采用人为标示原则。相邻国家经常利用天然地形，诸如河流、湖泊、山脉、沙漠、森林等划定边界线，这种形式的边界可以称为"自然边界"。"人为边界"则是为标明想象的界线所经之处而特意设置的标志，这些标志可以是标柱、石头、栅栏、墙垣、壕沟、道路、运河、水上浮标等。

　　边界是一国领土主权的构成要素，是主权国家行使主权的政治地理界线，构成行使一国领土主权的自然基础，代表主权国家的利益边缘。边界作为国家行使领土主权的地理空间界限，是邻国之间历史和地缘政治长期发展的产物，是国家间利益博弈的结果。从边界的起源看，边界是国家利益分割的产物，分割和固化了主权国家的利益关系。从主权国家利益的外在形式看，边界是国家生存及发展的保障线，限定和调节国家的空间资源配置，是主权国家利益的集中体现。从边界的运动结果看，边疆效应和边界效应是国家利益边界固化和移动的结果，并深刻影响着国家利益的实现。边界的本质是主权国家的利益分割线。

边界效应

　　国家的边界是国家领土、主权的界线标志，神圣不可侵犯；国家内部的行政边界是有利于高效行政管理而存在的地理分界线，是微观地域的权限界线。边界的存在像一堵无形的高墙，阻碍要素跨区域的高效流动，从而对跨边界的社会、经济行为产生影响，这种影响称为"边界效应"。

　　界碑，有时又称为界桩，是陆地邻国双方为确定边界走向和位置而共同竖立的标志物，是边界标志的一种。由于邻国双方为维护各自领土利益而"寸土必争"，每一个界碑（桩）的诞生，往往都要经过漫长而又不寻常的历程。中国陆地与朝鲜、俄罗斯、蒙古、哈萨克斯坦、吉尔吉斯斯坦、塔吉克斯坦、阿富汗、巴基斯坦、印度、尼泊尔、不丹、缅甸、老挝和越南等14个国家接壤，陆地边界线总长2.2万多千米，是世界上陆地边界线最长和邻国最多的国家，也是边界情况较复杂的国家之一。

　　中华人民共和国成立时，与众多陆地邻国都存在历史遗留的边界问题。中华人民共和国成立70多年来，中国在坚持和平共处五项原则的基础上，本着友好协商、互谅互让的精神，通过和平谈判先后与大多邻国解决了陆地边界问题。签订的边界条约或协定生效后，双方还要综合运用卫星定位、航空航天遥感测绘、数字地图制图等现代测绘技术手段，对条约或协定规定的边界走向和位置进行实地勘定，树立界碑并精确测定其位置。界线勘定之后，还要适时对边界进行联合检查，并开展相关的测绘工作，以维护界线和界标的稳定。

小知识

共和国1号碑

　　1960年划定的中缅边界是中华人民共和国成立后与邻国划定的第一条边界。被称为"共和国1号碑"的中缅1号界桩位于云南省保山市腾冲市。中缅边界开辟了新中国与邻国和平友好解决边界问题的先河，巩固深化了中缅两国人民的传统"胞波"情谊。中缅边界问题的解决不仅对发展中缅关系有着重要的意义，而且为世界各国通过友好协商解决邻国陆地边界问题树立了典范。

二、国家地理人文精神

　　人文精神是一种普遍的人类自我关怀，表现为对人的尊严、价值、命运的维护、追求和关切，对人类遗留下来的各种精神文化现象的高度珍视，对一种全面发展的理想人格的肯定和塑造；而人文学科是集中表现人文精神的知识教育体系，它关注的是人类价值和精神表现。无论是自然还是人文旅游资源，都蕴含着深刻的"人文"内涵。

　　亘古永存、万川源一的山脉与河流，在时间和空间上构筑了中华大地血脉相连、休戚与共的人文地理格局。事实上，没有绝对的自然旅游资源，所谓的自然旅游资源都是人文化的自然旅游资源。我国山地旅游资源非常丰富，很多山川河流无不包含了各种深刻的文化内涵。黄河成就了一个伟大的民族，从西向东，蜿蜒数千公里，奔流入海，是中华民族的摇篮；泰山为五岳之首，是中国人文精神的象征，也是中国山川著名地标之一。正因为这些纵横东西的自然、人文地理架构，造就了中华民族人文思想中鸟瞰八荒、驰骋天下的精神底蕴。

延伸阅读

泰山的人文精神

　　泰山是中国传统文化和民族精神的典型代表。几千年来，中国百姓对泰山的崇拜逐步演化成了世间登高励志、敬天问道，企盼"国泰民安"的家国情怀，"天门长啸、万里清风"的人文精神，"会当凌绝顶、一览众山小"的人文风范，以及民间和谐友善、厚德载物，共筑美好梦想的世俗遗风。中华文化典籍中常见的"泰山压顶不弯腰""责任重于泰山""泰山北斗"等体现出的就是中华民族的这种担当精神。"泰山石敢当"是正义的化身，在新时代，我们更应该发扬泰山石敢当的精神，以"登高必自""努力登高"的勇气和精神完成中华民族伟大复兴的历史使命。

三、地理思政教育

　　旅游专业的学生是现在和未来旅游活动的践行者，也是国民素质的载体，加强其思想政治教育有助于推动高校思政工作，开创我国高等教育发展的新局面，为实现中华民族伟大复兴的中国梦提供有力的人才支撑。丰富的旅游自然地理和人文地理知识是培养具有爱国精神、家国情怀的旅游专业的学生的重要的知识载体。

为此，地理学科教学中的思政教育应与地理教学内容相结合，并体现地理学科特点，使学生在地理课程的学习过程中形成正确的世界观、人生观、价值观。

就中国旅游地理教学而言，地理边界线体现国家主权意识；祖国大好河山标志性景观体现中国的人文精神；人民群众利用我国的地理环境和资源进行生产、生活，发挥人的主观能动性，建设社会主义现代化强国……这些都是地理思政教育中家国情怀、爱国主义教育的内容。

小知识

家国情怀

家国情怀是中国传统文化的精髓所在。在中国传统文化背景下，典型的家族社会结构产生了仁、义、礼、智、信，温、良、恭、俭、让这样的道德准则，又孕育出以统一、和谐、责任、奉献、个人利益服从集体利益等为导向的价值观体系。每一个中国人对中华文化和这片土地深刻的眷恋和认同，是家国情怀的核心。中国人说"家国天下"，其中家是血缘宗法家族，国是政治共同体，天下则是中华文明共同体。换言之，中华文明在何处，家国天下就在何处。家国情怀始终流淌在炎黄子孙的血脉之中，对多元一体的国家认同始终召唤着华夏儿女团结奋斗。

四、中国共产党与红色旅游概述

1. 红色旅游

红色旅游是在中国新的历史条件下伴随着有组织的革命传统教育和爱国主义教育活动的开展而产生、形成，并随着革命传统教育和爱国主义教育不断推进而加速发展的新型旅游产品。红色旅游主要是以中国共产党领导人民在革命和战争时期建树丰功伟绩所形成的纪念地、标志物为载体，以其所承载的革命历史、革命事迹和革命精神为内涵，组织接待旅游者开展缅怀学习、参观游览的主题性旅游活动。红色旅游把红色人文景观和自然景观结合起来，把革命传统教育与促进旅游产业发展结合起来。游客既可以观光赏景，也可以了解革命历史，增长革命斗争知识，学习革命斗争精神，培育新的时代精神，并使之成为一种文化。

2. 发展红色旅游的意义

红色旅游是中国文化旅游不可缺少的一部分，是建立在红色资源基础上的一种精神文化产品，其内涵丰富，真实直观。因此，发展红色旅游是弘扬民族精神，加强青少年思想政治教育、建设社会主义先进文化的文化工程；发展红色旅游可以构建忠诚爱国的民族情怀，培育不畏艰难的坚强信念，铸就自主进取的创新精神；发展红色旅游，在社会主义市场经济条件下实现社会效益同经济效益的有机结合，也是一条将精神财富转化为社会财富，旅游扶贫，最终造福于社会的良性循环之路。

红色旅游中的革命传统是中华民族的宝贵精神财富。中国共产党在长期革命斗争实践中形成的井冈山精神、长征精神、延安精神和西柏坡精神等，是民族精神在特定历史时期的升华。通过红色旅游，弘扬革命传统，是新时期广大人民群众新的旅游需求，也是革命传统教育和爱国主义教育的新形式。红色旅游寓教于游，是革命传统教育方式的创新，是贴近历史和生活的大课堂，是新形势下人文精神的回归。因此，我们必须充分利用革命传统教育基地和爱国主义教育基地的资源优势，发展有中国特色的红色旅游。

3. 中国共产党与红色旅游

中国共产党在百年奋斗历程中，留下了大量的革命旧址、遗迹遗存和实物资料。目前，全国有不可移动革命文物 3.6 万多处，可移动革命文物超过 100 万件（套）。其中有大家非常熟悉的中国共产党一大会址、井冈山革命旧址、遵义会议会址、延安革命旧址，也有红军长征路上的娄山关、腊子口、铁索桥等，另外还有陈望道首译的《共产党宣言》译本、方志敏《可爱的中国》手稿、开国大典时用的五星红旗等。这些文物记录着党的光辉历程，看到它们就会想到艰苦斗争、想到光荣岁月，是我们弥足珍贵的精神财富。

近年来，人们学习革命历史、感受革命文化的愿望日益强烈，参观革命旧址、纪念馆、博物馆蔚然成风，红色旅游逐渐发展起来。许多红色景点成为中老年人重温激情岁月、感怀时代变迁的体验地，成为年轻人聆听红色故事、致敬英雄模范的"打卡地"。有些红色旅游目的地热度在不断攀升，如延安革命纪念馆、杨家岭革命旧址、枣园革命旧址、宝塔山等，每逢节假日，游客爆满，有一家几代人结伴而来的，也有不少外国朋友。红色旅游满足了人们出门旅游的需求，也满足了接受革命传统教育的需要，还带动了革命老区的经济发展。

延伸阅读

遵义会议会址

遵义会议会址是我国重要的红色旅游景点和爱国主义教育基地。遵义会议会址原为黔军 25 军第二师师长柏辉章的私人官邸，修建于 20 世纪 30 年代初，整个建筑分主楼、跨院两个部分。主楼为中西合璧，临街有八间铺面房。铺面居中有一小牌楼，檐下悬挂着毛泽东 1964 年 11 月为遵义会议纪念馆题写的"遵义会议会址"六个大字的黑漆金匾（此为毛泽东为全国革命纪念地唯一的题字）。遵义会议会址主楼坐北朝南，一楼一底，为曲尺形，砖木结构，歇山式屋顶，上盖小青瓦，窗牖均镶嵌彩色玻璃。在走廊上，可以凭眺四围苍翠挺拔的群山，指点昔日红军二占遵义时与敌军鏖战地红花岗、插旗山、玉屏山、凤凰山诸峰。

课堂讨论

1. 国家主权地理的标志是什么？

2. 发展红色旅游有什么意义？

本章小结 →

　　本章阐述了旅游地理学的基本概念和基本问题，包括旅游地理学的产生、含义、研究对象及研究内容，对旅游资源的概念、种类以及特点进行了解析。最后一节重点介绍了国家主权地理标志、国家地理人文精神、中国共产党与红色旅游。通过本章学习，学生能初步掌握中国旅游地理的基本概念和知识构架。本章教学内容丰富、重点突出，通过小知识、小故事、延伸阅读等分解教学内容，知识点配课堂讨论，丰富了学生旅游地理相关知识，也提高了学生学习中国地理的兴趣。

本章测试 →

一、单项选择题

1. (　　) 不属于旅游地理学的研究内容。

A. 旅游资源　　　　B. 旅游客源　　　　C. 旅游区划　　　　D. 旅游单位

2. 据旅游资源的属性及成因分类，属于旅游资源基本的类型的是 (　　)。

A. 人文旅游　　　　B. 地文景观　　　　C. 水域风光　　　　D. 生物景观

3. 国家级旅游资源包括国家级风景名胜区、国家历史文化名城、国家级地质公园、(　　) 等旅游资源。

A. 中国优秀旅游城市　　　　　　　B. 世界地质公园

C. 文物保护单位　　　　　　　　　D. 省级森林公园

4. 下列不属于江苏省的世界遗产的是 (　　)。

A. 京杭大运河　　　B. 苏州古典园林　　C. 明孝陵　　　D. 开平碉楼与古村落

5. 截至 2019 年 6 月，广东世界遗产有开平碉楼与古村落和 (　　)。

A. 佛山西樵山　　　B. 韶关丹霞山　　　C. 惠州罗浮山　　　D. 广州白云山

6. 海南省的国家历史文化名城是 (　　)。

A. 海口市　　　　　B. 三亚市　　　　　C. 文昌市　　　　　D. 儋州市

7. (　　) 是中国至今唯一承办过世界遗产委员会的城市。

A. 北京　　　　　　B. 杭州　　　　　　C. 西安　　　　　　D. 苏州

8. 我国已被选入"世界自然与文化"双遗产的项目是 (　　)。

A. 黄山、武夷山、泰山

B. 颐和园、苏州古典园林、青城山和古典园林

C. 布达拉宫、五台山、峨眉山—乐山景区

D. 三清山、黄山、泰山

9. 2005 年，维吾尔族的 (　　) 被列入《世界非物质文化遗产名录》。

A. 龟兹乐舞　　　B. 刀郎舞　　　C.《十二木卡姆》　　　D. 阿肯弹唱

10.（   ）不属于旅游地理思想政治教育的基本内容。

A. 国家主权意识   B. 国际主义教育   C. 爱国主义教育   D. 唯物主义教育

二、多项选择题

1. 下列世界遗产位于天津的是（   ）。

A. 大足石刻   B. 黄崖关古长城   C. 土楼   D. 丝绸之路

2. 湖北（   ）分别被联合国教科文组织列入"人与自然保护圈计划"和《世界遗产名录》。

A. 神农架   B. 葛洲坝   C. 武当山   D. 明显陵

E. 长江三峡

3. 截至 2019 年 6 月，湖北的世界遗产有（   ）。

A. 武当山古建筑群   B. 钟祥明显陵

C. 炎帝神农故里   D. 咸丰唐崖土司遗址

E. 神农架

4. 下列属于福建现有的世界遗产的是（   ）。

A. 清源山   B. 武夷山   C. 福建土楼   D. 太姥山

E. 三坊七巷

5. 甘肃作为全国红色旅游资源大省，下面哪些表述是正确的（   ）。

A. "岷州会议"纪念馆是属于甘肃省的红色旅游景点

B. 是中国西部最早红色革命政权的诞生地

C. 是红军西路军悲壮历史的见证地

D. 是中国工农红军二万五千里长征胜利的结束地

E. 有 8 个景区被纳入了全国重点打造的"红色旅游经典景区"建设目录中

6. 下列有关江西红色旅游资源，说法正确的有（   ）。

A. 中国革命摇篮井冈山   B. 中国红色政权的摇篮瑞金

C. 人民军队摇篮南昌   D. 共和国摇篮瑞金

E. 中国工人运动摇篮安源

7. 下列都是我国已被列入《世界遗产名录》的风景名胜，其中属于文化与自然双重遗产的有（   ）。

A. 泰山   B. 黄山   C. 武夷山   D. 秦始皇兵马俑

E. 九寨沟

8. 2016 年 7 月，在土耳其伊斯坦布尔第 40 届世界遗产大会中，我国的（   ）被列入《世界遗产名录》。

A. 福建武夷山   B. 广西左江花山岩画

C. 中国丹霞   D. 湖北神农架

E. 湖北土司遗址

9. 下列世界遗产中属于山西省的有（　　　　）。

A. 龙门石窟　　　　B. 云冈石窟　　　　C. 平遥古城　　　　D. 开平碉楼与古村落

E. 五台山

10. 国务院所属的文物行政部门（国家文物局）在省级、市、县级文物保护单位中，选择具有重大（　　　　）的确定为全国重点文物保护单位。

A. 历史价值　　　　B. 艺术价值　　　　C. 经济价值　　　　D. 社会价值

E. 科学价值

第二章

中国旅游交通地理

本章概述

　　旅游交通是从客源地到旅游目的地空间移动的载体，关系到游客的旅游体验和旅游满意度。本章学习旅游交通地理的基本内容，包括旅游信息、旅游地图、中国旅游交通网、旅游交通方式、旅游线路设计等。通过对本章的学习，学生可以了解我国旅游交通网络、旅游出行的交通方式，合理使用旅游地图和旅游信息规划旅游交通，设计人性化的旅游交通和运载工具，以便整合、优化旅游区内和旅游区间的自然地理和人文地理资源、促进旅游区的旅游流合理流动，从而提高游客的旅游满意度，促进我国旅游交通事业的健康发展。

教学目标

1. 熟悉旅游信息和旅游地图的基本概念。
2. 掌握旅游地图的内容和分类。
3. 了解我国主要的旅游交通网络及交通方式。
4. 熟悉我国主要的旅游线路并尝试设计自己的旅游行程。

思维导图

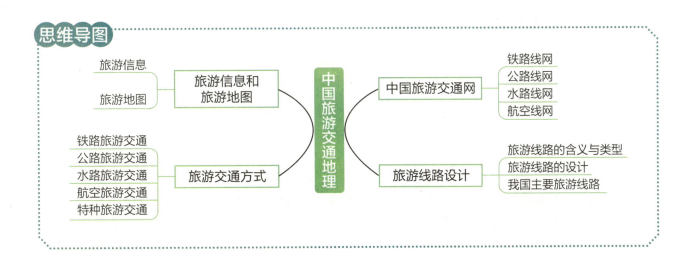

21

第一节　旅游信息和旅游地图

本节主要讲解旅游信息和旅游地图，包括旅游信息的定义、类型以及旅游信息化，旅游地图的要素、类别。旅游信息内容广泛复杂，把旅游信息实际运用于旅游实践过程，即运用于旅游企业的经营管理，可以为旅游企业带来经济效益和社会效益。旅游地图是地图学和旅游学交叉、渗透、结合的产物，可以为旅游者、旅游经营管理部门、旅游研究人员、旅游投资者以及有关经贸和外出人员提供帮助。

一、旅游信息

信息就是反映客观事物运动变化的、能够被人们所接受和理解的、对人类的行为决策有用的各种情报、数据、指令、图像、信号等资料的总称。人们通过获得、识别自然界和社会的不同信息来区别不同事物，得以认识和改造世界。在一切通信和控制系统中，信息是一种普遍联系的形式。

1. 旅游信息的定义

旅游信息是旅游资源、旅游活动和旅游经济现象等客观事物的反映，是旅游企业在业务运营以及旅游管理部门在旅游业务管理过程中采集到的、经过加工处理后对旅游管理决策产生影响的各种数据的总称。旅游者的出游行为以旅游信息的收集和比较为前提，其中旅游目的地及旅游产品被游客认知的程度都取决于信息有效传达的程度。此外，旅游产品的预订、各类旅游机构之间的协作、旅游服务过程的实施，都伴随信息传递的过程。

2. 旅游信息的类型

旅游业是一个综合性极强的产业，涉及的信息综合而复杂，范围很广。旅游信息大致可分为旅游目的地信息、旅游产品信息、旅游者个人信息、旅游企业服务信息、旅游市场政府监管信息。旅游信息对旅游经营者、旅游者以及经济决策者都有着重要作用。

特别提示

提高旅游信息的利用率

要善于发现和捕捉信息，提高旅游信息的利用率。一般说来，旅游工作中常收到的大量信息是比较初始、分散、粗糙的，这些初始信息只能形成动态通报，还不能指导决策实践，因此要注意处理好广收博采与精筛细滤的关系，对那些初始的、散乱的、复杂的信息源进行快速的分析、研究、加工、提炼，并突出重点，有选择性地提供给领导机关和有关部门。

3.旅游信息化

旅游业是一个信息密集型的产业。旅游信息化，就是充分利用电子技术、信息技术、数据库技术和网络技术及现代传播媒体，对旅游实体资源、旅游信息资源、旅游生产要素资源进行深层次的分配、组合、加工、传播销售，以便促进传统旅游业向现代旅游业的转化，加快旅游业的发展速度，提高旅游业的生产效率。

旅游信息化是我国旅游产业优化升级和实现现代化的关键环节。要实现旅游信息化，就要建立旅游信息系统。所谓旅游信息系统，就是通过将计算机、通信、互联网电子交易与传统旅游业相结合，为游客提供统一的旅游信息服务。

小知识

金旅工程

"金旅工程"是国家信息网络系统建设的重要组成部分，也是中国旅游信息化的系统工程，还是各级旅游行政主管部门利用信息技术推动21世纪旅游业发展的一个重要举措。它集全国旅游行政办公网、旅游行业管理业务网、公众信息网和旅游综合数据库（"三网一库"）于一体，其中公众信息网包括了旅游电子商务网和政府网。

二、旅游地图

旅游地图是地图学和旅游学交叉、渗透、结合的产物。它是旅游要素空间关系的表象或抽象，是以视觉的、数字的或触觉的方式表达旅游空间信息的工具。旅游地图是表示旅游客体、旅游者和旅游媒介三者在时间和空间上的位置分布、相互联系及其发展变化的时空信息，是专门为旅游者、旅游经营管理部门、旅游研究人员、旅游投资者以及有关经贸和外出人员服务的专题地图。它通过将旅游客体要素、主体要素和媒体要素表现于图上，并辅以必要的注记和文字说明，为旅游者提供旅游信息服务，为专业人员提供研究和管理的依据。

1.旅游地图三要素

旅游地图有以下三个要素。

（1）客体要素

客体要素主要指旅游资源要素（旅游景点），如风景名胜、文物古迹、风俗民情，它是旅游活动赖以开展的基础，所以是旅游地图中的第一要素。旅游地图主要展示各类旅游资源的名称与分布、游览的最佳季节、最大的接待能力等，为旅游决策者、旅游经营者、旅游者提供服务。

（2）主体要素

主体要素主要指旅游市场要素，是旅游活动的主体。该要素包括旅游客源市场的分布、旅游客源的流量及流向、季节分配、游客特征等，主要为旅游决策者、旅游经营者提供服务。

（3）媒体要素

媒体要素主要指旅游者为完成一次旅游活动所必须依赖的旅游基础设施和公共基础设施，如旅游城镇的交通线路与方式、接待服务设施、信息介绍等，主要为旅游决策者、旅游经营者、旅游者提供服务。

2. 旅游地图的类别

旅游地图分为广义旅游地图和狭义旅游地图。其中，广义旅游地图是指以旅游要素为主题的地图，如景点地图、旅游设施图、导游图、旅游交通图、旅游行业地图等。狭义旅游地图则是指供旅游者使用的地图。本书所指旅游地图属于前者。旅游地图品种多，形式五花八门，内容千差万别，发行数量大，为指导旅游图的编制与管理，对其进行科学分类非常必要。

（1）导游图

导游图主要是表现旅游专题要素，为旅游者提供各种旅游信息的旅游地图。常见的导游图有城市导游图、风景区导游图、景点导游图、区域导游图等。导游图是为旅游者服务的，主要表现旅游资源的类型、分布、特点，提供旅游中的食、住、行、游、购、娱方面的信息。

（2）旅游交通图

旅游交通图主要是指城市旅游交通图，它提供区域内的交通种类、交通线路、交通站点和售票处等，有的旅游交通图还注明交通工具的早班和末班的时间。一般大中城市都有城市旅游交通图。旅游交通图具有测绘精确、印刷数量大、功能多、更新快等特点。

（3）旅游行业地图

旅游行业地图是由专门的旅游管理部门和科研人员编制的，主要为旅游专业人员提供信息服务以及为各级旅游管理部门制定旅游发展战略、规划和决策提供科学的依据。例如，旅游资源分布图、旅游环境图、旅游规划图、旅游客流图。旅游行业地图专业性、学术性强，发行量小。

课堂讨论

1. 旅游信息对经济决策者有哪些作用？
2. 旅游地图分几种？有哪些类型？

第二节　中国旅游交通网

　　旅游交通是联系旅游者和旅游目的地的纽带，是发展旅游业的条件之一，只有健全的旅游交通业才能使旅游者顺利、愉快地完成旅游活动。近年来，为适应旅游业的发展，我国旅游交通设施数量增长较快。到目前为止，基本形成了包括公路、铁路、航空和水运在内的连接各口岸城市、旅游热点及大部分著名旅游地的旅游交通网络。本节将分析、比较四个不同旅游交通网的规划、内容及特点。

一、铁路线网

　　我国铁路已基本形成以北京为中心，以四纵、三横、三网和关内外三线为骨架，连接着众多的支线、辅助线、专用线，可通达全国的省市区的铁路网。四纵是指京沪线、京广线、京九线、北同蒲—太焦—焦柳线；三横是指京秦—京包—包兰—兰青—青藏线、陇海—兰新线、沪杭—浙赣—湘黔—贵昆线；三网是指西南铁路网、东北铁路网和台湾铁路网；关内外三线是指京沈线、京通线和京承—锦承线。以下简要介绍其中几种。

1. 京沪线

　　京沪铁路北起北京，经天津、德州、济南、兖州、徐州、蚌埠、南京、无锡、苏州，南达上海，纵贯北京、天津、河北、山东、安徽、江苏和上海7省市，跨越海河、黄河、淮河和长江四大水系，是我国东部沿海地区的南北交通大动脉。

　　京沪线在天津交会了京沈线，衔接天津港；在德州交会了石德线，与京广线连通；在济南交会了胶济线，可达青岛港和烟台港；在兖州交会了焦石线，可接通石臼所港；在徐州交会了陇海线；在南京交会了宁芜线，进而与皖赣线连通；在上海交会了沪杭线。

2. 京广线

　　京广线北起北京，南止广州，横贯我国中部，经河北、河南、湖北、湖南、广东等省，跨越海河、黄河、淮河、长江、珠江五大流域，连接华北平原、长江中下游平原和珠江三角洲。

　　京广线是我国关内地区主要的南北向铁路，为我国铁路网的中轴。在北端北京交会了京秦、京包、京原、京通、京承、京沈等铁路线。在南端广州交会了京九线、广茂线和广梅汕线，可达香港、茂名和汕头。

3. 京九线

京九线北起北京，经天津、河北、山东、河南、安徽、湖北、江西、广东，南至香港九龙。京九线是我国铁路建设史上规模最大、投资最多，一次建成里程最长的铁路干线。它的建设对完善我国铁路布局，缓和南北运输紧张状况，带动沿线地方资源开发，推动革命老区经济发展，加快老区人民脱贫致富，促进港澳地区稳定繁荣，具有十分重要的意义。

特别提示

贯穿南北的第三大铁路通道

京九铁路作为南北主要铁路大通道，处于京沪、京广两大铁路干线之间，是贯穿我国南北的第三大通道，在全国铁路网中处于十分重要的地位。京九铁路沿线穿行地区有平原和丘陵，包括华北平原、长江中下游平原，南段几乎全部在江南丘陵和两广丘陵中穿行。

4. 沪杭—浙赣—湘黔—贵昆线

沪杭—浙赣—湘黔—贵昆线组成了一条横贯我国江南地区的东西向交通大动脉。它东起东海之滨的上海，西到云贵高原的昆明，全长 2690 千米，贯通上海、浙江、江西、湖南、贵州和云南五省一市。这条铁路线对加强华东、中南和西南地区的经济联系具有重要的作用。

5. 西南铁路网

西南铁路网由连接区内的成昆线、成渝线、川黔线、贵昆线四条铁路和连接区外的宝成线、襄渝线、川藏线、湘黔线、黔桂线和南昆线等铁路组成。

延伸阅读

川藏铁路

川藏铁路是连接四川省与西藏自治区的快速铁路，呈东西走向，东起四川省成都市、西至西藏自治区拉萨市，线路全长约 1838 千米，是中国国内第二条进藏铁路，也是中国西南地区的干线铁路之一。

川藏铁路采用兴建新线与合并旧线的方式修筑，分期分段建设运营；拉林段与成雅段于 2014 年 12 月开工建设；雅林段于 2020 年 11 月开工建设。其中，雅林段新建正线长度 1011 千米，拉林段新建线路长度 403.14 千米，成雅段全长 140 千米，设计速度 120~200 千米 / 小时。2018 年 12 月 28 日，川藏铁路成雅段开通运营。2021 年 6 月 25 日，川藏铁路拉林段开通运营。

6. 东北铁路网

东北地区是我国铁路最稠密的地区。东北铁路网是以南北向的哈大线和东西向的滨洲线、滨绥线为"丁"字形骨架，连接 70 余条铁路干支线组成。东北地区主要铁路干线有沈丹线、沈吉线、平齐线、长图线、哈佳线、滨北线、通让线和通向林区的嫩林线、牙林线等。

7. 关内外三线

京沈铁路是连接关内外的主要铁路线。它起自北京，经天津、唐山、秦皇岛，出山海关，过锦州，到达沈阳，全长862千米。

京承—锦承线起自北京，经承德到达锦州，是京沈铁路的重要辅助线。

京通线由北京郊区昌平出发，经内蒙古赤峰到通辽。京通线是连接关内外的第二条重要的铁路通道，为连接东北西部地区与华北地区的一条捷径。

二、公路线网

近年来，我国高速公路发展很快，旅游公路也有较大发展，大大地缩短了行车时间，缓解了旅游疲劳。在干线公路与旅游区（点）之间、大中城市之间、大中城市与周边旅游景区之间，修筑了一批高质量公路。例如，北京到八达岭、广州至从化、桂林至阳朔线。这些公路游览性强，公路坡度大，弯度随地势起伏蜿蜒，沿途可观赏自然风光。目前由中心城市向周围旅游区、风景点辐射的旅游公路几乎在所有城市都得到发展，促进了地区旅游业的发展。

我国自20世纪60年代以来，相继修筑了一些国际公路，它们在与邻国友好往来、发展边境地区经济和旅游等方面起着重要作用。例如，中尼公路（中国—尼泊尔）、中巴公路（中国—巴基斯坦）、滇缅公路、中蒙公路、中俄公路等。

三、水路线网

我国东临浩瀚的太平洋，海岸线漫长，良港、重镇犹如一颗颗明珠镶嵌在大陆沿岸，为发展近海及远洋运输提供了优良的条件；陆上河道纵横，湖泊星罗棋布，内河航运得天独厚。20世纪50年代以来，水运行业有了很大发展，目前已基本形成一个具有相当规模的水运体系。

1. 远洋航运

远洋航运是使用船舶跨越大洋的运输。对中国籍船舶而言，批准其进行远洋运输，即确定其运输航线，意味着该船舶为进出境船舶。参与远洋运输即行走国际航线。目前中国已开辟90多条通往亚、非、欧、美、大洋洲的160多个国家和地区的600多个港口的远洋航线。这些航线大都以上海、大连、天津、秦皇岛、广州、湛江等港口为起点。

2. 近海航运

我国沿海航线可分为北方航线和南方航线。从鸭绿江口至厦门之间为北方航线，以大连和上海港为中心；厦门以南至广西北仑河口为南方航线，以广州港为中心。沿海客运线有 20 余条，大港口间均有定期航班通航。一些港口开发了水路高速客运航线，缩短了旅客航行时间。沿海中小港口之间都辟有地方航线。

沿海主要港口有：大连港、天津港、青岛港、上海港、厦门港、香港港、黄埔港、湛江港等，其中上海港、香港港为世界著名大港口。

3. 内河航运

中国有江河 5000 多条，总长度 42 万多千米。中国自营内河航运始于 19 世纪 70 年代。中华人民共和国成立后，国家高度重视内河航运的开发。截至 2020 年年底，全国内河航道通航里程 12.77 万千米，主要水运河道有黑龙江、长江、珠江和京杭大运河。其中，长江航运持续快速发展，货运量、周转量及港口吞吐量保持两位数的年均增长率，在 21 世纪初已超过美国的密西西比河和欧洲的莱茵河，成为目前世界上内河运输最繁忙、运量最大的通航河流。

四、航空线网

我国地域辽阔，长距离旅游占的比重很大，发展空运旅游前景广阔。我国航空线网的形成是以北京为中心，辐射全国各省会及旅游地 80 多个城市和边远地区，通往四大洲多个国家的航空网络。一些新开发的旅游地也都相继开辟了航空线，如喀什、伊宁、西双版纳、九寨沟；新建了一批机场，如杭州萧山国际机场、安徽安庆机场、江西九江机场。为了发展红色旅游，我国还开辟了多条红色旅游航线，使我国的红色旅游目的地的交通更加便捷，成为我国旅游资源的一个亮点。

延伸阅读

海航的红色旅游航线

2021 年适逢建党 100 周年，红色旅游的融合发展再次被提上议事日程，成为旅游出行业新一轮的热点聚焦。2021 年夏航季，海航执飞红色旅游航线约 190 条，航线覆盖全国主要革命老区，日均航班量约 300 班次，日均运送旅客近 3 万人。2021 年新开北京—百色、天津—延安等红色航线 60 余条，涉及陕甘宁、赣南、左右江、沂蒙等革命老区，通达北京、广州、深圳、成都等 30 余个主要城市，助力红色旅游高质量发展。

课堂讨论

1. 西南铁路网由哪些线路组成？
2. 贯穿我国南北的第三大铁路通道是哪一条，途经哪些省和直辖市？

第三节　旅游交通方式

　　旅游与交通的关系密不可分，交通为旅游的发展提供了必要的条件，旅游对交通的发展也起到了相当大的促进作用。现代旅游的快速发展在很大程度上依赖于现代交通的发展。旅游交通方式按其路线和运载工具的不同，可以分为铁路、公路、水运、航空以及其他运输方式。各种交通运输方式均有其特点和优势，在具体运作过程中各种方式有机结合、优势互补、协调发展，形成便捷的交通网络。

一、铁路旅游交通

　　随着经济与技术的高速发展，铁路运输几经革新，重型长轨替代了短轨，机车动力日益先进环保，车厢造型更为美观合理，材料更为坚固、安全、轻便，技术装备不断改善，微波、光缆通信广泛应用，内部设施全面改观，更为舒适。与其他交通方式相比，铁路旅游交通具有安全性高、运价低、运载量大、环境污染小、受气候和天气变化影响小等优点。

延伸阅读

世界首个时速 600 千米的磁浮列车

　　2021 年 7 月 20 日，由中国中车承担研制、具有完全自主知识产权的时速 600 千米的高速磁浮交通系统在青岛成功下线，这是世界首套设计时速达 600 千米的高速磁浮交通系统，是当前可实现的速度最快的地面交通工具。按"门到门"实际旅行时间计算，是 1500 千米运程范围内最快捷的交通模式。作为高速交通运输模式，高速磁浮成为高速高品质出行的有效途径之一，有助于形成高效、灵活便捷的多维立体交通构架，丰富我国交通运输速度谱系，促进区域经济一体化协同发展。

二、公路旅游交通

　　公路旅游交通的优点是灵活、方便，能深入旅游点内部，实现家门直接到旅游点的"门到门"运送服务；短程旅行速度快；公路建设投资少、工期短、见效快。作为公路交通工具的汽车的性能不断改善，作为交通线的公路也从一般道路改建为高速公路，使乘客更加舒适，缩短了旅行时间，增加了游览时间，这些都使公路旅游运输在旅游交通中的优势日益扩大。为促进汽车旅游，汽车旅馆、汽车俱乐部、汽车餐馆、汽车营地等设施应运而生，为汽车旅游者提供了非常方便的服务。

汽车旅馆

汽车旅馆，原文来自英文的 Motel，是 Motor Hotel 的缩写，中文里也有音译为摩铁。汽车旅馆与一般旅馆最大的不同点在于汽车旅馆提供的停车位与房间相连，有时采用平面设计，门前设置停车位；或把一楼当作车库，二楼作为房间，这种类型为典型的汽车旅馆房间设计。汽车旅馆多位于高速公路交流道附近，或是公路离城镇较偏远处，但亦也有位于市区者的，便于以汽车或机车作为旅行工具的旅客投宿。

延伸阅读

公路旅游品牌——阳光巴士

公路旅游是一种基于公路文化的特殊旅游方式，在西方已流行多年。在美国旅行的朋友常常能看到"灰狗"巴士行驶在州际公路上，环美国旅行，甚至穿越美洲大陆，它比乘火车、飞机旅行更深入和自由。公路旅游方式在欧美已经非常成熟，线路也已经实现全面覆盖。

上海世博会期间，中青旅曾首次将公路旅游这一理念引入中国，并打造公路旅游品牌"阳光巴士"。中国高速公路系统已经不亚于欧美发达国家，大批特色旅游风情景观大道投入建设，通过电影、小说，公路文化逐渐在民众心中生根发芽。中国公路旅游时代的开启恰逢其时。

三、水路旅游交通

水路旅游交通是以船舶、竹筏等作为交通工具，在海洋、江河、湖泊等水域沿航线载运旅客的一种运输方式，包括内河航运、沿海航运和远洋航运。

水路旅游交通的优点是投资少、成本低、能耗少。对旅游者来说，其经济、舒适。沿河湖、沿海地区往往是旅游资源丰富而集中的地区，人们可以边航行边游览，这种融旅与游为一体的特色是其他交通运输方式无法比拟的。

但是，由于水上航道的地理走向和水情难以人为控制，加上轮船速度的限制，水路旅游交通在准时性、连续性、灵活性和运输速度方面有很大局限性，致使水路旅游交通的发展受到很多制约。

四、航空旅游交通

航空旅游交通，特别是大型喷气式客机的使用，不仅缩短了空间距离，更节约了旅途耗费的时间，为进行远距离的国际旅游和国内旅游提供了前所未有的条件。航空旅游交通的优势在于快捷、舒适、灵活。旅途越长，这种优势表现得越突出。航空旅游交通也存在不足之处：空港占地面积大，用地条件高；飞机起落噪声污染严重，机场远离市中心；修筑高等级的机场专用公路、机场的投资较大；存在着最小飞行距离的限制；空中交通易受天气条件的制约。

大飞机

大飞机（Large passenger aircraft，别称大型客机）一般指的是指最大起飞重量超过 100 吨的运输类飞机，包括军用大型运输机和民用大型运输机，也包括一次航程达到 3000 千米的军用飞机或乘坐超过 100 座的民用客机。

业界所说的大飞机，一般是指起飞总重超过 100 吨的运输类飞机，也包括 150 座以上的干线客机，直接反映一个国家民用航空工业甚至工业体系的整体水平。1955 年，美国波音公司开发出大型喷气式客机波音 707，商业上获得巨大成功。同年，苏联生产的图 -104 首飞成功。1969 年，英、法、德等欧洲国家联合研制出与波音比肩的大飞机——"空中客车" A300。

五、特种旅游交通

特种旅游交通形式多样，可将其归纳为三类：一是传统型的特种旅游交通，如马、驴、骆驼及各种畜力车等原始型交通工具，特种交通多用于人为痕迹很少的自然环境中，满足旅游者返璞归真、回归自然的心理需要。二是人力车、轿子、羊皮筏、乌篷船、雪橇、桦皮船等民俗型特种交通工具，可使游客在娱乐中了解并汲取接待地的民族文化。三是现代型的特种旅游交通，如索道、气垫船、热气球、旅游潜艇，实现了交通现代化，既减轻了旅游者的徒步之劳，又节省了旅行时间。

课堂讨论

1. 现代旅游交通的主要类型有哪些？各自的优缺点是什么？
2. 特种旅游交通在旅游交通体系中有什么作用？有哪些形式？

第四节　旅游线路设计

一、旅游线路的含义与类型

1. 旅游线路的含义

目前，人们对旅游线路的概念认识和表述各不相同。徐明、谢彦君认为，旅游线路是旅行社或其他旅游经营部门以旅游点或旅游城市为节点，以交通路线为线索，为旅游者设计、串联或组合而成的旅游过程的具体走向。许春晓认为，旅游线路是旅游经营者或管理者根据旅游客源市场的需求、旅游地旅游资源特色和旅游项目的特殊功能，考虑到各种旅游要素的时空联系而形成的旅游地的旅游服务项目的合理组合。

总的来说，旅游线路是指在一定的区域内，为使游客能够以最短的时间获得最大的观赏效果，由交通线把若干个旅游景点或旅游城市合理地连接起来，并具有一定特色的线路。旅游线路的形成受到旅游点、交通条件、旅游市场、旅游时间等因素的制约，可以在一个旅游区或行政区内自成体系，也可进行旅游区域之间的协作，共同安排。

2. 旅游线路的类型

根据线路组织、设计者的思路及线路本身的用途不同，可以设计出多种各具目的的旅游线路，具体类型如下。

（1）按旅游者活动行为划分

①周游观光性旅游线路。旅游者的目的主要在于观赏，线路中包括多个旅游目的地。同一旅游者重复利用同一路线的可能性小，其成本相对较高，在设计周期性旅游线路时应从单纯的周游性向线性化转移。

②度假逗留性旅游线路。此种线路主要为度假旅游者设计。度假旅游者的目的在于休息或娱乐，不很在乎景观的多样性变化，因此，度假逗留性线路所串联的旅游目的地相对较少，有时甚至可能就是一两个旅游点，同一旅游者重复利用同一线路的可能性大。

（2）按旅游活动内容划分

①综合性旅游线路。综合性旅游线路所串联的各点旅游资源性质各不相同，整条线路表现为综合性特色。曾推出的"中国民俗风情游"依托风格独特的民俗节庆活动逐月展开，贯穿全年，并按照历史上形成的地方传统习俗与民族风情推出了北方风情卷、中原民俗画廊、大漠丝路情怀、江南水乡风物集锦、西南民族风情、一江两湖漫游与南国风景窗等七大旅游风情区。这七大旅游风情区域民俗风情异彩纷呈，基本涵盖了我国各族传统文化的特点，其产品具有大众化的鲜明特点。

②专题性旅游线路。专题性旅游线路就是一种以某一主题内容为基本思想串联各点而成的旅游路线。全线各点的旅游景物或活动有比较专一的内容与属性，因而具有较强的文化性、知识性与趣味性，受到兴趣爱好不同的游客的欢迎。之前的"中国旅游年"，文化和旅游部推出的16条中国旅游专线中，有15条属于专题性旅游线路，这些线路把我国大部分精华旅游点、旅游地用各种"专题"串联，供兴趣爱好不同的游客选择。

（3）按照旅游组织形式划分

①传统的包价旅游。旅游线路全程所需的所有行程及服务都由旅行社负责安排。

②灵便式包价旅游。灵便式旅游线可分为：拼合选择式旅游线路——整个旅程有几种分段组合线路，旅游者可以自己选择拼合，并可在旅游过程中改变原有选择；跳跃式旅游

线——旅游部门只提供旅程中几小段路线或大段服务，其余皆由旅游者自己设计。

布兰森的"太空探险之旅"

当地时间 2021 年 7 月 11 日，71 岁的英国维珍银河创始人理查德·布兰森（Richard Branson）搭乘维珍银河"太空船二号"试飞成功，成为进入太空边缘的私人航天第一人。

从起飞到着陆总共将持续 90 分钟，其中失重阶段持续 4 分钟。首先由母舰白骑士二号飞机飞到 5 万英尺高空（15.24 千米）时，释放太空船二号，随后太空船二号点火继续加速至 3 倍音速、几乎垂直向上爬升。数分钟后，飞行员关闭发动机，太空船借助惯性继续爬升，最高点至地面上空约 89 千米。这时，布兰森与旅伴解开安全带，体验几分钟失重状态，透过十多扇椭圆形舷窗欣赏太空景色。之后，太空船二号缓慢转向、滑翔下降，大约 13 分钟后降落在美国航天发射场跑道。

当地时间 11 时 41 分许，太空船二号成功返回，着陆在美国航天发射场跑道上。布兰森全球首次商业太空旅行成功。

二、旅游线路的设计

1. 设计原则

（1）内容丰富、独特原则

每条旅游线路都有特定的游览内容，应尽量避免与其他旅游线路雷同，要有自己的特色，做到"人无我有，人有我优"。旅游线路设计一般应突出某个主题，并且针对不同性质的旅游团确定不同的主题。同时，要围绕主题安排相关的旅游项目，通过各种活动满足游客休息、娱乐和求知的欲望。

（2）结构合理、布局得当原则

在设计旅游线路时，应慎重选择构成旅游线路的各个旅游点，并对其进行科学的优化组合：一是尽量避免走重复路线。一条旅游线路应竭力避免重复经过同一旅游点，否则会让旅游者感到乏味，旅游兴趣减弱。二是择点适当。在旅游活动中不宜设置过多的景点，这样容易使旅游者紧张疲劳，达不到休息和娱乐的目的。但景点也不能太少，因为旅游者往往追求物美价廉，希望花少量的钱，观赏较多的游览点。三是点间距离适中。同一旅游线路各旅游点间的距离不宜太远，以免造成把大量时间耗费在旅途中。

（3）市场原则

旅游线路设计得好坏与否，关系到旅游市场的需求程度。市场原则就是要求旅游行业在设计旅游线路前，对市场进行充分的调查研究，分析旅游者的旅游动机，预测市场需求的趋势和需求的数量。唯有如此，才能让旅游线路最大限度地满足旅游者的需求，提高产品的价值。

根据市场需求变化的状况设计开发线路。旅游者的需求是千差万别的，又是千变万化的，但其中也不乏相对稳定的因素，如猎奇求新的心理；回归自然，返璞归真的心态；讲究经济实惠，物美价廉。因此，应根据旅游者的需求特点，同时结合不同时期的不同风尚和潮流，设计出适合市场需求的旅游产品。此外，还可以创造性地引导旅游消费。

特别提示

安全原则

旅游线路设计时应特别注意线路的安全性。就旅游消费心理而言，安全需要是人们最基本的需要。组织旅游团队，旅游相关部门、旅行社最担心的便是安全问题。出门旅游，旅游者最担心的也是安全问题，游客的安全感缺乏将极大地影响到外出的可能性。所以，设计旅游线路时，应遵循安全的原则，在保障安全的前提下设计出体验感更好的旅游线路。

2.设计的影响因素

在一定区域内，旅游资源、旅游设施和其他条件是客观存在的，关键是旅游策划者如何经过自己的巧妙构思，设计出多种有吸引力的产品，进行推销。在线路设计中必须考虑以下几个因素。

（1）旅游资源

旅游资源是进行旅游线路设计的核心和物质基础，是旅游者选择和购买旅游线路的决定性因素。旅游资源的吸引力决定了旅游线路的主题与特色，如民俗文化等，故旅游线路的设计必须最大限度地体现出旅游资源的价值。

（2）旅游设施

旅游设施是旅行社向旅游者提供旅游线路所凭借的服务性载体。旅游设施不是旅游者选择和购买旅游线路的决定性因素，但它能影响旅游活动开展得顺利与否以及旅游服务质量的高低。旅游设施分为专门设施和基础设施两大类，前者指游览、购物、娱乐、住宿等，后者指交通、通信、供电、卫生、医疗等。

（3）旅游服务

旅游服务的存在与旅游设施的存在密切相关，二者相辅相成，离开了旅游设施，旅游服务就无法实现。旅游服务的质量直接影响旅游线路的质量，因而旅游服务和可进入性是旅游线路设计的核心内容。

特别提示

旅游可进入性

旅游者是否能顺利到达旅游目的地是构成旅游线路设计的重要因素，旅游可进入性是旅游线路实现其价值的前提条件。进行旅游线路设计时必须考虑到旅游者进入旅游目的地的难易程度和时效性。它主要包括旅游地的地理位置、气候等自然条件，旅游地的公路、铁路等基础交通设施状况，简便的通关手续及良好的社会环境等。

三、我国主要旅游线路

我国的旅游资源十分丰富，根据旅游市场需求的不断变化，近年来文化和旅游部推出了一系列有针对性的精品旅游线路。需注意的是，由于我国旅游资源有分布不均的特点，影响了旅游线路的分布。我国东部为旅游线路密集之地，也是我国主要的旅游区。

1. 我国专项旅游线路

为了加强在国际旅游市场上的竞争力，我国依据市场行情的变化，不断完善原有的旅游线路，开辟新的旅游线路，推出让游客称心的精品专项旅游线路，如"黄河风情游""长江三峡游""中原民俗游""江南水乡游""丝绸之路游""青少年修学游""少数民族游""冰雪风光游""奇山异水游"等。

2. 我国旅游线路举例

（1）北京、承德七日游

第一天：抵达北京，接站后送往酒店，剩余时间自由活动。

第二天：参观天安门广场、毛主席纪念堂、故宫和什刹海。

第三天：参观升旗仪式、游览八达岭长城、圆明园和奥林匹克公园。

第四天：游览天坛、颐和园以及清华、北大外景。

第五天：北京—承德避暑山庄。

第六天：参观普宁寺、普佑寺和须弥福寿之庙，午饭后乘火车返回北京。

第七天：早餐后北京—承德深度之旅结束。

（2）丝绸之路十二日游

第一天：抵达西宁，剩余时间自由活动。

第二天：参观瞿坛寺、柳湾墓地、博物馆。

第三天：参观塔尔寺、北禅寺、东关清真大寺。

第四天：赴日月山、青海湖、鸟岛观光。

第五天：赴格尔木，途中戈壁、绿洲、雪山观光。

第六天：赴敦煌，参观万丈盐桥、雅丹地貌。

第七天：游莫高窟、鸣沙山、月牙泉。

第八天：游民俗博物馆后赴吐鲁番。

第九天：参观吐鲁番、苏公塔、高昌古城。

第十天：参观阿斯塔娜古墓、火焰山、葡萄沟。

第十一天：赴乌鲁木齐市。

第十二天：游南山牧场、博物馆后返回，结束行程。

课堂讨论

1. 旅游线路如何划分？有哪些类型？
2. 设计旅游线路时应遵循的基本原则是什么？影响旅游线路设计的主要因素有哪些？

本章小结 →

　　本章深入浅出地介绍了旅游信息与旅游地图、中国旅游交通网、五种旅游交通方式和旅游线路的设计。通过本章学习，学生可以掌握旅游交通基本知识、旅游交通的特点及旅游交通的主要类型，了解旅游线路的概念和分类、旅游线路的设计原则，熟悉我国主要的旅游交通网，根据旅游线路的不同类型和特点选择合适的出行方式。本章通过小知识、小故事、延伸阅读等分解教学内容，知识点配课堂讨论，既丰富了学生旅游地理相关知识，又提高了学生阅读中国地理的趣味性。

本章测试 →

一、单项选择题

1. 在下列交通方式中，不属于特种旅游交通的是（　　　）。

A. 骆驼 　　　　B. 索道 　　　　C. 羊皮筏 　　　　D. 高铁

2. 不属于铁路旅游交通的缺点是（　　　）。

A. 受气候影响较大 　B. 运输速度慢 　　C. 建设工期长 　　D. 造价高

3. 特种旅游交通方式的特点不包括（　　　）。

A. 高效 　　　　B. 安全 　　　　C. 昂贵 　　　　D. 便利

4. 下列特点中，属于水路旅游交通优点的是（　　　）。

A. 灵活 　　　　B. 快速 　　　　C. 受天气变化影响小 　D. 能耗少

5. 以下省级行政区中，京九铁路不穿过的有（　　　）。

A. 江苏省 　　　B. 湖北省 　　　C. 江西省 　　　　D. 安徽省

6. 下列铁路线中，不是南北方向的铁路干线是（　　　）。

A. 宝成线 　　　B. 焦柳线 　　　C. 陇海线 　　　　D. 京广线

7. 下列港口中，地处长江三角洲的世界著名大港是（　　　）。

A. 上海港 　　　B. 香港港 　　　C. 青岛港 　　　　D. 大连港

8. 下列口岸中，不属于我国铁路十大口岸之一的是（　　　）。

A. 丹东 　　　　B. 凭祥 　　　　C. 深圳 　　　　D. 阿拉山口

9. 我国内河航运第一大港是（　　　）。

A. 厦门港 　　　B. 南京港 　　　C. 九江港 　　　　D. 武汉港

10. 下列不属于旅游路线设计原则的是（　　　）。

A. 市场性原则　　　　B. 层次性原则　　　　C. 特色性原则　　　　D. 季节性原则

二、多项选择题

1. 旅游信息大致可分为以下类型（　　　）。

A. 旅游目的地信息　　　　　　　　B. 旅游产品信息

C. 旅游者个人信息　　　　　　　　D. 旅游企业服务信息

2. 开发和利用旅游信息，为经济决策服务，需要做到以下几点（　　　）。

A. 建立健全和完善旅游信息工作网络

B. 提高对旅游信息在经济决策中的地位和作用的认识

C. 善于发现和捕捉信息，提高旅游信息的利用率

D. 仅仅满足于"收集了多少""提供了多少"

3. 旅游地图三要素指的是（　　　）。

A. 旅游要素　　　　B. 客体要素　　　　C. 主体要素　　　　D. 媒体要素

4. 下列特点中，属于旅游地图特点的是（　　　）。

A. 准确性　　　　B. 通俗性　　　　C. 实用性　　　　D. 观赏性

5. 按表示的空间范围分类，可将旅游地图分为（　　　）等。

A. 世界旅游地图　　B. 区域旅游地图　　C. 景点导游图　　D. 风景区导游图

6. 水路旅游交通的优点是（　　　）。

A. 投资少　　　　B. 成本低　　　　C. 速度快　　　　D. 能耗少

7. 我国铁路关内外三线是指（　　　）。

A. 京沈线　　　　B. 京通线　　　　C. 京沪线　　　　D. 京承—锦承线

8. 我国沿海主要港口有（　　　）。

A. 大连港　　　　B. 黄埔港　　　　C. 湛江港　　　　D. 广西港

9. 在线路设计中必须考虑以下几点因素（　　　）。

A. 旅游资源　　　　B. 旅游设施　　　　C. 旅游可进入性　　　　D. 旅游服务

10. 黑龙江航线主要港口有（　　　）。

A. 松花江港　　　　B. 哈尔滨港　　　　C. 佳木斯港　　　　D. 黑河港

第三章

中国旅游区划分

本章概述

　　本章介绍了旅游区划的基本概念及其划分依据，阐述了旅游区划的目的、意义、任务和一般原则，介绍了旅游区划的方法，以及中国旅游区划：东北旅游区、华北旅游区、华东旅游区、华中旅游区、华南旅游区、西北旅游区、西南旅游区、青藏高原旅游区、港澳台旅游区等9个旅游区。中国幅员辽阔，地域环境复杂多样，旅游资源丰富，旅游区划对于合理开发利用旅游资源，合理布局旅游产业，具有重要的意义。

教学目标

1. 学习旅游区划的基本概念、原则和方法。
2. 掌握旅游区划的依据和区划方法。
3. 对比、分析不同的旅游区划方案。
4. 熟悉我国九大旅游大区及其分布。

思维导图

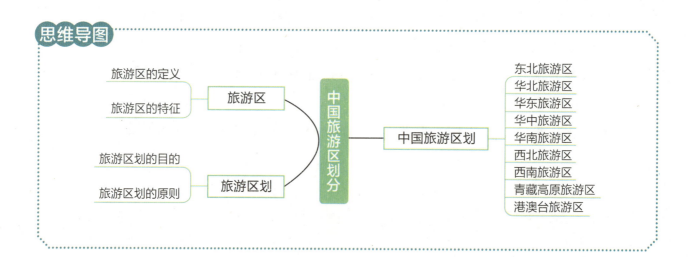

第一节　旅游区与旅游区划

一、旅游区的定义与特征

旅游区是按照自然和人文地理资源的相似性与差异性为依据，按照不同的目的、原则，对旅游资源进行的地理区域划分；旅游区是以旅游资源特征为基础，具有组织旅游活动的能力的相应机构、设施和旅游点、旅游地的相对完整的地域综合体。

1. 旅游区的定义

旅游区是指根据区域发展的各方面条件，为有利于开发区域旅游资源，规划建设旅游点与旅游地，统筹交通运输与接待服务设施，组织协调与管理旅游活动，促进区域旅游业发展而划分的旅游区域。旅游区也是以旅游资源特征，即自然资源和人文资源为基础，并以某些城市为旅游经济中心而形成的相对独立的旅游网络。一般将旅游资源相对集中、类似，与邻区有显著地域差异，而区内政治、经济、文化联系较为密切的地区划为一个旅游区。

> **特别提示**
>
> **不同的区划类型**
>
> 在全球、国家或地区范围内，根据其地域差异性划分成不同区域。有自然区划、经济区划、部门地理区划、综合区划等。

2. 旅游区的特征

（1）地域性

旅游区的地域性首先表现为旅游资源特征的地域差异性。不同旅游区因受自然地理差异和人文历史发展差异的影响，在旅游资源的形成、开发和利用方面，都表现出鲜明的区域特色。例如，中原的京都古迹、江南的名城佳园、西南的民族风情、西北的古迹，皆因地域不同而风格迥异。每个旅游区都是功能相对完备的旅游地域系统，但不同旅游区因地理环境差异而呈现不同地域系统的结构性差异，形成各个旅游区的不同特色旅游吸引功能，以及相应的区域旅游产业结构特征。不同等级的旅游区划形成不同层次的地域特色，也正是这种地域特色使旅游区成为结构有序的开放系统。东西南北的地域概念，是人类在自然界繁衍生息中逐渐形成的。

延伸阅读

古代东西南北地域概念

我国古代的人民，在同自然长期斗争的过程中逐步积累了辨认四方的知识，随之创造了"东西南北"四个方位字。东：其字形为日在木中，含义为旭日初升，旭日初生的地方就是东方，也解释为太阳出来的一边。它跟西方相对，古人以东方为主位。习惯上把东风指为春风。西：其字形为鸟在巢上，即太阳西沉而鸟归巢栖息。"鸟归巢"就演义为方位字"西"。也解释为太阳落下去的一边。它跟东相对，古人以西方为宾位。习惯上把西风指为秋风。南：其字形外框是"木"字的变形，里面的指方向，即草木接纳来自南方的充足阳光，就生长得枝繁叶茂。所以，向阳处就是南方。也解释为早晨面向太阳时，右手的一边。它跟北方相对，古人以面南而坐为尊位。习惯上把南风指为暖风。北：古人常把北字写成二人相背。我们的祖先世代居住在北半球，为了更多地采集阳光，居室多为坐北朝南，背面就是北面，"背"也就演绎成了北方的"北"字。也解释为早晨面向太阳时左手的一边。古人以面朝北坐为卑位，北跟南相对。习惯上把北风指为寒风。

小故事

为什么说"买东西"，不说"买南北"

传说，我国著名理学家朱熹，某日上街巧遇挚友盛温如，朱熹见盛温如手中提着菜篮子，便随口问道："您干啥去呀？"盛温如答道："买东西。"朱熹又戏问："您咋不说买南北呢？"盛温如乃根据"五行学说"中"金、木、水、火、土"与"东、西、南、北、中"相配伍的道理，解释说："东方属木，西方属金，木与金在菜篮子中都装得下；而南方属火，北方属水，火与水菜篮子是装不得的。"从此以后，人们便只说买东西，而无人说买南北。

（2）系统性

为了实现全面的旅游功能，并协调旅游区与区域社会发展的关系，无论是在职能上还是在空间格局上，旅游区都是相对完整的地域单元，还具有配套社会功能。从这层意义上说，旅游区实质上就是一个表现出社会、经济、文化、历史和自然地理条件相互统一的旅游地域系统。旅游地域系统结合相应的旅游产业等方面，以点线面相结合的形式，构成旅游经济地域网络系统，这也决定了旅游区在空间地域上的连片分布，以及大区域系统之下各旅游区之间在地域上的相互邻接。

（3）客观性

旅游地理区划的决策也会依靠定量评价，凭数据说话，预测性也更加明确，进而使旅游评价结果尽可能减少主观色彩和个性色彩，避免了定性评价的主观片面性。对于一些无法量化且评价过程复杂的，采用专业人员的定性分析，使其更具科学性。旅游区都是在人们对旅游客观世界规律性认识的基础上划分出来的，是客观存在的地理实体，是旅游活动客观存在的地域组合体，因此具有客观实在性。

（4）层次性

旅游区有不同的功能类型和不同层级的层次之分，各个层次的旅游区组合成一个完善的旅游区系统。常规的分区采取"三分法"，即划分为：第一级旅游区，又称旅游资源大区，是把一个国家或整个世界划分为疆土相互衔接的旅游地理单元。第二级旅游区，又称旅游资源亚区，是以大区内主要的旅游中心地为核心划定的。第三级旅游区，由各地区旅游主管部门和旅行社具体拟定和负责开辟建设，直接担负起为旅游者服务和承接旅游经营活动的任务，划分的目的是具体指导旅游经营和组织旅游活动。

二、旅游区划的目的和原则

区划是指为了特定目的，将一区域划分为若干个不同等级的小区域，如世界各国的大大小小的行政区划就是根据其行政管辖的范围来划分的。旅游区划是将区域内部相似性最大、差异性最小，与邻近区域差异性最大，相似性最小的旅游地理现象从地域上加以划分，以形成各具特色而又相对完整的旅游地理区域体系。在进行区划时，要兼顾其中各个区域的特征，故需要深入分析和研究，明确不同区域在社会生产某一行业和某一学科中的地位，从而有利于其政治、经济、文化等方面的规定和发展。

1. 旅游区划的目的

旅游区划的直接目的就是确定不同类型旅游区的范围和界线。旅游区划的根本目的在于客观地了解各个旅游区的不同性质和特征，揭示旅游区的内在规律，充分认识旅游资源的区域特色与优势，因地制宜地在全国形成合理的旅游地域分工体系，为开发、利用和保护旅游资源，制定旅游区域发展战略，推动区域经济合理发展提供科学依据。

2. 旅游区划的原则

旅游区划的原则是进行区划的指导思想和依据。旅游区划有不同的目的，从而有不同的类型。旅游区划是一项复杂而细致的工作，要考虑诸多因素。旅游区划的原则为进行区划的指导思想，是确定旅游区划的依据，又是建立等级系统和区划方法的准绳。旅游区划原则必须服从区划的目的和要求，因此不同类型的区划原则不尽相同。目前，尚无统一的标准可以遵循，但总体应考虑以下几个原则。

（1）差异性与相似性原则

区域差异性是旅游区划的基础和依据，各旅游区都有其特色，旅游区划就是要把这些不同旅游地域单元相互分隔出来，理清界限，突出各旅游区有别于其他旅游区的特点。相似性是指在同一旅游区内，旅游资源具有成因的共同性、特征的类似性以及发展方向的一致性等。这条原则要求在各旅游区内部，旅游资源相似性最大而差异性最小；而在旅游区之间则差异性最大而相似性最小。

（2）综合性与层次性原则

旅游区划应综合分析自然和人文各要素之间的相互关系和组合结构，同时，要综合考虑纵向的历史基础、发展现状和长远目标、方向，还要综合考虑横向的旅游资源类型、组合及其开发利用的自然、社会、经济等多方面的因素。区划单位的等级由高到低，相似性逐渐增大，差异性逐渐减小。只有按照一定的层次等级划分旅游区，才能真实地反映不同等级层次旅游区的区内相似性和区际差异性程度的大小，以及区际的客观从属关系。

（3）与行政区相协调原则

旅游区与行政区有所不同，旅游区是由旅游经济联系的客观地域综合体，而行政区则是人们的主观上层建筑的产物，但考虑到我国的行政区具有组织领导经济建设的职能，在确定旅游区界线时，注意与行政区相协调，这样有利于区域旅游业的发展。旅游业是一项具有高度文化性质的经济事业，涉及许多经济部门，离不开行政管理部门的综合平衡。因此，在旅游区划时，还需要尽可能照顾行政区域的完整性。

> **课堂讨论**
>
> 1. 旅游区有哪些特征？
> 2. 旅游区划有什么意义？

第二节　中国旅游区划

近年来，我国一些学者根据教学或科研工作的需要，先后提出了一些中国旅游区划方案及相应的分区体系。旅游区划方案主要是从两方面考虑的：首先是旅游资源、旅游条件发展现状的相似性，其次是行政区划体系的完整性。所以，各种方案在进行旅游区命名时，基本上采用了区域名称和自然或文化因素复合命名法，或单一区域方位因子命名法。本节根据旅游区划原则，取各家分区方案之长，考虑各旅游区自然环境整体性、特色性，社会、经济、环境和历史文化相似性，旅游线路设计的方便性、合理性，采用单一区域方位因子命名法，将全国分为9个旅游区。

1. 东北旅游区

东北旅游区包括黑龙江、吉林、辽宁。该区位于我国最东北部，这里天然森林广泛分布，素有"长白林海"之称。该区山水脉络相连，浑然一体，气候因子相似，以冰雪、火山、森林、海滨、边境游为其特色，三省的民风民俗相近。其"千里冰封，万里雪飘"的北国"林海雪原"风光、瑰丽的火山熔岩地貌、乡土气息醇厚的关东民俗风情，尤令人心往神驰。在这片辽阔广袤的土地上，长白山和兴安岭的莽莽森林、三江平原和松辽平原的千里沃野、辽东半岛的金色沙滩和蓝色波涛，充满了浪漫与神奇。

2. 华北旅游区

华北旅游区包括北京、天津、河北、山西。该区位置符合华北自然区，包括长城以南，秦淮线以北，经京冀、晋豫、甘东等地。这一旅游区的自然风光，以广阔平原、雄伟山地、切割高原的强烈对比和气势雄伟为特征。该区是华夏文化的发祥地，名胜古迹众多，著名山岳云集，海滨风光旖旎，保留着大量的豪华宫殿、皇家和达官的园林、壮丽的庙宇和陵墓；其民风朴实粗犷，加上受对比强烈的地貌影响，而有"燕赵多悲歌壮士"之称。该区以北京为中心辐射至各旅游地的交通便捷，距离不远，是我国以人文景观为主并具备多种旅游资源的旅游大区。

3. 华东旅游区

华东旅游区包括上海、江苏、江西、浙江、安徽、山东，位于我国东部。该区是自然山水风光和人文景观皆优，旅游资源最密集、类型最多的旅游区。既有现代化的国际大都市上海，又有众多江南古镇；既有名山的秀丽和丰富文化内涵，如黄山、庐山、九华山、普陀山、龙虎山、井冈山，又有江、河、湖、海、潮的妩媚多姿和壮美，如西湖、瘦西湖、太湖、鄱阳湖、千岛湖、长江、钱塘江、海岸风光等，其古典园林、鱼米之乡都向世人展示这块旅游宝地的风采。该区交通便捷，经济发达，发展旅游业的经济与区位优势明显。

4. 华中旅游区

华中旅游区包括湖南、湖北、河南，位于我国中部，长江中上游地区，是中华民族的文化摇篮之一，楚文化、荆湘文化源远流长，留下了众多的历史古迹。该区河湖胜景众多，名山峡谷特色鲜明，文化古迹丰富多彩，自然保护原始独特，大型水利工程举世闻名，连接其他各旅游区的交通便利，旅游业发展潜力巨大。该区物华天宝、人杰地灵，历来是人文荟萃之地，名人、名胜、遗址遍及全境。文化胜迹包括：江南三大名楼居其二（岳阳楼、黄鹤楼）、四大书院居其三（天府书院、岳麓书院、石鼓书院），武当山建筑群中独特的道家建筑，有着千年文化底蕴的桃花源等。

5. 华南旅游区

华南旅游区包括广东、福建、海南、广西，位于我国最南端，具有典型的热带和南亚热带山海风光，有武夷山、鼎湖山、阿里山等名山，美丽的漓江山水，别具一格的民族风情。

本区位居我国改革开放的前沿，经济发达，是著名的侨乡、海外游客的主要入境口岸区。该区因濒临海洋，面向东南亚，地理位置十分优越，对外交通便利，社会经济文化各有千秋，极大地促进了旅游业的发展。

6. 西北旅游区

西北旅游区包括内蒙古、宁夏、新疆、甘肃、陕西。该区深居内陆，呈现出与众不同的景观。辽阔的草原牛羊成群，骏马奔驰；茫茫沙漠上各种风蚀风积地貌千姿百态，响沙轰鸣，吸引着游人；巍巍雪山，晶莹剔透；丝绸之路上的驼铃，引导着人们探古访幽；石窟艺术举世闻名。该区有着漫长的国境线，是一个开发前景广阔的旅游区。区内自然景观对比强烈，沙漠中的海市蜃楼、神奇莫测的响沙、罗布泊洼地的雅丹地貌、准噶尔盆地的恐龙和硅化木化石、幻如魔境的沙漠日出和晚霞等自然奇观，吸引了众多游客，也是开展沙漠科考、高山探险的绝好旅游区。

7. 西南旅游区

西南旅游区包括重庆、四川、云南、贵州。自然地理区域分为四川盆地、云贵高原和横断山脉三个地理单元。该区岩溶景观发育典型、峡谷风光独特、动植物资源丰富，各类保护区中有许多珍稀动植物物种。西南旅游区植被区系和群落组成十分复杂，植物种类丰富多彩，其中云南省素有"植物王国"和"植物区系的摇篮"之称。云贵高原和贵州黄果树瀑布都表现出岩溶地貌的特色，故人们常将本区称为"石林洞乡""无山不洞，无洞不奇"。该区少数民族众多，民族风情浓郁，自然生态景观和人文景观都很丰富。

8. 青藏高原旅游区

青藏高原旅游区包括青海和西藏。该区有号称"世界屋脊"、有地球第三极之称的珠穆朗玛峰及其他高山，终年积雪覆盖，是登山探险、科学考察、领略无限风光的最佳选择。高寒草原、湖泊热泉、奔跑的藏羚羊、青海湖的鸟岛、察尔汗盐湖是这里独特的风景。古朴的藏族风情、宗教文化与礼制建筑又构成了本区神秘诱人的人文旅游资源。本区越来越成为久居闹市、渴望感受自然震撼的人们向往的热土。随着青藏铁路的修建营运及各项旅游设施的逐步完善，这里将成为一个充满活力的旅游区。

9. 港澳台旅游区

港澳台是指我国的香港特别行政区、澳门特别行政区、台湾省，有别于中国内地，统称"港澳台"。港澳两个特别行政区执行"一国两制"，台湾省还未回归祖国，因此本书将港澳台划为一个旅游区。由于历史原因，港澳旅游人文资源呈现中西融合的特点；而台湾省融大陆闽南文化、客家文化、外省文化和原住民所代表的南岛文化为一体，自然风光秀丽，人文资源丰富，历史遗迹众多。港澳台文化制度不同，旅游资源各具特色，成为极富魅力的世界旅游热点地区。

课堂讨论

1. 被誉为"长白林海"之称的旅游区有哪些特点？
2. 华南旅游区有何区位优势？

本章小结 →

　　本章学习了旅游区划的相关概念及其特征，旅游区划的目的和原则，依据中国旅游资源地域分布的特点，本书拟将中国旅游区划划分为 9 个旅游区：东北旅游区、华北旅游区、华东旅游区、华中旅游区、华南旅游区、西南旅游区、西北旅游区、青藏高原旅游区、港澳台旅游区。本章通过小知识、小故事、延伸阅读、特别提示等分解教学内容，知识点配课堂讨论，丰富了学生旅游地理相关知识，也提高了学生学习的趣味性。

本章测试 →

一、单项选择题

1. 旅游区域性表现为不同旅游区因受自然地理差异和人文历史发展差异的影响，在旅游资源的形成、开发和利用方面，都表现出鲜明的（　　　）。

A. 旅游特色　　　　　B. 文化特色　　　　　C. 区域特色　　　　　D. 地域特色

2. 旅游区都是在人们对旅游客观世界规律性认识的基础上划分出来的，是客观存在的地理实体，这表现了旅游区具有（　　　）。

A. 系统性　　　　　B. 客观性　　　　　C. 地域性　　　　　D. 优化性

3. 下列关于旅游区与行政区的概念，正确的是（　　　）。

A. 旅游区是由旅游经济联系的客观地域综合

B. 旅游区是由旅游文化联系的客观地域综合

C. 行政区是人们的主观经济基础的产物

D. 行政区是人们的客观经济基础的产物

4. 旅游区划的目的表现为（　　　）。

A. 形成和强化各地的旅游活动特色

B. 反映旅游资源形成的区域地理背景和地域分异规律

C. 全面认识国家或地区的旅游资源特点

D. 展示不同地域多姿多彩的景观特色

5. 旅游区划的任务是（　　　）。

A. 统一安排区域旅游设施和旅游服务系统的建设

B. 确定各个旅游区合理的范围和界限，以及区内各旅游经济中心

C. 反映旅游资源形成的区域地理背景和地域分异规律

D. 增强区域旅游产业的竞争力

6. "精巧玲珑、奇秀异常、色渥如丹、灿若明霞"的地貌特征属于（　　　）景观。

A. 花岗岩山地景观　　　　　　　　　　B. 岩溶地貌

C. 丹霞地貌　　　　　　　　　　　　　D. 火山地貌

7. 香山红叶、牡丹花会、断桥残雪和曲院风荷，分别反映的是（　　　）四季的自然景观。

A. 夏、春、冬、秋　　　　　　　　　　B. 春、夏、秋、冬

C. 秋、夏、冬、春　　　　　　　　　　D. 秋、春、冬、夏

8. 镜泊湖、长白山天池、云南滇池从成因上分类，属于（　　　）。

A. 咸水湖、火山口湖、溶蚀湖　　　　　B. 堰塞湖、火山口湖、构造湖

C. 风城湖、冰川湖、构造湖　　　　　　D. 溶蚀湖、堰塞湖、冰川湖

9. "千里冰封，万里雪飘""林海雪原"描述的是（　　　）。

A. 东北旅游区　　　B. 华中旅游区　　　C. 西南旅游区　　　D. 青藏旅游区

10. 中国古代三大宫殿建筑天贶殿、大成殿、太和殿分别位于（　　　）。

A. 泰山岱庙　曲阜孔庙　北京故宫　　　B. 承德避暑山庄　泰山岱庙　北京故宫

C. 曲阜孔庙　承德避暑山庄　北京故宫　D. 曲阜孔庙　北京故宫　泰山岱庙

二、多项选择题

1. 旅游区的特点包括（　　　）。

A. 地域性　　　　　B. 系统性　　　　　C. 优化性　　　　　D. 客观性

E. 层次性

2. 旅游区划的原则包括（　　　）。

A. 差异性与相似性原则　　　　　　　　B. 主动性与多样性原则

C. 综合性与层次性原则　　　　　　　　D. 地域完整性及旅游中心地原则

E. 与行政区相背离原则

3. 旅游区划的任务包括（　　　）。

A. 确定各个旅游区合理范围和界限和各旅游经济中心

B. 明确各旅游区的性质、功能、地位和优势

C. 提出区域发展方向和规划建设重点

D. 不利于旅游"冷点"开发，削弱旅游区整体功能效益

E. 明确各区域的代表性旅游点及其主要功能特征

4. 旅游区划的意义包括（　　　　）。

A. 增加对旅游者吸引力，增强区域旅游产业竞争力

B. 反映旅游资源形成的区域地理背景和地域分异规律

C. 为旅游者提供全方位服务

D. 可展示不同地域多姿多彩的景观特色

E. 不利于增强国际旅游市场的竞争力

5. 旅游区划为（　　　　）旅游资源，制定与实施中长期的旅游区域发展战略，推动区域经济的合理发展提供科学依据。

A. 开发　　　　　　　B. 滥用　　　　　　　C. 利用　　　　　　　D. 保护

6. 下列选项中属于中国南方喀斯特地貌的是（　　　　）。

A. 重庆武隆　　　　　B. 桂林山水　　　　　C. 云南路南石林　　　D. 贵州织金洞

E. 贵州赤水

7. （　　　　）不是山水脉络相连，浑然一体，气候因子相似，以冰雪、火山、森林、海滨、边境游为其特色，三省的民风民俗相近。

A. 华北旅游区　　　　B. 西北旅游区　　　　C. 东北旅游区　　　　D. 华南旅游区

8. 华北自然区，包括长城以南、秦淮线以北，经（　　　　）等地。

A. 京冀　　　　　　　B. 晋豫　　　　　　　C. 甘东　　　　　　　D. 浙赣

9. "三山夹两盆"为其最大特色，内有阿尔泰山、天山和昆仑山和夹在山地之间的两个盆地：（　　　　）。

A. 准噶尔盆地　　　　B. 塔里木盆地　　　　C. 四川盆地　　　　　D. 柴达木盆地

10. 甘肃省位于三个高原：（　　　　）的边缘接合部，内有祁连山及山前的冲积平原和河西走廊。

A. 青藏高原　　　　　B. 黄土高原　　　　　C. 内蒙古高原　　　　D. 云贵高原

第四章

东北旅游区

本章概述

　　东北旅游区位于我国东北边疆，包括黑龙江、吉林、辽宁三省，以北国风光、冰雪资源为基础，配以独特的火山熔岩地貌，形成本区鲜明的旅游资源特征，吸引了大量游客。该区临近日、韩、俄等经济较发达国家，地理位置优势明显，境外客源市场较为充足，形成以日、韩、俄三国为主要境外客源的基本格局。该区少数民族风情浓郁，东西方建筑艺术荟萃，参与性、娱乐性强，旅游特色项目多，成为我国重要的旅游市场，旅游业发展前景广阔。

教学目标

1. 解读东北旅游区的地理环境特征。

2. 分析黑龙江旅游资源的特色。

3. 掌握吉林三个旅游亚区的旅游景点。

4. 熟悉辽宁的人文历史及其主要景点。

思维导图

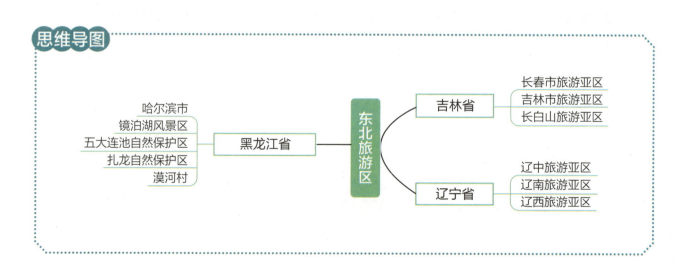

第一节　黑龙江省

一、概述

黑龙江省，简称"黑"，省会哈尔滨市，因边境大河黑龙江而得名。黑龙江位于我国东北边疆，北、东部与俄罗斯隔江相望，西部与内蒙古相邻，南部与吉林省接壤，我国国土的最北端和最东端皆在该省范围内。

黑龙江旅游资源丰富，有国家历史文化名城 1 座——哈尔滨市，国家重点风景名胜区 2 处——镜泊湖风景名胜区和五大连池风景名胜区，国家重点自然保护区 15 处——扎龙、丰林、凉水、洪河、东北黑蜂、呼中、牡丹峰、兴凯湖、五大连池等，国家级森林公园 54 处。其中扎龙自然保护区、五大连池自然保护区、兴凯湖自然保护区和丰林自然保护区已被联合国教科文组织分别列入《国际重要湿地名录》和"国际人与生物圈保护区网"。

小故事

黑龙江与白龙江

传说在远古时期，黑龙江叫白龙江，江里还住着一条凶恶的白龙。白龙江边住着一户姓李的人家，有一天，白龙兴风作浪，李氏夫妇未满周岁的小儿便成了白龙腹中之物。此后，每年白龙都要江边的百姓进贡童男童女，否则就狂风暴雨大作，闹得民不聊生。

几年后，李老汉的妻子又产下一个儿子，浑身黝黑，异于常人。一日他化身为一条大黑龙，跳入白龙江中与白龙争斗。争斗中，观音菩萨前来助阵，消灭了白龙。黑龙受万民拥待，使百姓们世代风调雨顺，黑龙江由此而得名。

黑龙江省气候旅游资源发达，哈尔滨太阳岛、齐齐哈尔明月岛等都为消夏避暑胜地。冬季冰雪旅游资源丰富，哈尔滨市每年冬季均举办冰灯游园会和冰雪节，冰雪体育运动丰富多彩，东北"三宝"驰名中外。黑龙江省民族众多，如赫哲族是黑龙江独有的少数民族且保留着民族独特的语言、文化传统和生活习惯。黑龙江边境旅游资源丰富，与俄罗斯接壤有 3000 余千米的边境线，有 25 个开放口岸。

特别提示

"酷省"

黑龙江省充分利用其独特的森林、气候和地理优势，积极打造"酷省"旅游形象，树立"中国滑雪旅游胜地""世界冰雪旅游名都""避暑度假胜地"三大品牌，实现了旅游业的快速发展，在东北三省中发展势头最好。

二、哈尔滨市

哈尔滨市为黑龙江省省会，位于松花江畔，是热点旅游城市和国际冰雪文化名城，素有"冰城""东方莫斯科""东方小巴黎"之称。市区旅游景点众多，兆麟公园是展示冰雕艺术、开展冰灯游艺活动的场所。中央大街是哈尔滨市的主要商业街，还保存着式样各异的欧式建筑。

太阳岛

太阳岛坐落在黑龙江省哈尔滨市松花江北岸，与哈尔滨市区隔江相望，被称为哈尔滨的"掌上明珠"。太阳岛从满语"鳊花鱼"的音译演变而来，意为岛内坡岗，全是洁净的细沙，阳光下格外炽热，故称太阳岛。1964 年，太阳岛风景区正式成立，1989 年被命名为黑龙江省级风景名胜区，2002 年被国家旅游局评定为国家 AAAA 级旅游景区。总面积为 88 平方千米，其中规划面积为 38 平方千米，外围保护区面积为 50 平方千米，分为东区、中区和西区。太阳岛是一处由冰雪文化、民俗文化等资源构成的多功能风景区，也是中国国内的沿江生态区。方阁、太阳湖、太阳山融成一幅秀美的画面，使得太阳岛成为著名的避暑消夏胜地。

三、镜泊湖风景区

镜泊湖风景区是国家重点风景名胜区，位于宁安市南部松花江主要支流牡丹江上游，是以镜泊湖为中心的风景名胜区，包括镜泊湖、地下森林、吊水楼瀑布等。

1. 镜泊湖

镜泊湖是距今 1 万年前火山喷发的玄武熔岩阻塞牡丹江形成，是我国最大的火山堰塞湖。镜泊湖海拔 351 米、湖水深度平均为 40 米。因呈狭长状、水平如镜而得名。镜泊湖水质澄清、水产丰富，是著名的旅游、避暑和疗养胜地，全国文明风景旅游区示范点，国家重点风景名胜区，国际生态旅游度假避暑胜地，世界地质公园。镜泊湖是火山熔岩堰塞湖，湖的出口处，由玄武岩构成陡峻的峭壁，湖水由上冲泻而下，形成一个宽约 30 多米、落差 20 多米的镜泊湖瀑布，俗称"吊水楼"。

2. 地下森林

火山口地下森林位于镜泊湖西北 50 千米处的张广才岭东南坡。由 10 个火山口组成，分布在长 40 千米、宽 5 千米的地带上，是因火山喷发活动停止后火山顶部塌落形成内壁陡峭的火山，经过漫长岁月从火山口内生出茂密丛林而得名。火山口地下森林的蓄积量达 100 万立方米，生长的红松健壮茂密，再加上火山喷发形成的熔岩地貌，这里异常清凉，是夏日避暑游玩的好去处。火山口内长满了红松、紫椴、黄菠萝 、鱼鳞松等名贵树种，是一座天然的绿色宝库。地下森林不仅植被茂密，而且野生动物众多，现已被辟为国家森林公园。

3.吊水楼瀑布

吊水楼瀑布，因其居镜泊湖北端，又名镜泊湖瀑布，是我国第三大瀑布，系湖水北流漫过熔岩裂口跌落而成。瀑布幅宽约 70 余米，雨水量大时，幅宽达 300 余米，落差 20 米，瀑水飞泻直下，浪花四溅，气势磅礴，震声如雷，是世界最大的玄武岩瀑布。吊水楼瀑布下面的水潭深 60 米 ，叫"黑龙潭"，每逢雨季或汛期，水声如雷，激流呼啸飞泻，水石相击，白流滔滔，水雾蒸腾出缤纷的彩虹。

四、五大连池自然保护区

五大连池自然保护区位于黑龙江省小兴安岭西侧五大连池市，是国家重点风景名胜区，为山、水、森林相依的火山地质自然风景区，由 5 个相通的火山堰塞湖和 14 座火山锥以及盾形火山遗迹、矿泉组成。由于火山喷发的熔岩流入白河河谷，堵塞河道，形成五个南北相连的串珠式湖泊，称五大连池。五大连池长约 5 千米，面积 18.47 平方千米，为我国第二大火山堰塞湖。火山喷发时的熔岩在流淌过程中，由于所经地面状况不同，凝固时间不一，形成了熔岩地貌景观，或似巨蟒、怪兽，或似海浪、飞瀑，形象逼真，保存完好，为少见的火山地质地貌，有"天然火山博物馆"之称。五大连池自然保护区已被列为我国重要的火山地质保护区。

五、漠河村

漠河村位于黑龙江省最北部，即漠河县北境黑龙江南岸七星山麓。地处北纬 53° 以北，是我国最北部的边境小镇。漠河，在清代也作"墨河""穆河"，漠河村以河得名，素有"北极村""不夜城"之称，属高寒地区，全年 12 个月差不多有 8 个月处在严冬里。冬天气温最低时达到 −53℃，有我国的"寒极"之称。夏至前后，昼长夜短，几无黑夜，因此有"不夜城"之誉。这里还可以观赏到"极光"，北极光在我国吉林、内蒙古、新疆等地均有所见，但大多几年或十几年才出现一次，而漠河每年出现一次，可持续 2 小时，瑰丽而神奇。近年来，每到夏至日都要举行"中国漠河北极极光节"。

极光

极光是一种绚丽多彩的等离子体现象，在南极被称为南极光，在北极被称为北极光。极光一般只在南北两极的高纬度地区出现，一般呈带状、弧状、幕状、放射状，这些形状有时稳定，有时做连续性变化。极光产生的条件有三个：大气、磁场、高能带电粒子，三者缺一不可。

课堂讨论

1. 黑龙江有哪些独特的地理环境特征？
2. 哈尔滨市冬季气候如何？举行哪些旅游节庆活动？

第二节 吉林省

一、概述

吉林省，位于东北地区中部，以区域内吉林城得名，省会长春市。全省地势东南高西北低，依次为山地、丘陵、平原。吉林省主要山脉为长白山，主峰白云峰（白头山）海拔2691米，为东北地区第一高峰。吉林省冰雪旅游资源丰富，松花湖、长白山等地均辟有滑雪场、滑冰场。吉林省的雾凇在国内具有很高的知名度，每年元月都要举行盛大的雾凇冰雪节。

吉林省旅游资源丰富，共有三大旅游亚区（长春旅游亚区、吉林旅游亚区和长白山旅游亚区），境内的一山（长白山）三水（松花江、鸭绿江、图们江）勾画出景色瑰丽的图画。吉林省拥有历史文化名城2座：吉林市、集安市；国家重点风景名胜区4处：八大部—净月潭风景名胜区，松花湖风景名胜区、仙景台风景名胜区和防川风景名胜区；全国重点文物保护单位33处。长白山自然保护区、向海自然保护区已被联合国教科文组织分别列入"国际人与生物圈保护区网"和《国际重要湿地名录》。

二、长春市旅游亚区

长春，简称"长"，古称"喜都"，别称"北国春城"，是吉林省省会、东北亚经济圈中心城市，分别与松原市、四平市、吉林市和哈尔滨市接壤，是著名的中国老工业基地，是新中国最早的汽车工业基地和电影制作基地，有"东方底特律"和"东方好莱坞"之称。长春是国家历史文化名城，具有众多历史古迹、工业遗产和文化遗存，也是中国四大园林城市之一。长春是一座开放的国际都市，素有"文化城""森林城""雕塑城"的美誉。八大部—净月潭风景区是国家重点风景名胜区，是长春市最著名的景区。

1. 伪满皇宫博物院

伪满皇宫博物院位于长春市区东北部，国家 5A 级旅游景区，前身是民国时期管理吉林、黑龙江两省盐务的吉黑榷运局官署，总占地 25.05 万平方米，建筑面积 13.7 万平方米。兼具中西和日式建筑风格，宫内以中和门为界，分内、外两廷。内廷是溥仪及其家属生活区，主要建筑有缉熙楼、同德殿、御花园等；外廷有勤民楼、怀远楼等。伪满皇宫博物院现有包括缉熙楼、勤民楼、同德殿等伪满宫廷原状陈列 50 个，大型基本陈列 2 个，专题展览 3 个，收藏了大批伪满宫廷文物，日本近现代文物，东北近现代文物，民俗文物，近现代有代表性的书画、雕刻、非遗传承人作品等艺术精品。伪皇宫现已被分别辟为伪满皇宫陈列馆和伪满帝宫陈列馆，是进行爱国主义教育和历史教育的极好场所，是全国重点文物保护单位、国家一级博物馆、全国中小学生研学实践教育基地、全国爱国主义教育示范基地。

小知识

伪满洲国

伪满洲国是 1931 年"九一八事变"后，日本侵略者利用清朝废帝爱新觉罗·溥仪在东北建立的一个傀儡政权——满洲帝国，将长春定为"国都"，改名"新京"，成为日本帝国主义统治东北的政治、军事、经济、文化中心。此傀儡政权"领土"包括现中华人民共和国辽宁、吉林和黑龙江三省全境、内蒙古东部及河北北部。通过这一傀儡政权，日本在中国东北实行了 14 年之久的殖民统治。因为当时中国南京国民政府不承认这一政权，故其被称为"伪满洲国"。

2. 八大部—净月潭风景区

八大部—净月潭景区位于吉林省长春市东南部，距市中心人民广场仅 18 千米，景区面积为 96.38 平方千米，其中水域面积为 5.3 平方千米，森林覆盖率达到 96% 及以上。净月潭因形似弯月状而得名，与台湾日月潭为姊妹潭，是"吉林八景"之一，被誉为"净月神秀"。该风景区是国家 5A 级旅游景区、国家级风景名胜区、国家森林公园、全国文明风景旅游区示范点、国家级水利风景区和国家级全民健身户外活动基地。净月潭风景区分为潭北山色、潭南林海、月潭风光、潭东村舍。以水景为主，山林、村舍相映衬，现已成为春夏郊游、冬季观雪的旅游胜地。潭南近水一侧和山林中尚存金代古墓 2 处。景区内的森林为人工建造，含有 30 个树种的完整森林生态体系，得天独厚的区位优势使之成为"喧嚣都市中的一块净土"，有"亚洲第一大人工林海""绿海明珠""都市氧吧"的美誉，是长春市的生态绿核和城市名片。

净月潭与七仙女

相传，天上的王母娘娘有七个女儿，她们一个比一个漂亮，可是最漂亮、最善良的要数小女儿七仙女。有一年，七仙女看见一个年轻人挟着一把破伞，边走边抹眼泪，脸上一副愁苦的样子，她变成一个村姑，去和年轻人见面，两人一见钟情，就生活在一起。王母娘娘得知此事后非常生气，决定派天兵天将捉拿七仙女。这一天，天空突然阴云密布，一阵狂风将七仙女刮上了天。七仙女望着自己和爱人生活的小屋，忍不住落下两行泪，一滴滴在南方，化作台湾的日月潭，一滴滴在北方，化作长春的净月潭。实际上，净月潭是在1934年由人工修建的第一座为长春市城区供水的水源地。

三、吉林市旅游亚区

吉林市位于吉林省中部、松花江中游，是中国唯一省市同名的城市，有雾凇之都、中国北方特色的旅游城市、中国书法城等美誉。吉林市是国家历史文化名城，市区三面临江，四面环山，山清水秀，旅游资源得天独厚，故有"北国江城""江城"的别称，连续举办多届吉林国际雾凇冰雪节。

雾凇是吉林市最具特色的旅游景观。雾凇在我国高寒山区和东北地区的冬季较多出现，但吉林市雾凇出现最频繁，维持时间最长，这主要是由于松花江吉林段因上游有水电站，松花湖水严冬不冻，在冬季极低气温下，暖水面蒸发的水汽遇到空气中大量的烟尘杂质而凝结，常形成浓雾。漂浮的雾气遇到冰冷的树枝便凝结成雾凇。吉林雾凇与桂林山水、路南石林、长江三峡并称为"中国四大自然奇观"。

"雾凇"词源

雾凇又称"树挂""凝华"，是一种白色固体凝结物，由过冷的雾滴附着于地面物体上，迅速冷冻而成。形成雾凇的条件，一是冬季寒冷漫长，空气中有充足的水汽；二是天晴少云、静风，或是风速很小。"雾凇"一词最早出现于南北朝时期吕忱（420—479年）所编的《字林》里，其解释为："寒气结冰如珠见日光乃消，齐鲁谓之雾凇。"

松花江

松花江是中国七大河之一，是黑龙江在中国境内的最大支流。松花江在隋代称难河，唐代称那水，辽金两代称鸭子河、混同江，清代称混同江、松花江。松花江在同江附近注入黑龙江后，与黑龙江、乌苏里江下游的广大平原组成有名的三江平原。松花江也是中国东北地区一个大淡水鱼场，鱼类资源十分丰富，"三花五罗"、大白鱼、鳜鱼等名贵品种早就闻名于世，全流域鱼类品种达77种，是我国北方淡水鱼的重要产地。

松花江风景名胜区位于吉林市东南，为国家重点风景名胜区。松花湖为丰满水电站大坝拦截江水形成的人工湖，湖水碧绿清澈，湖面微波不兴。松花江两岸青山林立，宛如山水画卷。景区西部的青山滑雪场是我国最大的高山滑雪运动基地，冰雪旅游独具风采。

四、长白山旅游亚区

长白山位于吉林省东南部，为国家重点风景名胜区。长白山以其终年的白雪皑皑且山石呈灰白色而得名，为鸭绿江、松花江、图们江的发源地。山体为巨型火山体形成，在熔岩台地上以主峰为中心，呈放射状分布着100多座小火山。主峰山巅终年积雪，白云环绕，如白头老人之头，故又称白头山，海拔2691米，为我国东北第一高峰，也是欧亚大陆东岸高山之一。长白山自然资源多样，冰雪旅游资源丰富，特产众多，如"东北三宝"、中国四大名砚之一的松花砚。长白山及其天池、瀑布、雪雕、林海等，曾经入选吉尼斯世界之最纪录。

1. 长白山国家级自然保护区

长白山国家级自然保护区位于吉林省东南部，与朝鲜毗邻，与以长白山天池为中心的安图、抚松、长白三县交会，面积21.5万公顷。长白山国家级自然保护区是国家重点自然保护区，被联合国教科文组织列入"国际人与生物圈保护网"，是中国温带森林生态系统最大的综合性自然保护区，是不可多得的生物遗传基因储存库，也是欧亚大陆北半部最具代表性的自然综合体，有天然博物馆之称，绿色宝库之誉，以保护典型的火山地貌景观和复杂的森林生态系统为主要对象，以保存野生动植物种质资源，保护、拯救和扩繁珍稀濒危生物物种。

2. 长白山天池

长白山天池位于吉林长白山主峰火山锥体的顶部，是一座火山口，经过漫长年代的积水而成火山湖。长白山天池海拔2189.1米，略呈椭圆形，水面面积9.82平方千米，平均水深204米，最深处达373米，天池像一块瑰丽的碧玉镶嵌在雄伟的长白山群峰之中，是中国最大的火山湖，也是世界上最深的高山湖泊，现为中国、朝鲜两国的界湖。由于环境和地势的影响，长白山降水丰富，天池周围是降水的中心，再加上火山地形条件，在长白山火山锥体和熔岩高原上发育了许多各具特色的河流、瀑布、泉、水、湖泊。

课堂讨论

1. 中国唯一省市同名的城市是哪一个？有何别称？
2. 吉林省"一山三水"指什么？有哪三大旅游亚区？

一、概述

辽宁省位于东北地区的南部，寓意"辽河流域，永远安宁"，是东北三省中唯一的沿海省份。南濒黄海、渤海二海，西南与河北接壤，西北与内蒙古毗连，东北与吉林为邻，东南以鸭绿江为界，与朝鲜隔江相望。辽宁省自然景观资源丰富，有以雄奇险峻和战略位置重要而闻名遐迩的九门口水上长城，名山、秀水、奇石、异洞遍布辽东半岛和辽西走廊，千山、医巫闾山、凤凰山、冰峪沟、鸭绿江、金石滩和亚洲最大的本溪地下水洞等风景名胜久负盛名。辽宁省历史悠久，是中华民族和中华文明的发源地之一，有距今近30万年的营口金牛山遗址；有与故宫齐名的沈阳故宫和清初"三陵（永陵、福陵、昭陵）"；大连、丹东的近代战争遗址和西部的秦、汉、魏、晋、辽、明、清史迹驰名海内外。

辽宁省旅游资源丰富，现有国家重点风景名胜区9处，国家重点自然保护区12个，国家森林公园30座，国家历史文化名城1座——沈阳市。另外，辽宁省是清王朝发祥之地，留下众多清朝遗迹。辽宁省旅游业发展迅速，各地每年都举办丰富多彩的旅游节庆活动，如大连国际服装节和赏槐节、沈阳冰雪节、本溪枫林节、丹东凤凰山节、锦州民间文化旅游节、营口望儿山母亲节、盘锦红海滩观海节、鞍山千山大佛节、抚顺满族风情节等。该省可分为辽中旅游亚区、辽南旅游亚区和辽西旅游亚区3个旅游亚区。辽宁省物产丰富，有绥中白梨、大连海参、盘锦大米、岫岩玉等。

二、辽中旅游亚区

辽中旅游亚区包括沈阳、鞍山、辽阳、营口等城市，自然旅游资源以山、水为主，人文旅游资源以清朝遗迹为代表，以下简要介绍沈阳市。

沈阳市是国家历史文化名城，辽宁省省会，东北地区最大的城市。为满族的聚居地和清王朝的发祥地，故该市著名景点均为清朝遗迹。

1. 沈阳故宫

沈阳故宫是全国重点文物保护单位，为清太祖努尔哈赤于清天命十年（1625年）始建。初名盛京皇宫，入关后称奉天行宫。沈阳故宫占地6万余平方米，全部建筑90余所、300余间，组成十几个院落，为我国现存仅次于故宫的最完整的古代帝王宫殿建筑。依自然布局，共分三路，东路（大政殿、十王亭），中路（崇政殿、凤凰楼、清宁宫），西路（戏台、嘉荫堂、邸熙斋、文溯阁）。沈阳故宫是满汉两族文化交流和融合的体现，是多民族建筑的辉煌成果。

2. 清福陵

清福陵，又称沈阳东陵，位于沈阳东郊的东陵公园内，是清太祖努尔哈赤和其皇后的合葬陵，因地处沈阳东郊，故又称东陵，为盛京三陵之一，总面积约 19.48 万平方米。清福陵形制为外城内郭，由前院、方城和宝城三部分构成，自南而北渐次升高。这既不同于明朝的陵墓，也不同于清朝入关后建造的陵寝。清福陵、清昭陵、清永陵合称清初三陵或关外三陵。三陵中的清永陵不在沈阳市，而在抚顺市新宾县，原名兴京陵，为努尔哈赤六世祖的墓地。

三、辽南旅游亚区

辽南旅游亚区位于辽宁南部，包括大连、丹东等市。主要有旅顺口、金石滩、凤凰山、鸭绿江等风景名胜区，以下简介旅顺口和金石滩。

1. 旅顺口

旅顺口风景名胜区为国家重点风景名胜区，位于辽宁省辽东半岛南端，东临黄海，西濒渤海。包括大连海滨、旅顺口 2 个景区，有陆域，有岛屿。海岸线长达 30 余千米，水面浩瀚，碧海蓝天，岛屿、礁石婷立海面，气象万千；白云山庄莲花状地质构造地貌和由岩溶礁石构成的黑石礁如同"海上石林"，为世罕见。大连海滨以碧海、蓝天、青山、礁石、沙滩、岛屿为特色，形成优美的自然画面。旅顺口景区，山连水绕，风光秀丽，有闻名世界的蝮蛇王国——蛇岛、老铁山候鸟站、黄海和渤海的自然分界奇观作为消暑避夏海滨浴场的有效补充部分。旅顺口是我国历史上的海上门户，地形雄险壮阔，留有众多古迹，有重点文物保护单位 47 处，包括中国近代史上记载中日甲午战争和日俄战争以及日本侵华战争的各种工事、堡垒等战争遗迹多处。

2. 金石滩

金石滩风景名胜区位于大连市金州区，总面积约 110 平方千米，分为玫瑰园、龙宫、南秀园、鳌滩、三叶虫化石园 5 个景区。景区内浓缩了距今 5 亿 ~7 亿年的地质历史，堪称"天然地质博物馆"。景区内多变的海蚀造型地貌又为它博得"神力雕塑公园"的美誉，现已被辟为国家旅游度假区。金石滩，大连市金州区功能区之一，是国家级风景名胜区、国家级旅游度假区、国家 5A 级旅游景区、国家级地质公园，曾被 CNN（美国有线电视新闻网）评价为中国 40 个最美景点之一。金石滩的陆地面积为 70.34 平方千米，海域面积 58 平方千米，三面环海，冬暖夏凉，气候宜人，凝聚了 3 亿~9 亿年地质奇观。金石滩的主要景点有黄金海岸、金石园、滨海地质公园、金石蜡像馆、生命奥秘博物馆、发现王国等。

四、辽西旅游亚区 》》

辽西旅游亚区作为辽宁旅游区的一部分，主要包括锦州、兴城、阜新等市所辖地区，旅游资源以山海风光和文化古迹为主，下简介锦州市。

1. 医巫闾山

医巫闾山位于北宁市满族自治县，简称闾山。相传舜封天下十二座名山为十二州之镇山，此山为幽州之镇山；隋封四大镇山，以此为北镇；唐代此山为五镇之一，历史上被称为东北三山之首。医巫闾山有大小山峰 52 座，多奇峰怪石，主峰望海山海拔 867 米。主要景区有中段的观音阁景区、玉泉景区、大朝阳景区，尤以观音阁景区景点最为集中。

2. 万佛堂石窟

万佛堂石窟坐落在距辽宁省义县县城西北 9 千米的大凌河北岸，是东北地区罕见的佛教洞窟，也是中国北朝石窟中纬度最北、位置最东的窟群。它被誉为中国北方石窟造像艺术宝库，也是一处融人文景观与自然景观于一体的风景区。万佛堂石窟是东北唯一的摩崖石窟群，具有很高的历史价值与艺术价值，窟内的壁画涵盖大量古代少数民族的生活情景，对研究少数民族人民的生活习惯有极大的学术价值。

课堂讨论

1. 东北三省中唯一的沿海省份是哪一个？与哪些国家相邻？
2. 东北有哪"三怪"？是什么原因产生了"三怪"？

本章小结 →

东北旅游区位于我国东北地区，包括黑龙江、吉林和辽宁三省。本区自然地理环境以山环水绕为主要特征，其中"山"是指大兴安岭、小兴安岭和长白山；"水"是指黑龙江、乌苏里江、图们江、鸭绿江，此外还包括松花江、嫩江、辽河。东北地区拥有我国第一大平原，即东北平原，由三江平原、松嫩平原和辽河平原组成。东北地区是我国森林分布最广的地区，物产丰富，代表性的物产包括东北"三宝"、灵芝、绥中白梨、盘锦大米、海八珍等。东北旅游区历史悠久，文化灿烂，可以领略少数民族风情。旅游资源非常丰富，拥有许多国家 5A 级旅游景点。瑰丽的火山胜景、广阔的林海雪原、迷人的海滨风光以及多姿多彩的少数民族风情是东北地区旅游资源的特色。

本章测试

一、单项选择题

1. （　　）是朝鲜族的主要聚居地。

A. 吉林省　　　　　　B. 黑龙江省　　　　　　C. 辽宁省　　　　　　D. 内蒙古自治区

2. 黑龙江的中国历史文化名城是哈尔滨和（　　）。

A. 大庆市　　　　　　B. 牡丹江市　　　　　　C. 伊春市　　　　　　D. 齐齐哈尔市

3. 吉林（　　）是天造地设、奇丽壮观的自然美景，给人以迷奇之感，更让人陶醉，为多彩的世界增添无穷的乐趣，不愧为北国风光之最，名列中国四大自然奇观之一。

A. 雾凇　　　　　　B. 雪景　　　　　　C. 夕阳　　　　　　D. 极光

4. 辽宁省地形概貌大体是（　　）。

A. 六山一水三分田　　　　　　　　　B. 七山一水二分田

C. 五山一水一草三分田　　　　　　　D. 五山一水四分田

5. （　　）是黑龙江省独有的少数民族，他们以捕鱼为生，常年忙碌在江面。

A. 赫哲族　　　　　　B. 鄂伦春族　　　　　　C. 鄂温克族　　　　　　D. 达斡尔族

6. 全国唯一的省与本省中一个市重名的省份是（　　）。

A. 贵州省　　　　　　B. 辽宁省　　　　　　C. 吉林省　　　　　　D. 广东省

7. （　　）是中国海岸线的北端起点，被誉为"中国最大最美的边境城市"。

A. 大连　　　　　　B. 丹东　　　　　　C. 营口　　　　　　D. 葫芦岛

8. （　　）地处中国东北地区腹地，位于东北亚地理几何中心。

A. 吉林省　　　　　　B. 辽宁省　　　　　　C. 黑龙江省　　　　　　D. 内蒙古自治

9. （　　）是辽宁国家历史名城。

A. 大连市　　　　　　B. 抚顺市　　　　　　C. 辽阳市　　　　　　D. 沈阳市

10. 留存在大兴安岭嘎仙洞的摩崖石刻属于（　　）。

A. 鲜卑文化　　　　　　B. 渤海文化　　　　　　C. 金源文化　　　　　　D. 满族文化

二、多项选择题

1. 下列关于辽宁概况，说法正确的有（　　）。

A. 辽宁省地形概貌大体是"六山一水三分田"

B. 辽宁省是东北地区降水量最多的省份

C. 辽宁铁路密度居全国第一

D. 辽宁盘锦红海滩是世界上最大的湿地红海滩奇观

E. 本溪水洞是亚洲最长的地下水溶洞，素有"九曲银河"之称

2. 下列关于辽宁旅游资源概况，说法正确的有（　　）。

A. 青山沟风景区青山环抱、层峦叠嶂，被誉为"神仙居住过的地方"

B. 丹东是中国海岸线的北端起点，被誉为"中国最大最美的边境城市"

C. 辽宁盘锦红海滩是世界上最大的湿地红海滩奇观

D. 本溪水洞是亚洲最长的地下水溶洞，素有"九曲银河"之称

E. 辽宁的国家历史文化名城是沈阳和大连

3. 东北新三宝指的是（　　　）。

A. 人参　　　　　　　B. 貂皮　　　　　　　C. 鹿茸　　　　　　　D. 蘑菇

E. 雪松

4. 吉林乡间民俗风情被概括为窗户纸糊在外和（　　　）。

A. 土坯房子篱笆寨　　　　　　B. 黄土打墙墙不倒

C. 烟囱安在山墙边　　　　　　D. 索勒杆子戳门外

E. 大姑娘叼烟袋

5. 下列艺术形式中（　　　）属于辽宁特色。

A. 茅古斯　　　　B. 二人转　　　　　C. 辽剧　　　　　D. 海城高跷秧歌

E. 贝伦舞

6. 下列城市中属于黑龙江历史文化名城的是（　　　）。

A. 牡丹江市　　　B. 佳木斯市　　　　C. 大庆市　　　　D. 哈尔滨市

E. 齐齐哈尔市

7. 黑龙江省的文化源流可归结为（　　　）。

A. 鲜卑文化　　　B. 松花江文化　　　C. 渤海文化　　　D. 满族文化

E. 金源文化

8. 下列选项中（　　　）是辽宁农家特色菜。

A. 大锅炖鱼　　　B. 猪肉炖粉条　　　C. 丹东黄蚬子　　　D. 酸菜血肠五花肉

E. 羊肠面

9. 黑龙江省的滑雪资源主要集中在（　　　）。

A. 哈尔滨市　　　B. 伊春市　　　　C. 牡丹江市　　　D. 大兴安岭地区

E. 黑河市

10. 水运已经形成以大连港为中心，以（　　　）为两翼，同国内沿海诸港口以及世界5大洲70多个国家和地区140多个港口通航。

A. 大连港　　　B. 舟山港　　　　C. 丹东港　　　D. 营口港

E. 锦州港

第五章

华北旅游区

本章概述 →

　　华北旅游区在自然地理上一般指秦岭—淮河线以北，长城以南的广大区域。北与东北地区、内蒙古自治区相接。版图地理的华北地区包括四个自然地理单元：东部的辽东和山东低山丘陵，中部的黄淮海平原和辽河下游平原，西部的黄土高原和北部的冀北山地。华北旅游区的京津冀是我国北方经济规模最大、最具活力的地区，在我国旅游区中占有很重要的地位。从地理位置、历史文化、风景名胜的数量和品位来看，华北旅游区在全国范围内属于旅游资源大区。本旅游区包括北京市、天津市、河北省和山西省，旅游资源丰富。

教学目标 →

1. 掌握华北旅游区的地理环境特征。
2. 了解天津古文化街区的人文特色。
3. 解读故宫、颐和园的旅游价值。
4. 解析乔家大院的布局和建筑风格。

思维导图

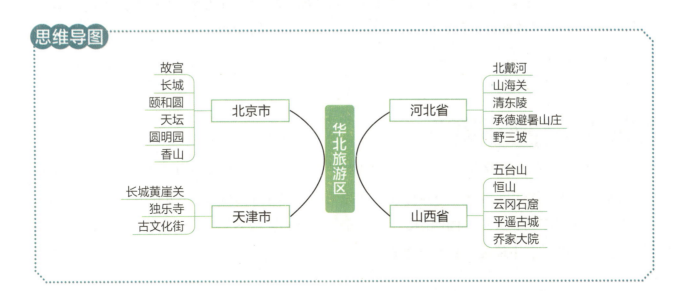

故宫
长城
颐和圆
天坛 ── 北京市
圆明园
香山

长城黄崖关
独乐寺 ── 天津市
古文化街

华北旅游区

北戴河
山海关
清东陵 ── 河北省
承德避暑山庄
野三坡

五台山
恒山
云冈石窟 ── 山西省
平遥古城
乔家大院

第一节　北京市

一、概述

　　北京简称"京"，古称燕京、北平，是我国的首都、直辖市、国家中心城市、超大城市，国务院批复确定的中国政治中心、文化中心、国际交往中心、科技创新中心。北京最初记载的名字为"蓟"，从公元前 221 年秦始皇统一中国到公元 937 年，北京一直是北方的重镇和地方政权的都城。公元 938 年，统治中国北方的辽以北京（时称燕京）为陪都，此后，金、元、明、清各代都以此地为首都，前后达 650 多年。1949 年 10 月 1 日，中华人民共和国成立，北京成为新中国的首都。

　　北京是具有悠久历史文化的古都，有世界上最大的皇宫紫禁城、祭天神庙天坛、皇家花园北海、皇家园林颐和园、八达岭长城、慕田峪长城、司马台长城以及世界上最大的四合院恭王府等名胜古迹。全市共有文物古迹 7309 项，其中国家级文物保护单位 42 处，市级文物保护单位 222 个。北京也是一个现代化国际大都会。据世界城市研究机构 GaWC 评估，北京位居世界一线城市。

小知识

GaWC

　　GaWC 是全球化与世界级城市研究小组与网络（Globalization and World Cities Study Group and Network）的英文名简称，以英国拉夫堡大学为基地，由欧美学者组成的学术机构。GaWC 将世界城市分为 Alpha、Beta、Gamma、Sufficiency 四个大的等级。其世界城市名册是全球关于世界一、二、三、四线城市体系的权威排名之一。在 2020 年世界城市排名中，中国入选的世界一线城市（Alpha 级）有六座：香港、上海、北京、广州、台北、深圳。

二、主要旅游景区

　　北京具有丰富的旅游资源，它所拥有的胡同、古建筑、古代园林使这座高度现代化的城市充满了古典文化气息，令人心驰神往。北京对外开放的旅游景点有 200 多处，包括故宫、长城 、天安门广场、天坛、圆明园、景山公园、香山等，1998 年被国家旅游局命名为"中国优秀旅游城市"，下简要介绍几处景点。

1. 故宫

　　故宫也称紫禁城，位于北京市中心，曾居住过24位皇帝，是明清两代的皇宫，现辟为故宫博物院。院内陈列我国各个朝代的艺术珍品，是我国最丰富的文化和艺术宝库。故宫的整个建筑金碧辉煌，庄严绚丽，被誉为世界五大宫（北京故宫、凡尔赛宫、白金汉宫、白宫、克里姆林宫）之一，并被联合国教科文组织列入《世界遗产名录》。

　　故宫是我国现存最大、最完整的古建筑群，宫内建筑分为外朝和内廷两部分。外朝的中心为太和殿、中和殿、保和殿，统称三大殿。三大殿左右两翼辅以文华殿、武英殿两组建筑。内廷的中心是乾清宫、交泰殿、坤宁宫，统称后三宫，是皇帝和皇后居住的正宫。其后为御花园。后三宫两侧排列着东、西六宫，是后妃们居住休息的地方。东六宫东侧是天穹宝殿等佛堂建筑，西六宫西侧是中正殿等佛堂建筑。外朝、内廷之外还有外东路、外西路两部分建筑。

小知识

坤宁宫与乾清宫

　　坤宁宫与乾清宫分别为皇后与皇帝的寝宫。在古代，皇后的地位跟皇帝相对应，是天下女性中最尊贵的，皇帝是天，皇后就是地；皇帝是乾，皇后是坤。皇后的寝宫取自道德经中的"地得一以宁"这一句，故名坤宁宫，同理"天得一以清"，皇帝寝宫名乾清宫。

　　太和殿，俗称金銮殿，位于故宫南北主轴线的显要位置。太和殿是皇帝举行重大典礼的场所。皇帝登基即位、皇帝大婚、册立皇后、命将出征都在此举行典礼。此外每年万寿节、元旦、冬至三大节，皇帝在此接受文武官员的朝贺，并向王公大臣赐宴。太和殿屋顶采用最高形制，走兽10件，这在中国宫殿建筑史上是独一无二的，显示了其至高无上的重要地位。第一个饰物是一个骑凤仙人。仙人之后是十个小兽：龙、凤、狮子、天马、海马、狎鱼、狻猊、獬豸、斗牛、行什。在中国其他古建筑上最多九个走兽，只有太和殿十样齐全。

小故事

仙人骑凤的传说

　　太和殿屋顶重脊上为什么要立仙人骑凤呢？传说齐国国君一次作战失败，来到一条大河岸边，走投无路，后边追兵就要到了。危机之中，突然一只大鸟飞到眼前，齐王急忙骑上大鸟，渡过大河，逢凶化吉。因此古人把它放在建筑脊端，表示骑凤飞行，逢凶化吉。

2. 长城

　　长城又称万里长城，被誉为"人类的巨著"和"中华之魂"。1961年3月，长城被国务院公布为第一批全国重点文物保护单位。1987年12月，长城被列入《世界遗产名录》。长城不是一道单纯孤立的城墙，而是以城墙为主体，同大量的城、障、亭、标相结合的防御体系。春秋战国时期，列国争霸，互相防守，长城修筑进入第一个高潮，但此时修筑的长度都比较短。秦灭六国统一天下后，秦始皇连接和修缮战国长城，始有万里长城之称。明朝是最后一个大修长城的朝代，今天人们所看到的长城多是此时修筑。八达岭关城东门外，"居庸外镇"关门前大道南侧有一块高 1 米、长 15 米的天然花岗石，上刻"望京石"三个字。千百年来，流传着许多动人的爱情故事。

八达岭长城史称天下九塞之一，是万里长城的精华和杰出代表，也是万里长城向游人开放最早的地段。八达岭地理环境优越，自古以来就是通往山西、内蒙古、张家口的交通要道。八达岭景区以八达岭长城为主，兴建了全周影院和中国长城博物馆等功能齐全的现代化旅游服务设施，被评为中国旅游胜地四十佳之首。作为世界文化遗产，八达岭景区以其宏伟的景观、完善的设施和深厚的历史文化内涵著称于世。

小故事

孟姜女哭长城

秦始皇统一六国后，在全国各地征集数十万民夫，将秦、燕、赵三国北边的城墙连通、修缮合一，修筑万里长城。在孟姜女和范喜良结婚当天，范喜良被几个衙役抓去做民夫。半年过去了，丈夫一点消息也没有，于是孟姜女就亲手缝制了寒衣，到长城工地去寻找范喜良。到了长城工地，谁知修长城的民工告诉她，范喜良已经死了。孟姜女顿时痛哭失声，只哭得日月无光、天昏地暗，只哭得秋风悲号。忽然天摇地动般的一声巨响，长城一下崩塌了几十里。

3. 颐和园

颐和园是中国清朝时期皇家园林，坐落在北京西郊，距城区 15 千米，全园占地 3.009 平方千米，水面约占四分之三，与圆明园毗邻。前身为清漪园，它是以昆明湖、万寿山为基址，以杭州西湖为蓝本，汲取江南园林的设计手法而建成的一座大型山水园林，也是保存最完整的一座皇家行宫御苑，被誉为"皇家园林博物馆"。颐和园主要由万寿山和昆明湖两部分组成。它与承德避暑山庄、拙政园、留园并称为中国四大名园，1998 年 11 月被列入《世界遗产名录》。2007 年 5 月 8 日，经国家旅游局正式批准为国家 5A 级旅游景区。2009 年，入选中国世界纪录协会中国现存最大的皇家园林。

颐和园自万寿山顶的智慧海向下，由佛香阁、德辉殿、排云殿、排云门、云辉玉宇坊，构成了一条层次分明的中轴线。山下是一条长 700 多米的长廊，长廊枋梁上有彩画 8000 多幅，号称"世界第一廊"。长廊前是昆明湖。昆明湖的西堤是仿照西湖的苏堤建造的。万寿山后山、后湖古木成林，有藏式寺庙，苏州河古买卖街。后湖东端有仿无锡寄畅园而建的谐趣园，小巧玲珑，被称为"园中之园"。

"八国联军"洗劫颐和园

咸丰十年（1860年），清漪园被英法联军焚毁。光绪十四年（1888年）重建，改称颐和园。光绪二十六年（1900年），颐和园又遭"八国联军"洗劫。清朝灭亡后，颐和园在军阀混战和国民党统治时期又遭涂炭。中华人民共和国成立后，颐和园得到修缮，开放供游客游览。

4. 天坛

天坛在北京市南部，东城区永定门内大街东侧，始建于明永乐十八年（1420年），清乾隆、光绪时曾重修改建，现为国家5A级旅游景区，全国重点文物保护单位，世界文化遗产。在整个北京城里，北有地坛祭地，南有天坛祭天，东有日坛祭太阳，西有月坛祭月亮，其中，天坛最为光彩夺目、气宇非凡。

天坛建筑在一条中轴线上，最南的围墙呈方形，象征地，而最北的围墙则呈半圆形，象征天，这种设计来自远古"天圆地方"的思想。中轴线上的三大建筑圜丘坛、皇穹宇、祈年殿，构成了天坛的核心。南方是圜丘坛，坛呈圆形，高5米，直径23米。坛中心是一块圆石，外转共有9圈扇形石板，最中心一圈为9块，然后按9的倍数增加，第9圈共有81块，当年皇帝们就站在圆石的中心虔诚地祭祀苍天。天坛总面积是270万平方米，比故宫还要大4倍。

延伸阅读

天心石和回音壁

天坛的奇妙回声美妙绝伦。站在圜丘坛的中心叫一声，你会听到从地层深处传来的明亮而深沉的回响，这声音仿佛来自地心，又似乎来自天空，所以人们为它取了一个充满神秘色彩的名字——"天心石"。在皇穹宇的四周有一道厚约0.9米的围墙，你站在一端贴着墙小声说话，站在另一端的人只要耳贴墙面就能听得异常清晰，并且还有立体声效果。这就是"回音壁"。

5. 圆明园

圆明园是我国清朝时大型皇家园林，位于北京市海淀区，由圆明园及其附园长春园和绮春园（后改名万春园）组成，也叫圆明三园，有"万园之园"之称。清帝每到盛夏就来此避暑、听政，所以又称"夏宫"。圆明园曾以其宏大的地域规模、杰出的营造技艺、精美的建筑景群、丰富的文化收藏和博大精深的民族文化内涵而享誉于世，被誉为"一切造园艺术的典范"，被法国作家维克多·雨果称誉为"理想与艺术的典范"。

圆明园共有一百余处园中园和风景建筑群，即通常所说的一百景，集殿堂、楼阁、亭台、轩榭、馆斋、廊庑等各种园林建筑于一体，几乎囊括了中国古代建筑可能出现的一切平面布局和造型式样：既有常见的单檐卷棚灰筒瓦屋面，朴素淡雅；又有宫殿式重檐琉璃彩瓦覆顶，金碧辉煌；既有一进两厢、二进四厢的规整院落，又有灵活多变的建筑组群。1860年10月6日，英法联军火烧圆明园。现为遗址公园，被列为全国重点文物保护单位。

圆明园名称的来历

圆明园最初是康熙帝给皇四子胤禛的赐园。"圆明"是雍正的法号，康熙为之题匾"圆明园"。1722年，雍正即位后，拓展原赐园，并在园南增建了正大光明殿和勤政殿以及内阁、六部、军机处诸多值房，以夏季在此"避喧听政"。

6. 香山

香山公园位于北京西北郊小西山山脉东麓，距城20千米，占地160公顷，是一座具有皇家园林特色的大型山林公园。香山公园始建于金大定二十六年（1186年），距今已有830多年历史。香山公园地势险峻，峰峦叠翠，泉沛林茂。主峰香炉峰（俗称鬼见愁）海拔557米。公园内人与自然和谐相处，鸟啼虫鸣，松鼠嬉闹于沟壑林间。春日繁花似锦、夏时凉爽宜人、冬来银装素裹。尤其是深秋时节，9万株黄栌如火如荼，气势磅礴，曾被评为"北京新十六景"之一。

香山公园文物古迹众多，亭台楼阁似星辰般散布山林之间。这里有燕京八景之一"西山晴雪"、集明清两代建筑风格的寺院"碧云寺"、国内仅存的木质贴金"五百罗汉堂"、迎接六世班禅的行宫"宗镜大昭之庙"、颇具江南特色的古雅庭院"见心斋"、毛泽东和中共中央进驻北平最早居住和办公的地方——"双清别墅"、孙中山先生灵柩暂厝地——"碧云寺金刚宝座塔"。

课堂讨论

1. 北京有哪些世界遗产？为什么说它是一座中国历史文化名城？
2. 故宫有多少建筑？是如何规划布局的？有何寓意？

第二节　天津市

一、概述

天津简称"津"，意为天子经过的渡口，别名津沽、津门等，是我国四大中央直辖城市之一，国家中心城市。唐朝中叶以后，天津成为南方粮、绸北运的水陆码头。天津市地处中国华北平原的东北部，背枕燕山，东临渤海，地势由西北向东南逐渐由高到低，形成了一个簸箕形的坡地。海河的五大支流在此汇合，流经市区，注入渤海，因此天津素有"九河下梢""河海要冲"之称。1989年，天津评选出的"津门十景"，分别是"天塔旋云""蓟北雄关""三盘暮雨""古刹晨钟""海门古塞""沽水流霞""故里寻踪""双城醉月""龙潭浮翠""中环彩练"，这些景观是天津旅游景观的代表。

小知识

"九河下梢"

　　海河水系的五大支流分别是南运河、北运河、大清河、子牙河和永定河，这五条河在天津市区三岔河口汇入海河，经海河流入渤海。天津市区基本上处于海河下游，也就是这五大支流的下梢，因此，确切地说应该是"五河下梢"，那为什么人们称之为"九河下梢"呢？

　　如果从地图上看，人们不难发现，整个海河水系的分布就像一把大蒲扇，海河正是这把蒲扇的柄。华北平原众多的河流正是通过各条支流辗转流入五大支流，最后汇入海河。中国传统观念中"九"为极数，即最大、最多的数，因此把海河水系大大小小的支流汇总在一起，用一个"九"字来表达，正是代表多的意思，所以，"九河"并非真的是九条河，而是海河水系所有支流、干流的总称。

　　天津自然资源丰富，植物资源有1049种，分属于149科527属，动物资源主要有獐、狍、狼、狐狸、黄鼬、野兔、岩松鼠、赤足鼯等，多见于蓟州区山区。鸟类有235种，分属17个目，48个科。天津的水资源丰富、水产发达。海河上游支流众多，长度在10千米以上河流近300多条。近海水产有带鱼、小黄鱼、海蟹、贝类等150多种，淡水水产有鲤鱼、鲢鱼、鲫鱼、草鱼等59种。

　　得天独厚的区位优势使天津成为北方国际航运核心区，也是一座充满现代活力的国际港口都市。这里文化荟萃，具有浓厚的民风民俗，丰富生动的近代历史遗迹，也是一座历史悠久的颇富旅游价值的文化名城。

二、主要旅游景区

1. 长城黄崖关

　　"蓟北雄关"黄崖关位于天津市蓟州区北部崇山峻岭之巅，东达河北省遵化市的马兰关，西接北京平谷的将军关，全长42千米，有楼台66座，敌楼52座，烽火台14座，全段城墙和敌楼建在了海拔700多米的山脊上，是万里长城的重要组成部分。黄崖关以年代久、变化多、布局巧、设施全成为长城建筑史上的杰作，和长城博物馆、"寡妇楼""水关""八卦城""石刻碑林"等景点一同在长城全线称绝，是京东军事险要之地，也是区域内唯一的一座关城。历史上，蓟州城共有守营墩台十八座，黄崖关为其一，也是最为重要的关隘。关城东侧山崖的岩石多为黄褐色，每当夕阳映照，金碧辉煌，素有"晚照黄崖"之称，关城因此得名。

寡妇楼

流传百世的寡妇楼为一座方形楼，在太平寨长城西段。相传明隆庆年间戚继光曾征调河南军士缮修长城楼台，时有 12 名妇女结伴寻夫，捐资修建了这座敌楼，后人传称为"寡妇楼"。

"寡妇楼"高 13 米，分两层，下层楼外墙与城墙相连，4 个大砖柱将楼隔成 4 个拱顶大厅。上层为长方形小屋，屋脊两端装饰着龙头，4 个檐角蹲伏着陶制麟、凤、狮。室内可容纳 10 余人。

2. 独乐寺

独乐寺，又称大佛寺，位于天津市蓟州区，是中国仅存的三大辽代寺院之一，也是中国现存著名的古代建筑之一，国家 4A 级景区、天津市人民政府批准的特殊保护等级历史风貌建筑。

独乐寺是中国现存最早的木结构楼阁建筑。寺内 16 米高的巨型泥塑观音为国内少见，故又称大佛寺。寺庙坐北朝南，总平面呈长方形，南北长 150 米，东西宽 110 米，占地面积 1.6 万平方米。从东至西由三路院落组成：东路为清乾隆十八年（1753 年）辟建的行宫，现存正房面阔三间，进深二间和前走后廊，是清帝直赴东陵谒陵途中休憩之所；西路有门房、正房、四合院等，原为僧房；中路建山门、观音阁、八角韦驮亭和前殿、后殿、配殿等。

3. 古文化街

天津古文化街位于天津市南开区东北角东门外、海河西岸，系商业步行街，国家 5A 级旅游景区。天津古文化街于 1986 年元旦建成开业，全街长 580 米，整体建筑为仿清民间式建筑风格，天后宫（妈祖庙）位于全街的中心。作为津门十景之一，天津古文化街一直坚持"中国味、天津味、文化味、古味"的经营特色，以经营文化用品为主，是天津老字号店、民间手工艺品店的集中地。例如，出售景泰蓝、苏绣、漆器的乔香阁，出售土特产的果仁张、皮糖张、崩豆张，民间工艺品店铺"泥人张""风筝魏"等。

"泥人张"彩塑

"泥人张"彩塑为天津市著名的汉族传统手工艺之一。"泥人"所用材料是含沙量低、无杂质的纯净胶泥，经风化、打浆、过滤、脱水，加以棉絮反复砸揉而成为"熟泥"。它作为北方流传的一派民间彩塑，创始于清代道光年间，是天津艺人张明山于 19 世纪中叶创造的彩绘泥塑艺术品。"泥人张"把传统的捏泥人提高到圆塑艺术的水平，又装饰以色彩、道具，形成了独特的风格，是天津一绝。早在清代乾隆、嘉庆年间就已经享有很大声誉，现为天津市首批国家级非物质文化遗产。

课堂讨论

1. 天津为何有"九河下梢"之称？
2. 为什么盘山被称为"京东第一山"？

第三节　河北省

一、概述

河北简称"冀"，是省级行政区，省会石家庄，位于华北地区。河北省是中华民族的重要发祥地之一。早在5000多年前，黄帝、炎帝和蚩尤就在河北由征战到融合，开创了中华文明史。春秋战国时期，河北地属燕国和赵国，故有"燕赵"之称。元、明、清三朝定都北京，河北成为京师的畿辅之地。悠久的历史使河北拥有众多的文物古迹。

河北省广袤的土地和悠久的历史还孕育了绚丽多彩的民俗文化和民间艺术，它们是河北省旅游资源中不可或缺的重要部分。定窑、邢窑、磁州窑和唐山陶瓷是中国历史上北方陶瓷艺术的典型代表，蔚县剪纸、廊坊景泰蓝、曲阳石雕、衡水内画鼻烟壶、易水古砚、武强年画、丰宁布糊画、白洋淀苇编、辛集皮革、安国药材等名扬中外，河北梆子、老调、皮影、丝弦等饶有特色，沧州武术、吴桥杂技、永年太极、保定健康长寿之道独具魅力。

河北省的许多土特产品和风味小吃享誉中华。京东板栗、赵州雪梨、宣化龙眼葡萄、深州蜜桃、沧州小枣等，营养价值极高。核桃、柿子和花椒被誉为"太行三珍"；口蘑盛产于坝上高原，是一种名贵真菌；蕨菜号称"山菜之王"，国内外市场供不应求。秦皇岛的八仙宴，唐山的蜂蜜麻糖，保定的马家老鸡，石家庄的空心宫面，以及白洋淀的全鱼席无不以其独特的风味令中外游客赞不绝口。

二、主要旅游景区

1. 北戴河

北戴河古称渝水，地处河北省东北部、秦皇岛市西南部，隶属于秦皇岛市。殷商、西周，北戴河区境域属孤竹国。西汉，始置絫县，仍属辽西郡。民国三十七年（1948年）11月26日，北戴河地区解放，建海滨区公所，属河北省秦榆市。1954年2月，改海滨区公所为北戴河区。2019年9月，北戴河区入选首批国家全域旅游示范区。

北戴河海滨风景度假区是全国第一批国家级重点名胜风景区之一，东有鸽子窝公园，西有联峰山公园，园内松柏参天，郁郁葱葱，景色宜人。北戴河东北角的鹰角亭是观赏海上日出的绝佳地点，日出时，一轮红日从天水相连处一跃而出，天地间一片金黄。在欣赏了壮观的海上日出之后，还可以在退潮的海滩上捡拾海星、海蟹，更是别有一番情趣。

2. 山海关

山海关又称榆关、渝关、临闾关，位于秦皇岛市东北 15 千米处，明洪武十四年（1381年）筑城建关设卫，因其依山襟海，故名山海关。山海关是一座防御体系完整的城关，历史上曾是重要的军事要塞，素有中国长城"三大奇观之一"（东有山海关、中有镇北台、西有嘉峪关）、"天下第一关""边郡之咽喉，京师之保障"之称，与万里之外的嘉峪关遥相呼应，闻名天下。

游览山海关主要是参观东门镇远楼，即"天下第一关"。这座城门高约 13 米，分为上下两层，造型美观大方，雄壮威严，登上城楼，一边是碧波荡漾的大海，一边是蜿蜒连绵的万里长城，令人豪气顿生。楼西面上层檐下，悬有"天下第一关"匾额，是明代书法家萧显所写，笔画遒劲雄厚，与城楼规制浑然一体。在山海关城楼附近，还建有长城博物馆，展出与山海关长城有关的人文历史、军事活动情况和文物等。

3. 清东陵

清东陵坐落于遵化市，西距北京市区 125 千米，据说是顺治皇帝到此打猎时选定的，康熙二年（1663 年）开始修建。陵区四面环山，正南烟炖、天台两山对峙，形成宽仅 50 米的谷口，俗称龙门口。清东陵是清朝首要的帝王后妃陵墓群，也是中国现存规模最大、体系最完整的古帝陵建筑，共建有皇陵五座——顺治的孝陵、康熙的景陵、乾隆的裕陵、咸丰的定陵、同治的惠陵，以及东（慈安）、西（慈禧）太后等后陵 4 座、妃园 5 座、公主陵 1 座，共计埋葬 14 个皇后和 136 个妃嫔。乾隆的裕陵规模最大、最为堂皇，而慈禧的普陀峪定东陵则是首屈一指的精巧建筑。东陵在木构和石构两方面都有精湛的技巧，可谓集清代宫殿建筑之大成。

延伸阅读

香妃墓

香妃即容妃，维吾尔族人，据说她因遍体生香，甚得乾隆喜爱，所以称香妃。她的陵墓坐落在裕陵西侧、专门安葬乾隆后妃的"裕妃园寝"中，因曾被盗掘，现棺椁已所剩无几，但遗骸、遗物印证史册，对其容貌身世记载殷实，棺木上刻有一行阿拉伯文——"以真主的名义"，证实香妃信仰伊斯兰教。

4. 承德避暑山庄

承德避暑山庄始建于 1703 年，历经清朝三代皇帝：康熙、雍正、乾隆，耗时约 90 年建成，是我国现存最大的皇家园林。清帝每年有半年的时间在此会见王公贵族及外国使节、处理奏章、消夏避暑，所以这里实际上是清朝的第二个政治中心。避暑山庄分宫殿区、湖泊区、平原区、山峦区四大部分。宫殿区是皇帝处理朝政、举行庆典和生活起居的地方，由正宫、松鹤斋、万壑松风和东宫（已不存）四组建筑组成。承德避暑山庄不同于北京宫殿建筑的金碧辉煌，山庄内的建筑青砖灰瓦，不施彩绘，古朴淡雅，与周围辽阔苍茫的景观相得益彰。整个山庄设计继承和发展了中国传统造园思想，既巧妙利用了当地原本的地形特点，又和中国西北多山、东南多水的总体地势相吻合，凸显了其作为皇家园林的独特地位，因而享有"中国地理形貌之缩影"和"中国古典园林之最高范例"的盛誉。

特别提示

避暑山庄——中国古典园林之最高范例

1994 年避暑山庄被列入《世界遗产名录》，享有"中国古典园林之最高范例"的盛誉。世界遗产委员会评价："……建筑风格各异的庙宇和皇家园林同周围的湖泊、牧场和森林巧妙地融为一体。避暑山庄不仅具有极高的美学研究价值，而且还保留着中国封建社会发展末期罕见的历史遗迹。"

5. 野三坡

野三坡位于涞水县，太行山脉和燕山山脉交汇处，它以"雄、险、奇、幽"的自然景观和古老的历史文物享有世外桃源之美誉，深受海内外游人的喜爱。主要景点包括百里峡景区、拒马河景区、龙门天关景区、白草畔森林游览区、鱼谷洞、印象野三坡等，是中国北方极为罕见地融雄山碧水、奇峡怪泉、文物古迹、名树古禅于一身的风景名胜区，先后获得世界地质公园、国家级风景名胜区、国家 5A 级旅游景区、国家森林公园等称号。其中，拒马河景区环境清幽，气候凉爽，河水异常清澈，两岸有不少奇峰怪石。在炎热的夏季可顺流泛舟，饱览两岸风光。景区内建有度假村，是消暑避暑的胜地。

小故事

拒马河的传说

这个传说与婆媳关系有关。据说山顶上住着一户人家，由于住处距水源较远，需要到十里以外的地方去挑水，沿途都是山路，崎岖难行，来回一次需要大半天，这个任务就落在了媳妇的身上。婆婆是个特别挑剔、刻薄的人，要求每天要喝到新水，于是这个可怜、顺从的媳妇每日最大的工作量就是奔波于水源与住处之间，无论春夏秋冬、风霜雪雨。

长此以往，得一位过路神仙的同情。经过一番试探后，神仙觉得媳妇是个善良、诚恳的人，决定帮她。神仙送给媳妇一条神奇的鞭子，只要把鞭子搁到家里水缸边沿上，每天早晨晃两下鞭子，水缸自然会装满水，这下减轻了媳妇的负担，却引起了婆婆的怀疑和不满。最后鞭子被婆婆给弄丢了，但却从水缸处流出了汩汩不断的清泉，汇成一条大河，就是拒马河。

课堂讨论

1. 河北省有哪些世界文化遗产？
2. 河北省五大文化脉系是什么？

第四节　山西省

一、概述

山西省东与河北为邻，西与陕西相望，南与河南接壤，北与内蒙古毗连，总面积15.67万平方千米。全省位于黄土高原，是一个夹峙在黄河中游峡谷和太行山之间的高原地带。在两千多年前的春秋时代，这里是晋国的领地，所以至今简称为晋。

山西是中华民族的发祥地之一，在这片土地上，十万年前就有人类繁衍生息，有着悠久的历史和优秀的文化遗产。境内有大量的古寺庙、壁画、石窟等。忻州五台山为四大佛教圣地之一，大同云冈石窟是三大佛教石窟之一，大同北岳恒山为中国五岳之一，悬空寺为国内仅存的"儒、释、道"三教合一寺庙，晋中平遥古城是现存三座古城之一，运城解州关帝庙是规模最大的武庙。

山西被称为"中国古代建筑艺术博物馆"，境内保存完好的宋、金以前的地面古建筑物占中国古建筑的70%以上，皇城相府、乔家大院、渠家大院、王家大院、太谷三多堂、孟门古镇、孔祥熙故居等为山西的民居代表。到山西旅行，可以朝五台、攀北岳、游云冈，到壶口瀑布边，倾听黄河的咆哮声！也可去平遥访古，到洪洞寻根，或者登雁门关看金戈铁马。

小知识

三家分晋

春秋末期，曾经的霸主晋国衰落，实权由智家、赵家、韩家、魏家把持，以智家的势力最大。公元前453年，赵、韩、魏三家联合灭了智家，晋被赵、韩、魏三家所分，形成三家分晋的局面，晋君成为附庸。公元前403年，周天子正式承认三家为诸侯。"三家分晋"成为中国春秋时期和战国时期的分界点。三家分晋标志着新兴地主阶级登上历史舞台，推动了封建制度的确立，揭开了七雄兼并的战国序幕。

二、主要旅游景区

1. 五台山

五台山位于忻州地区东北部，平均海拔1000米以上，最高点北台叶斗峰海拔3058米，被称为"华北屋脊"。五台山有主峰五座，东台望海峰可看云海日出，南台锦绣峰是花的海洋，西台挂月峰可赏明月娇色，北台叶斗峰可览群山层叠，中台翠岩峰可见巨石如星，更有

天造奇观 "热融湖" "冰胀丘" "石海石川" "龙翻石" "写字崖" "佛母洞" 等。五台山是佛教文殊菩萨的道场，同四川峨眉山、安徽九华山、浙江普陀山一道，被尊奉为中国四大佛教名山。这里山势险峻，峰奇壁立，山脉自西南向东北奔腾而来，气势异常博大雄浑。

2. 恒山

恒山，位于浑源县城东南 4 千米处，又称恒岳，别名常山。恒山人称北岳，中华五岳之一。恒山位居北方，古人认为是万物所伏，为恒常之所，故名恒山。恒山的松，风格别致、形状奇特，其中，有四株形状奇特的唐代古松，人称为 "四大夫松"。这四株古松根部悬于石外，紧抓岩石、傲然挺立、气势不凡。恒山的云变幻无穷。出云洞在后土夫人庙的不远处山腰，晴日朗朗，洞口寂静，阴雨来临，洞口便游出缕缕白云，引人遐思。众多的古代建筑、独特的自然景观使恒山成为独具魅力的风景名胜区。

特别提示

中华五岳

中华五岳，中华传统文化中五大名山的总称，是古代民间山神崇敬、五行观念和帝王巡猎封禅相结合的产物。五岳分别是中岳嵩山（海拔 1491.71 米，位于河南省郑州市登封市）、东岳泰山（海拔 1532.7 米，位于山东省泰安市泰山区）、西岳华山（海拔 2154.9 米，位于陕西省渭南市华阴市）、南岳衡山（海拔 1300.2 米，位于湖南省衡阳市南岳区）、北岳恒山（海拔 2016.1 米，位于山西省大同市浑源县）。

3. 云冈石窟

云冈石窟位于大同市西郊武周山北崖，石窟依山开凿，东西绵延 1000 米，现存主要洞窟 45 个，大小窟龛 252 个，石雕造像 51000 余躯，是我国规模较大的古代石窟群之一。云冈石窟以气势宏伟，内容丰富，雕刻精细著称于世。古代地理学家郦道元这样描述它："凿石开山，因岩结构，真容巨壮，世法所希，山堂水殿，烟寺相望。" 云冈石窟雕刻在吸收和借鉴印度犍陀罗佛教艺术的同时，有机地融合了中国传统艺术风格，在世界雕塑艺术史上有十分重要的地位。云冈石窟是中国三大石窟群之一，也是世界闻名的艺术宝库、中外游人向往的旅游胜地。

4. 平遥古城

位于山西的平遥古城，是一座具有 2700 多年历史的文化名城，是我国目前保存最为完整的四座古城之一，也是目前我国唯一以整座古城申报世界文化遗产获得成功的古县城。迄今为止，古城的城墙、街道、民居、店铺、庙宇等建筑仍然基本完好，原来的形式和格局大体未动，它们同属平遥古城现存历史文物的有机组成部分。这座坚实完整的砖石城池，数百年来在军事防御和防洪挡险等方面发挥了很大的作用。城内街道、古建衙门、市楼、商店、民居等还保留原有的明代形制，是全国重点文物保护单位。

平遥古城

平遥旧称"古陶",明朝初年,为防御外族南扰,始建城墙。洪武三年(1370年)在旧墙垣的基础上重筑扩修,并全面包砖。景德、正德、嘉靖、隆庆和万历各代进行十多次大的补修和修葺,增设敌台。康熙四十三年(1703年)因皇帝西巡路经平遥,筑了4面大城楼,使城池更加壮观。平遥城墙总周长6163米,墙高约12米,把面积约2.25平方千米的平遥县城隔为两个风格迥异的世界。城墙以内街道、铺面、市楼保留明清形制,城墙以外称新城。

5. 乔家大院

乔家大院是祁县乔家"在中堂"的宅院,"在中堂"是闻名海内外的商业金融资本家乔家第三代乔致庸的堂名。乔家大院地处美丽而富饶的山西晋中盆地,位于祁县城东北12千米处的乔家堡村,距省会太原54千米,与祁县著名的中华周易宫、延寿寺、九沟风景区、渠家大院、明清街巷、长裕川等景点形成一日游格局。

乔家大院始建于清乾隆年间,后又在清同治、光绪年间及民国初年多次增修,时间跨越了两个世纪,却保持了建筑风格的浑然天成。乔家大院占地8724.8平方米,由6幢大院、19个小院共313间房屋组成。全院以一条平直甬道将6幢大院分隔两旁,院中有院,院内有园。其有四合院、穿心院、偏心院、角道院、套院,门窗、橼檐、阶石、栏杆等无不造型精巧,匠心独具。院内砖雕,俯仰可观,脊雕、壁雕、屏雕、栏雕等,以人物典故、花卉鸟兽、琴棋书画为题材,各具风采。从高处俯瞰,整体为双喜字形布局。院与院相衔,屋与屋相接,鳞次栉比的悬山顶、歇山顶、硬山顶、卷棚顶及平面顶上,都有通道与堞墙相连,是一座城堡式建筑。

课堂讨论

1. 云冈古窟和龙门石窟有何异同?
2. 平遥古城龟状布局有何寓意?为何建造72个观敌楼?

本章小结

本章介绍华北旅游区的旅游地理环境、重点旅游城市、主要旅游景点。从地理位置、历史文化、风景名胜的数量和品位来看,华北旅游区在全国范围内属于旅游资源的大区。北京是我国首都,全国政治中心、文化中心,世界历史文化名城;天津是具有独特城市风貌的北方中心城市;河北自金元时期起就是京畿重地;山西历史厚重,人文资源丰富,享有"中国古代文化博物馆"之称。华北旅游区有悠久的历史,文物古迹荟萃、自然山水奇特,是旅游向往之地。

本章内容丰富,通过小知识、小故事、延伸阅读等分解教学内容,知识点配课堂讨论,丰富了旅游地理相关知识,提高了学生的学习兴趣。

本章测试 →

一、单项选择题

1. 在十三陵中建筑规模最大，营建时间最早，地面建筑也保存得最为完好的是（   ）。

A. 定陵　　　　　B. 长陵　　　　　C. 泰陵　　　　　D. 永陵

2. （   ）是我国北方重要的港口城市，是中国北方最大的沿海开放城市。

A. 北京　　　　　B. 天津　　　　　C. 上海　　　　　D. 沈阳

3. 我国现有保存最完整的古典皇家园林是（   ）。

A. 颐和园　　　　B. 承德避暑山庄　　C. 豫园　　　　　D. 圆明园

4. （   ）是解放战争后期中国共产党中央和中国人民解放军总部所在地，是解放全中国的最后一个农村指挥所。

A. 井冈山　　　　B. 瑞金　　　　　C. 延安　　　　　D. 西柏坡

5. （   ）以佛香阁为中心，是颐和园的精华所在。

A. 昆明湖　　　　B. 万寿山　　　　C. 长廊　　　　　D. 谐趣园

6. 因毛泽东在（   ）县西柏坡指挥震惊中外的三大战役，其又被誉为"新中国的摇篮"。

A. 延安　　　　　B. 瑞金市　　　　C. 井冈山　　　　D. 石家庄

7. （   ）是"外八庙"中规模最大的一座庙宇。

A. 法雨寺　　　　B. 慧济寺　　　　C. 普陀宗乘之庙　D. 普宁寺

8. （   ）山门是我国现存最早的庑殿顶古建筑。

A. 天津独乐寺　　B. 河南少林寺　　C. 西安法门寺　　D. 承德普宁寺

9. （   ）是封建皇帝举行大典和召见群臣、行使权力的主要场所。

A. 太和殿　　　　B. 中和殿　　　　C. 保和殿　　　　D. 乾清宫

10. 明长城的东北关隘之一，在1990年以前被认为是明长城东端起点，有"天下第一关"之称的是（   ）。

A. 嘉峪关　　　　B. 山海关　　　　C. 平山关　　　　D. 太平山

二、多项选择题

1. 以下景点属于北京市的是（   ）。

A. 天安门广场　　B. 故宫博物院　　C. 独乐寺　　　　D. 颐和园

2. 下列关于天津的概况，叙述正确的有（   ）。

A. 天津，简称津，为中央直辖市之一

B. 天津地处华北平原东北部，东临渤海，北依太行山

C. 天津市是中国北方最大的沿海开放城市

D. 天津主要的旅游景点有津门故里、盘山、独乐寺等

3. 下列有关石家庄市叙述正确的有（　　　）。

A. 石家庄市地处河北省西北部，简称"石"，河北最大的城市

B. 石家庄市被誉为"火车拉来的城市"

C. 因毛泽东在石家庄市平山县西柏坡指挥震惊中外的三大战役，又被誉为"新中国的摇篮"

D. 石家庄主要的旅游资源有西柏坡、隆兴寺、赵州桥、封龙山等

4. 下列属于天津独具特色的美食是（　　　）。

A. 狗不理包子　　　　B. 天津茶汤　　　　C. 耳朵眼炸糕　　　　D. 全聚德烤鸭

5. 盘山以（　　　）之胜奇特称绝。

A. 怪石　　　　B. 五峰　　　　C. 八石　　　　D. 三盘

6. 跳布扎活动在每年的农历六月十五前后举行，属于（　　　）界举行的重大活动。

A. 道教　　　　B. 佛教　　　　C. 基督教　　　　D. 黄教

7. 晋祠三绝指的是（　　　）。

A. 圣母殿　　　　B. 难老泉　　　　C. 周柏唐　　　　D. 宋代彩塑

8. 悬空寺反映了"三教合一"的宗教思想，这三教指的（　　　）。

A. 佛教　　　　B. 伊斯兰教　　　　C. 道教　　　　D. 儒教

9. 以下哪些朝代曾在北京建都？（　　　）

A. 宋　　　　B. 元　　　　C. 明　　　　D. 清

10. 下列属于太原代表性景点的有（　　　）。

A. 晋祠　　　　B. 天龙山石窟　　　　C. 龙山石窟　　　　D. 云冈石窟

第六章

华东旅游区

本章概述 →

　　华东旅游区位于长江下游、黄海和东海之滨，滚滚长江贯穿东西。华东旅游区历史悠久，文化灿烂，包括上海、江苏、江西、浙江、安徽、山东六个省市。地貌以平原为主，兼有高山丘陵，四季分明，城镇密集，名山大川汇集，历史遗迹众多，江南园林荟萃，水乡泽国，景点密集，拥有各种旅游景观。本区人口稠密，经济繁荣，交通便利，旅游业起步较早，是我国旅游业较发达的地区之一。

教学目标 →

1. 分析华东旅游区的地理特征。
2. 掌握庐山、黄山、泰山的旅游价值。
3. 了解江苏州古典园林的造园艺术。
4. 熟悉江南水乡的城市规划和布局。

思维导图

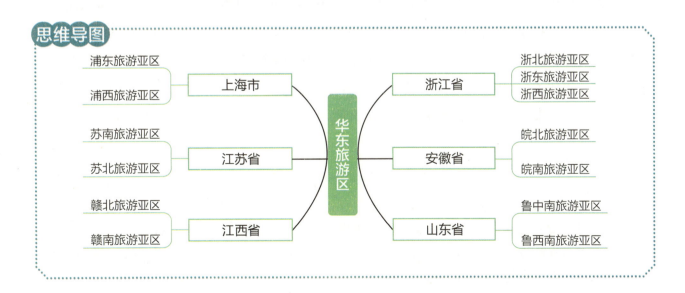

浦东旅游亚区
浦西旅游亚区 — 上海市

苏南旅游亚区
苏北旅游亚区 — 江苏省

赣北旅游亚区
赣南旅游亚区 — 江西省

华东旅游区

浙北旅游亚区
浙东旅游亚区 — 浙江省
浙西旅游亚区

皖北旅游亚区
皖南旅游亚区 — 安徽省

鲁中南旅游亚区
鲁西南旅游亚区 — 山东省

第一节　上海市

一、概述

　　上海市位于东海之滨的长江口，长江三角洲的东端，南邻杭州湾，为长江的出海门户。上海市简称"沪"，是一个历史悠久的历史文化名城，是我国最大的经济、金融、贸易中心。上海市是华东旅游区的旅游中心城市，它以现代文明、内涵丰富的人文景观著称，成为具有特色的多功能旅游区。

小知识

　　上海是战国时春申君的封邑，故别称申。晋朝时，因渔民创造捕鱼工具"扈"，江流入海处称"渎"，因此松江下游一带称为"扈渎"，后又改"沪"，故上海简称"沪"。

　　上海市由于特殊的地理位置和历史，遗留下 300 多幢世界各国不同风格的特色建筑，尤其是外滩西面风格各异的古典建筑，被称为"万国建筑博物馆"，成为上海近代百年历史的缩影，如仿哥特式尖顶和尖卷门窗的长江轮船公司、仿法国古典主义风格的华俄道胜银行、19 世纪复古主义建筑的海关大楼等。另外，20 世纪 90 年代以来，上海已建成一批都市标志性建筑，如东方明珠广播电视塔、金茂大厦、上海新博物馆等。这些现代都市建筑给作为国际大都市的上海带来了全新的风貌。

　　上海市是我国较大的旅游购物城市之一，南京路、淮海中路、四川北路、金陵东路四条主要商业街店铺林立，商品众多，颇受中外游客青睐，豫园商城、徐家汇商业中心也各具特色。上海旅游资源十分丰富，以人文景观为主，主要的旅游点有：豫园、玉佛禅寺、龙华寺、鲁迅故居、鲁迅墓、中共"一大"会址、徐光启墓园、宋庆龄墓、淀山湖、崇明岛、外滩等。总之，上海市是一个中外兼容，融历史文明与现代文明于一身的现代化大都市。

小知识

华东旅游城市群

　　华东旅游区旅游城市数量众多，分布密集，形成了旅游城市群，著名旅游城市有：我国最大的工商业城市、最大的海港、最大的河港和最大的旅游购物中心上海，水港小桥的苏州，天下无双的杭州，绿杨城郭的扬州，名人辈出的绍兴，龙盘虎踞的古城南京，古老"瓷都"景德镇，"陶都"宜兴，拥有三湖三寺的宁波，英雄城南昌。

二、浦东旅游亚区

浦东旅游亚区位于黄浦江东，与奉贤区接壤、宝山区隔江而望。该区是上海重要的交通枢纽，先进的国际物流港口，航空运输、铁路轨道运输、城际高速路共同建构为水、陆、空三位一体的交通体系。该区旅游资源丰富，包括外滩、陆家嘴中心绿地、东方明珠电视塔、金茂大厦、杨浦大桥、人民广场、上海博物馆以及南京路、淮海路、衡山路等购物休闲街区，大都市的绚丽多彩吸引了大量中外游客。

1. 金茂大厦

金茂大厦位于浦东新区黄浦江畔的陆家嘴金融贸易区，主体建筑88层，高420余米，截至2020年，金茂大厦是上海第三高的摩天大楼。金茂大厦巍峨壮观，美轮美奂，是东方塔式建筑风格与世界现代建筑科技完美结合的世界级经典之作。无论是近处仰看还是远处遥望，这幢银灰色大厦都熠熠发光，反射出似银非银、若蓝非蓝、或深或浅、变幻无穷的色彩，而不是过分闪亮耀眼。金茂大厦建筑外形是中国式、世界式的，它把"古老丰富的中国文化""欧洲风格影响"与"拥抱新世纪伴随而来的现代性"完美地结合起来。为此，它荣获新中国50年上海经典建筑金奖第一名、1998年度美国依利诺斯结构工程协会最佳结构奖等多项国内外大奖。

2. 东方明珠广播电视塔

东方明珠广播电视塔坐落于上海黄浦江畔、浦东陆家嘴嘴尖，以其468米的绝对高度成为亚洲第二、世界第四的高塔，已成为上海市的标志性建筑物和旅游观光热点。该塔巧妙地融合了宇宙空间、飞船火箭和原子结构的形象，寓有"大珠小珠落玉盘"的意境。东方明珠塔集观光餐饮、购物娱乐、浦江游览、会务会展、历史陈列、旅行代理等服务功能于一身，成为上海的标志性建筑和旅游热点之一。

三、浦西旅游亚区

浦西旅游亚区位于黄浦江以西，传统意义上是指上海七个中心城区（不包括浦东城区）。该区拥有厚重的历史文化底蕴，堪称近百余年中国近现代史的"缩影"。区域内还保存着唐宋以来历代文物遗迹，如上海的五大古典园林（豫园、古猗园、曲水园、醉白池、秋霞圃）、玉佛寺、徐家汇天主教堂、龙华古镇古塔古寺等。在浦西旅游亚区，旅游者可在风光如画中感受历史的厚重和宗教的圣洁，凭吊革命遗迹，在中共"一大"会址、宋庆龄故居、鲁迅纪念馆中重温历史旧梦。

1. 豫园

豫园位于上海市南区，明嘉靖年间四川右布政使潘允端为"豫（愉）悦老亲"而建此园林，故名豫园。豫园为上海五大名园之首，时人称"奇秀甲江南""东南各园冠"。园内建有亭台楼阁 300 余处，除点春堂（上海小刀会起义指挥所）之外，尚有三穗堂、仰山堂、万花楼、得月楼等，其中黄山石假山、龙墙、玉玲珑为豫园特色景物。上海豫园作为闻名中外的名胜古迹和游览胜地，是全国重点文物保护单位。

小知识

私家园林

私家园林是供皇家的宗室外戚、王宫官吏、富商大贾等休闲的园林，其特点是规模较小，常用假山假水，建筑小巧玲珑，表现其淡雅素净的色彩。现存著名的私家园林有：北京恭王府，苏州的拙政园、留园、沧浪亭、网狮园，上海豫园等。

2. 龙华寺

龙华寺相传建于三国，位于徐汇区龙华镇，为上海历史最悠久、规模最宏大的古刹。寺前龙华塔高 40.64 米，7 层 8 面，塔刹即塔的顶部，高达 8 米，重 10 余吨。砖木结构，各层均有飞檐曲栏，姿态雄伟美观。其中龙华古塔、龙华古刹、龙华桃花，素有"龙华三绝"之美誉。抗日战争前，龙华以桃花驰名，有"柳绕江村，桃红十里"的胜景。抗日战争时湮没，现已恢复当年景观。

特别提示

上海独特的城市风貌

上海虽然不是风景城市，但它具有独特的城市风貌：有五大古典园林和古迹，淀山湖、黄浦江，还有许多名人故居。上海有国家级重点文物保护单位 16 处，国家 4A 级旅游景区 15 处，国家级森林公园 2 处。

课堂讨论

1. 金茂大厦造型有何象征意义？
2. 东方明珠广播电视塔是什么样的造型？有何寓意？

第二节　江苏省

一、概述

　　江苏省位于我国东部沿海，长江、淮河下游。江苏，得名于清朝江宁府和苏州府二府之首字，简称"苏"，省会为南京。江苏地处美丽富饶的长江三角洲，平原辽阔，主要包括苏南平原、江淮平原、黄淮平原和东部滨海平原，自然条件优越，经济基础较好。江苏省历史悠久，一直为我国繁华之地，自然景观秀美，山水相接，旅游资源丰富。

　　江苏省内无高山，但因文化内涵深厚，形成多处历史名山，如焦山、北固山等。其土地肥沃，物产丰富，江河湖泊密布，五大淡水湖中的太湖、洪泽湖在此横卧，素有"鱼米之乡"的美誉，自然旅游资源十分丰富，更凭此形成甲天下的江南私家园林。

　　江苏南北差异明显，风情与韵味各异。同样是饮食民俗，苏南人口味偏甜，喜品茶；苏北人口味偏辛辣，好饮酒。江苏传统节日文化富有鲜明的地域特色，苏州端午习俗、南京秦淮灯会、姜堰溱潼会船分别代表中国传统节日端午节、元宵节和清明节等地域特色的文化习俗，被列入国家级非物质文化遗产名录。

　　江苏旅游资源丰富，自然景观与人文景观相互交融，有古镇水乡，有千年名刹，有古典园林，有湖光山色，有帝王陵寝，有都城遗址，可谓是"吴韵汉风，各擅所长"。全省旅游景点众多，太湖风景名胜区、南京钟山风景名胜区、云台山风景名胜区、瘦西湖风景名胜区均为国家重点风景名胜区。本旅游区可分为苏南旅游亚区和苏北旅游亚区。

二、苏南旅游亚区

　　苏南旅游亚区指江苏省长江沿岸及其南部地区，包括苏州、扬州、南京、镇江、无锡等旅游名城。苏南名胜古迹遍布，有南京的六朝胜迹、苏州的古典园林、无锡的太湖风光、扬州的隋唐文化遗迹、镇江的山林寺院等。本区开发历史悠久，经济发达，交通便利，风景优美，古迹遍布，是江苏省旅游资源最丰富的地区，也是我国山水园林、名胜古迹和旅游城市高度集中的地区。

（一）南京市

　　南京市，江苏省省会，位于长江下游南岸。自三国以来共有 10 个朝代在此建都，故南京有"十朝都会"之称。南京地处江河湖泊、平原丘陵相会之处，是个既有历史古迹之雅，又有自然山水之性，旅游资源种类繁多，品级较高的旅游名城。雄峙东郊的紫金山（钟山）是南京名胜集中之地，城东有著名汤山温泉，北郊江岸有燕子矶，城南有著名的秦淮河，城东北有玄武湖，城西南有莫愁湖，还有城西石头城遗址等。

1. 中山陵

中山陵位于钟山风景名胜区中部，为我国伟大革命先行者孙中山先生的陵墓。墓地总面积 4.5 万多亩，全局呈"警钟形"图案，寓"使天下皆达道"之义。整个陵区苍松翠柏，漫山碧绿，前临平川，后拥青嶂，气势磅礴，庄严肃穆，令人有崇高仰止之感，是南京最负盛名的胜地。

2. 明孝陵

明孝陵位于钟山风景名胜区西南部，紫金山南麓独龙阜玩珠峰下，为明太祖朱元璋陵墓。明孝陵于洪武九年（1376 年）开始筹建，洪武十四年（1381 年）正式动工，至永乐三年（1405 年）建成，历时 25 年，耗费巨大，现存遗迹为神道、陵园、地宫 3 部分，为我国现存规模宏大、保存较好的陵墓之一。

3. 莫愁湖

莫愁湖位于水西门外，清时有"金陵第一名胜"之称。相传南齐时有洛阳少女莫愁远嫁江东富户卢家，居住在湖滨，此湖因而得名。公园面积 0.41 平方千米，其中湖面 0.33 平方千米，周长 6 千米，莫愁湖水平如镜，典雅幽静。郁金堂为莫愁故居，堂西荷花池中有汉白玉石雕莫愁女采桑立像。

4. 秦淮河

秦淮河位于南京市西南部，自古为"风华烟月之区，金粉荟萃之地"。古称淮水，全长 110 千米。据说秦始皇时凿通方山引淮水，横贯城中，故名秦淮河。秦淮河分内河和外河，内河在南京城中，是十里秦淮最繁华之地。六朝金粉，十里秦淮，繁华风流。历代文人墨客竞相游吟于此，其中杜牧的"烟笼寒水月笼沙，夜泊秦淮近酒家"最为有名。

（二）苏州市

苏州是一座具有 2500 年历史的文化名城。三国时的吴国繁荣富强，是苏州历史上最为辉煌的一段时期，而以苏州为中心的吴文化，在中国历史上影响颇深。名山大川汇集，历史遗迹众多，江南园林荟萃。2000 多年来，苏州一直为东南重镇，在全国商业中占据重要地位，有"人间天堂"的美誉。明中叶，随着苏州经济的发展，园林建筑有了很大发展，也形成了苏州旅游资源的最大特色——"江南园林甲天下，苏州园林甲江南"，苏州园林集中代表了江南园林的设计特点和艺术风格，而且数量之多，远超其他城市。

苏州园林

华东旅游区具有营造园林的优越条件，因而园林众多。本区园林大多集中于苏州、南京、无锡、扬州、杭州、绍兴、嘉兴等地，特别是苏州，它是我国园林艺术荟萃之地。本区著名园林有上海的豫园、古猗园、醉白池，南京的梅园、瞻园，苏州的拙政园、留园、狮子林、沧浪亭，无锡的蠡园、梅园、寄畅园，扬州的个园，绍兴的沈园等。这些园林艺术造诣极高，成为中外旅游者游览的重要景点。

1. 拙政园

拙政园位于苏州市内，与沧浪亭、狮子林、留园合称"苏州四大名园"。此园始建于明代，由中（拙政园）、西（补园）、东（归田园居）3部分组成。拙政园空间分割多变，聚散自然。山光水影，巧于因借。因地造景，具有典型的江南水景园林特色，为江南古园之杰作，居苏州四大名园之首。

小故事

此亦拙者之为政也

明朝御史王献臣权势很大，专管各地官员的政绩。一般地方官，为了保牢自己的乌纱帽，都暗地里向他行贿。王献臣做了几年御史，捞足了油水，变成个大财主。老话说，羊尾巴遮不住羊屁股。日子长了，御史这个肥差引起了朝廷其他官员的眼红。官场中钩心斗角，互相排挤，真是"强中自有强中手，硬柴自有硬虫钻"。王献臣官场失意，罢官后就带着家眷来到苏州，买了大片土地，造了一座大花园，想住在这里享享清福，安心退休养老。花园造好了，要取个园名。诸亲好友送来不少风雅的园名，请主人挑选。王献臣一个也没有看中。由于他对当朝权贵心有不满，又算对自己过去的政绩表示谦恭，就取了晋代潘岳的一句话——"此亦拙者之为政也"，把花园取名为"拙政园"。从此，王献臣整天在拙政园里怡情养性，逍遥自得。

2. 沧浪亭

沧浪亭位于人民路沧浪亭街3号，是苏州现存最早的名园，原为五代吴越广陵王花园，后宋代人苏舜钦（字子美）以四万钱买下此园，取名"沧浪亭"。园林以假山为中心，沧浪亭翼然山顶，"虽由人作，宛自天开"。沧浪亭以清幽古朴见长，为苏州四大名园之一。

小故事

沧浪亭与苏子美

北宋庆历年间，在朝廷做官的苏子美因遭诬陷，被削职为民，退居苏州。一天，他独自来到南园一带散心，只见这里有块五六十丈宽阔的荒地，三面环水，栽着各种花树，一些败亭残阁，分布在起伏的土山之间，一看就知道，这里是个废园。苏子美到苏州后正好没有一个合适的住处，不久，他就花了四万铜钿把这个废园买了下来，开始雇工修园。有个捕鱼老翁跑来对他说："我听老辈人说，东面水池旁边埋着不少湖石，是当时造园时多下来的，你现在可以挖出来派上用场。"苏子美一听，高兴至极。根据老渔翁的指点，果然挖出了不少玲珑别透的太湖石，砌成了两座幽雅别致的假山，并且在山上傍水处筑了一座石亭。石亭的飞檐高高翘起，近旁古木参天，周围又有水池，十分美观。他把这座石亭取名为"沧浪亭"。

3.虎丘

虎丘位于苏州市城西北。为一高大土丘，是吴王阖闾的坟墓。虎丘海拔34.3米，面积0.19平方千米。周围绿树繁花，景色秀丽，号称"吴中第一名胜"。虎丘的古塔——云岩寺塔，俗称"虎丘塔"，是著名的"中国斜塔"、江南第一古塔，也是古城苏州的象征。

4.寒山寺

寒山寺位于苏州市城西枫桥镇，原名妙利普明塔院，建于后梁。因为唐代诗人张继《枫桥夜泊》而闻名天下，文因寺成，寺得文佳。该寺有大殿、藏经楼、碑廊等建筑，寺外河流映带，石桥高耸，寺内曲槛回廊，绿树黄墙。该寺碑刻艺术天下闻名，碑廊陈列着历代名人岳飞、唐伯虎、董其昌、康有为等人的诗碑。

5.周庄

周庄位于昆山市城西南38千米处，是苏州附近的小城，我国江南著名水乡。"井"字形河道流贯全镇，形成八条长街，纵横交错，完整地保存着原有的水乡古镇的风貌和格局。千年历史沧桑和浓郁吴地文化孕育的周庄，以其灵秀的水乡风貌、独特的人文景观、质朴的民俗风情成为东方文化的瑰宝。

（三）扬州市

扬州位于江苏省中部，京杭大运河与长江的交汇处，有着得天独厚的地理优势。扬州南临长江，北接淮水，中贯大运河，是唯一一座与大运河同生共长的城市，所以扬州有着"中国运河第一城"的美誉。

历史上"富甲天下"的扬州是中国历史文化名城之一，与镇江隔江相望，历来是水陆交通枢纽，南北漕运的咽喉，苏北的重要门户，素有"竹西佳处，淮左名都"之称。扬州还是驰名中外的旅游胜地，素来是人文荟萃之地，有众多的名胜古迹和雅致园林。

1.蜀冈瘦西湖

蜀冈瘦西湖风景名胜区位于扬州市西北郊，由古城遗址、蜀冈名胜、瘦西湖自然风光和古典园林群等组成。蜀冈名胜有大明寺、平山学堂、鉴真纪念堂等古典园林建筑。瘦西湖南起虹桥，北抵蜀冈，为一狭长湖泊，长约8千米，六朝以来皆为风景胜地。因为其可与杭州西湖媲美而形体较瘦，称为"瘦西湖"。沿湖布满亭榭楼台，景点有100多处，主要有大虹桥、五亭桥、白塔、二十四桥等，形成层次分明、曲折多变的山水园林景观。

2.个园

个园位于扬州市市区，原为清代画家石涛故居——寿芝园旧址。园中植竹万竿，竹叶形若"个"字，竹字半边亦为"个"，遂以"个"为园名。园内的假山有春、夏、秋、冬四季景色的意境，由楼、台、厅、轩相连，和谐地统一在一起，独具特色，是扬州古典园林叠石之代表作。个园叠石立意精妙，以不同山石巧叠四季假山，形神兼备，为天下一绝。个园是我国江南私家园林的杰出代表。

（四）无锡市

无锡市位于江苏南部，长江三角洲中心地带，南临太湖，北临长江，是吴文化发祥地之一。据《汉书》等记载，周、秦之时，无锡西山多锡矿，居民竞相开挖，汉初锡开采完，故名"无锡"。无锡自古物产丰富，在明代就形成了发达的手工业，有"丝都""米市""布码头"之称。作为著名的旅游城市，无锡被誉为太湖上的一颗明珠，其主要景区有寄畅园、鼋头渚、蠡园等。

1. 寄畅园

寄畅园位于惠山北麓，元代为僧舍，明取王羲之《兰亭诗》中"寄畅在所因"之意，命名为寄畅园。全园布局妙趣自然，具有清幽古朴的山林野趣。寄畅园为江南名园之一、江南古典园林中叠山理水的代表，北京颐和园的谐趣园即仿寄畅园所建。

2. 鼋头渚

鼋头渚位于无锡市区之南，是太湖北岸的一个半岛，伸向太湖，状似鼋头欲饮水，故名。鼋头渚是一处以天然山水为主，辅以人工景点的园林。其最高处光明顶为欣赏太湖风光的绝佳之处，可谓"太湖佳绝处，毕竟在鼋头"。

3. 蠡园

蠡园位于无锡市西南郊，因建于蠡湖之畔而得名。传说越国大夫范蠡助越灭吴后，曾携西施泛舟湖上，故称蠡湖。全园三面临湖，巧借天然，远山近水，人工与自然天成结合，融"南秀北雄"于一身，为江南名园之一。

三、苏北旅游亚区

苏北旅游亚区包括连云港、徐州等城市中的旅游景点，陇海铁路由西向东贯穿本区域，交通便利，为江苏省旅游业发展的后起之秀。徐州作为历史文化名城，历史古迹众多，如海内四大灵山之一的云台山有"世外桃源"的意境，吸引了大批游客来此观光此地。本区以汉代文化遗迹和山水等名山（云台山、云龙山）、名胜古迹著称。

1. 云台山

云台山风景名胜区位于连云港市。山境幽深奇特，景区内有大小山头 134 座，主峰为玉女峰，海拔约 625 米，为江苏第一高峰。景区内花果山为我国古典名著《西游记》中花果山的原型，享有"东海胜境"之称；孔望山文化遗迹众多，将军崖壁画、孔望山摩崖石刻均为全国重点文物保护单位，其中东汉摩崖造像比敦煌石窟还要早两个世纪。整个风景区集山、海、瀑、泉和文物古迹为一体，为不可多得的风景名胜。

2. 云龙山

云龙山位于徐州市南部，因山间云气蜿蜒似龙而得名。山由相连的 9 个山峰组成，海拔130 多米，长约 3 千米，连绵九节，好像一条卧龙，俗称九节云龙，第一节为风景最胜处，名胜古迹多集中于此，如放鹤亭、碑廊、大士岩等。云龙山虽不高，但松柏繁茂，四季常青，山顶平坦。有放鹤亭、饮鹤泉、碑廊等胜景。山东麓有兴化寺，山西麓有碧波荡漾的人工湖云龙湖，湖光山色，山水相映，如桃源仙境。

> **课堂讨论**
>
> 1. 苏州古典园林有何文化价值？
> 2. 江苏省旅游资源最丰富的地区在哪里？有何名胜古迹？

第三节　江西省

一、概述

江西省简称"赣"，省会南昌，位于长江中下游。地势南高北低，东西南三面层峦叠嶂，中部丘陵起伏，北部为鄱阳湖及溪湖平原。河流湖泊众多，我国第一大淡水湖鄱阳湖即位于江西省，故其素有"负江带湖，沃野千里"之誉。

江西省山川锦绣，人文荟萃，素有"物华天宝""人杰地灵"的赞辞，尤其是宋、明两代，该地文风鼎盛，人才辈出。江西省也是中国革命的策源地之一，有革命摇篮井冈山、英雄城南昌、红色故都瑞金。秀丽的河山和灿烂的文化使得江西省旅游资源丰富，有国家重点风景名胜区 12 处（庐山、井冈山、三清山、龙虎山、仙女湖、三百山、梅岭—滕王阁、龟峰、高岭—瑶里、武功山、云居山—柘林湖、灵山）、国家历史文化名城 3 座（南昌、景德镇、赣州）、国家级森林公园 41 处。本区包括赣北和赣南两个旅游亚区。

二、赣北旅游亚区

赣北旅游亚区位于江西省东北部，包括九江—南昌—鹰潭—上饶一线以内的地区。这里集中了江西省大多数风景名胜，包括避暑胜地庐山、风景名胜区三清山、道教圣地龙虎山、绝壁临江、洞穴遍布的石钟山、有"鱼米之乡"之称的鄱阳湖及南昌、九江、景德镇等多处历史名人故里，以名山、文物古迹、革命圣地众多为旅游特色。所以，该区是江西省旅游业较为集中、发展较快的地区。

1. 南昌

南昌是江西省省会，位于赣江下游鄱阳湖西岸，是一座历史悠久、美丽富饶的古城，又是一座具有光荣革命传统的英雄城市。南昌作为江南历史名城，人文荟萃。历代文坛名流，如王勃、白居易、欧阳修、陆游等均在南昌留有传世佳作。南昌又是中国共产党领导的八一起义地，革命遗址众多。南昌的历史名胜繁多，如因王勃的《滕王阁序》而名扬天下的滕王阁、八一公园、素有"小庐山"之称的梅岭以及南昌"八一"起义纪念馆等。

2. 鄱阳湖

鄱阳湖位于江西省北部，古称彭蠡湖，面积 3583 平方千米，为我国最大的淡水湖。鄱阳湖烟波浩渺，水域辽阔，景区景色秀丽，妖娆多姿。鄱阳湖为中国最大的候鸟越冬地，尤其可喜的是在这里发现了当今世界上最大的白鹤群以及白枕鹤、白头鹤、灰鹤等。因此，鄱阳湖被称为"白鹤世界""珍禽王国"，素有"候鸟王国"之称。

小知识

五湖四海

今天我们常用"五湖四海"来指全国各地，有时也指世界各地，或者比喻广泛的团结。"五湖"一般指洞庭湖、鄱阳湖、太湖、巢湖、洪泽湖，"四海"即现今的渤海、黄海、东海、南海。

3. 庐山

庐山位于江西省九江市南部，北邻长江，东濒鄱阳湖。相传周时匡氏七兄弟在此结庐隐居，故庐山别称匡山、匡庐。庐山最高峰大汉阳峰，海拔 1474 米，自然风光以奇峰、劲松、飞瀑、流泉为特色，可谓"匡庐奇秀甲天下"。庐山虽地处内陆，但因襟江带湖，水汽丰沛，属亚热带湿润山地气候，冬长夏短，为我国著名的避暑胜地。庐山也是我国著名的文化名山，其是中国佛教净土宗的发源地，有三大名寺、五大丛林，一度成为南方佛教中心；庐山五老峰东南的白鹿洞书院为我国四大书院之一，并一直是我国封建时期文化中心之一。

4. 三清山

三清山地处江西东北部玉山县、德兴市，为我国道教名山之一。三清山因玉京峰、玉虚峰、玉华峰三峰高峻挺拔，宛若道家三清列坐其巅而得名。三清山千米以上高峰数十座，主峰玉京峰，海拔 1819.9 米；有 7 个景区，3 个独立景点，以奇峰怪石、苍松古树、云雾佛光、飞瀑流泉等自然风光最为引人入胜。山上古建筑大部分为明代所建，如三清宫、西华台、风雷塔、飞仙台、龙虎殿等。

特别提示

道教名山——三清山

早在 1600 多年前，晋代道家葛洪就曾在三清山修道炼丹，明代道教兴盛，其成为我国道教名山之一。历代名人如苏轼、苏洵、佛印、朱熹、王安石、陆游、徐霞客等都曾到过三清山，并留下许多赞美的诗词和题刻。

5. 滕王阁

滕王阁位于南昌市沿江路赣江边，始建于唐，因王勃作的《滕王阁序》扬名四海，与黄鹤楼、岳阳楼并称为"江南三大名楼"。绿瓦丹柱，古朴典雅，巍峨壮丽。现阁为仿宋建筑，上下共九层，由主阁及南北两侧压江、挹翠两亭组成，主阁净高 57.5 米，基座高近 17 米，建筑总面积 1.3 万平方米，其高度、面积均为天下名楼之冠。正门及各亭柱有楹联 30 余副，并以多幅大型壁画为饰，主阁周围构成具有一流园林水平的古典建筑群。

三、赣南旅游亚区

赣南旅游亚区位于江西省井冈山—瑞金一线以南，主要指江西省中部及南部旅游区，旅游开发相对较晚，以名山、革命纪念地众多为资源特色。烈士纪念塔、井冈山博物馆记载了井冈山的革命斗争史。瑞金作为第二次国内革命战争时期中央工农民主政府所在地，是当时的"红色首都"，这里记录了毛泽东、朱德、周恩来等老一辈革命家战斗工作过的岁月，还有毛泽东、朱德众多革命前辈的故居和中共中央政治局旧址、中共军委旧址、红军烈士纪念塔。

1. 井冈山

井冈山位于湘赣边境的罗霄山脉中段，面积 213.5 平方千米，号称"五百里井冈"。地势险峻，中部多崇山峻岭，两侧是低山、丘陵。山峰多在千米以上，最高峰名江西坳，海拔1841米;主峰名五指峰，海拔1586米。井冈山雨量充沛、云雾较多、竹林葱绿，峰、石、洞、泉、瀑、云等自然风景一应具备。井冈山亦为革命圣地，中国共产党开创的第一个农村革命根据地就诞生在这里，其革命遗迹众多，如茨坪、茅坪等。

延伸阅读

井冈山革命根据地

　　1927年10月，毛泽东带领部队来到井冈山，先后建立了茶陵、遂川、宁冈等县级红色政权，开辟了"工农武装割据"的新局面。1928年4月25日，朱德、陈毅率领的南昌起义和湘南暴动部队到达井冈山下的宁冈砻市。4月28日，毛泽东在龙江书院会见朱德，完成著名的"井冈山会师"，成立了"工农革命军第四军"（后改称"中国工农红军第四军"）。井冈山斗争期间，毛泽东"工农武装割据"的思想开始形成。毛泽东撰写的《中国的红色政权为什么能够存在》和《井冈山的斗争》从理论的高度概括和总结了创建井冈山革命根据地的历史经验，指出了根据地建设的正确策略，把土地革命、武装斗争、根据地建设三者密切结合起来，形成了有中国特色的红色政权理论和"工农武装割据"的思想。如今，井冈山已经成为中国重要的爱国主义教育和红色旅游基地。

2. 瑞金中央革命根据地纪念馆

　　瑞金中央革命根据地纪念馆位于江西省瑞金市苏维埃纪念园内，是首批国家一级博物馆、首批百个爱国主义教育示范基地之一。纪念馆占地面积8084平方米，馆舍建筑面积1827平方米，是为纪念土地革命战争时期中国共产党及其领袖毛泽东、朱德、周恩来等直接领导创建中央革命根据地和中华苏维埃共和国而建立的，管理叶坪、沙洲坝、云石山、中革军委等四处革命旧址群。2008年和2009年，其分别成功创建包括叶坪革命旧址景区和陈列馆管理处两处国家4A级旅游景区，进一步提升了"红色故都"旅游品牌的影响力。

课堂讨论

　　1. 江西有哪四大红色旅游摇篮？

　　2. 赣南旅游亚区在江西什么地方？旅游资源有什么特色？

第四节　浙江省

一、概述

　　浙江省位于中国东南沿海、长江三角洲南翼，东临东海，境内最大的河流为钱塘江，因江流曲折，称之江，又称浙江，省以江名，简称"浙"，省会杭州市。浙江省内丘陵山地广布，山清水秀，自然旅游资源众多。浙江省历史悠久，新石器时代曾经有河姆渡文化、马家浜文化和良渚文化发源于此。春秋时期越国建都于会稽（今浙江绍兴），经济文化逐渐发展，之后中原战乱，大量人口南迁，带来先进技术，促进了生产发展，文化也进入大发展时期，以后一直为繁华中心。会稽山麓禹陵，传为大禹墓地。南宋建都临安（今浙江杭州市），对浙江开发作用极大。浙江历史悠久，文化灿烂，人文资源众多，是中国古代文明的发祥地之一。浙江是中国著名的旅游胜地，有杭州、绍兴、宁波、衢州、临海、金华6座国家历史文化名城，河姆渡遗址、上林湖越窑遗址等130多处全国重点文物保护单位。该区包括浙北、浙东和浙西三个旅游亚区。

二、浙北旅游亚区

　　浙北旅游亚区是指千岛湖风景区至普陀山一线以北的地区，包括杭州、绍兴、宁波、嘉兴、湖州、舟山群岛等地区中的游览景点。闻名全国的旅游城市杭州、历史文化名城绍兴、宁波，以及佛教名山普陀山、钱塘潮涌、雪窦山、富春江—千岛湖风景区都位于本区。这里自古经济发达，文化鼎盛，自然景观与人文景观并重，以山、水、古迹众多为旅游资源特点。

（一）杭州市

　　杭州市为我国八大古都之一，是我国历史文化名城之一。前后共有14个帝王把这里作为国都，累计时间长达273年。杭州市文化景点众多，素有"人间天堂""东南第一州"的美誉。元代以后，尽管杭州只是地方性统治中心，但湖山胜景不变，马可·波罗盛赞杭州为"世界上最美丽华贵的天城"。杭州人文景观丰富多彩，古代的庭、园、楼、阁、石窟、摩崖碑刻遍布，或珠帘玉带、烟柳画桥，或万千姿态、山清水秀，尤以灵隐寺、六和塔、飞来峰、岳王庙、西泠印社、龙井、虎跑泉等最为著名。

1. 西湖

杭州的名声与西湖密切相关，西湖是杭州景点的中心。西湖因位于市区之西而得名，是中国湖泊风景区最负盛名、自然风景最秀丽的湖泊。西湖原是钱塘江口处的小海湾，南面的吴山和北面的宝石山是环抱海湾的两个岬岛，后来由于钱塘江沉积，逐渐把岬角之间的湾口塞住，使海湾与大海隔绝，形成一个泻湖，以后湖水逐渐淡化，形成西湖。西湖南、北、西三面环山，东为平原，故有"三面云山一面城"之称。山地大都属于天目山余脉，西湖十景中的"双峰插云"即为描写山景的。西湖附近还有岳坟、岳庙等古迹和玉泉、龙井、虎跑泉等名胜。

2. 灵隐寺

灵隐寺又名云林寺，位于杭州市城西，隐藏在灵隐山和天竺山之间的谷地中，始建于东晋，又名云林禅寺，是我国佛教禅宗十大名刹之一。背依海拔314米的北高峰，前临海拔168米的飞来峰，四面林深竹密，溪清泉浅，千峰竞秀，万壑争流，景色极佳，是杭州市主要旅游胜地之一。大雄宝殿高33.6米，为我国现存最高单屋重檐的古代建筑，现存大雄宝殿内，供奉的香樟木释迦牟尼像，高近20米。灵隐寺南面为飞来峰，上有佛教造像数尊，怪石峥嵘，溶洞众多，在岩洞和岩壁上分布着从五代到元代的石雕造像330多尊。

小故事

康熙题匾灵隐寺

灵隐寺又名"云林寺"，创建于东晋咸和元年（326年），距今已经有1600多年的历史，现在是杭州最大的丛林寺院，也是全国十大名刹之一。传说清康熙二十八年（1689年），康熙皇帝南巡到杭州。有一天，他喝得酩酊大醉，一路游到灵隐寺。寺庙住持深知这位皇帝喜欢作诗题字，于是就提出想请康熙重题一块寺额，康熙也就趁着酒兴，满口答应。不料因酒误事，落笔太重，把"靈"字上半截的"雨"字头写得太大，下半截的三个"口"和一个"巫"字再也写不下去。正在为难之际，旁边有位名叫高江村的大学士，急中生智，在手掌心上写了"雲林"二字，然后假装磨墨，向皇帝暗示，康熙也就随机应变，把"灵"字写作"雲"字，于是"灵隐寺"也就变成"云林寺"。"云林禅寺"这块匾挂了三百年，可老百姓并不买账，仍叫它"灵隐寺"。康熙题匾的笑话也一直流传到如今。

（二）宁波市

宁波市地处东海之滨，宁绍平原东端。宁波历史悠久，是具有7000多年文明史的"河姆渡文化"的发祥地。作为长江三角洲南翼的国际物流枢纽、区域性金融与商贸服务中心，宁波更以"东方大港"享誉海内外。唐代，宁波成为"海上丝绸之路"的起点之一，与扬州、广州并称为中国三大对外贸易港口。宋时又与广州、泉州同时列为对外贸易三大港口重镇。如今的宁波是浙江省的经济发达城市，也是著名的旅游城市，是首批中国优秀旅游城市、国家历史文化名城。

1.普陀山

普陀山为浙江沿海舟山群岛中的一个岛屿，我国四大佛教名山之一，素有"海天佛国"之称，以海蚀地貌和宗教旅游驰名中外。岛上海洋地貌发育，如潮音洞、梵音洞为海蚀地貌，千步沙为海积地貌。

小知识

四大佛教名山

所属省份	名称	别称	道场
山西	五台山	清凉佛国	文殊菩萨
浙江	普陀山	海天佛国	观音菩萨
四川	峨眉山	仙山佛国	普贤菩萨
安徽	九华山	莲花 / 仙城佛国	地藏王菩萨

2.天一阁

天一阁位于宁波市月湖西北天一街处，始建于明嘉靖四十年（公元 1561 年），是我国现存最古老的私家藏书楼，也是世界上现存最早的图书馆。天一阁占地面积 2.6 万平方米，现有藏书达 40 余万卷，其中珍本、善本逾 8 万册，为全国重点文物保护单位，受到国内外学术界的重视。

3.天童寺

天童寺位于宁波市太白山麓，有"东南佛国"之称，为宁波第一名胜。天童寺始创于西晋永康元年（300 年），距今已有 1700 多年历史，为日本禅宗曹洞宗的祖庭，参拜者年年不绝。全寺占地面积 7.64 万余平方米，建筑面积 3.88 万余平方米，有殿、堂、楼、阁、轩、寮、居 999 间。几经毁建，现有房屋 730 余间，规模宏大，为国内所罕见。

三、浙东旅游亚区

浙东旅游亚区主要是指浙江省东南沿海一带的山水景区，有国家级风景名胜区雁荡山、天台山等。雁荡山以奇峰怪石、古洞石室、飞瀑流泉著称，素以山水奇秀而闻名中外，天台山为佛教天台宗的发祥地，楠溪江以水秀、岩奇、滩林美著称，形成了风貌独特的古老村落。所以本区域是以名山秀水、古树名木、宗教寺庙为主要特色的旅游区域。

1. 雁荡山

雁荡山在乐清市境，以山水奇秀闻名，号称"东南第一山"，最高峰百岗尖，海拔 1150 米；次高峰雁湖岗，海拔 1057 米。雁湖岗，岗顶有湖，芦苇丛生，结草成荡，秋雁常来栖宿，故称雁荡。雁荡山以"造型地貌博物馆"闻名，山岭高出云天，步移景换。雁荡山分为灵峰、灵宫、大龙湫、雁湖、显圣门 5 个风景区，东南部风景较集中，其中"二灵一龙"——灵峰、灵宫、大龙湫，称为雁荡风景三绝。

2. 天台山

天台山风景名胜区位于天台县北部，系仙霞岭余脉，以华顶山为中心，层层铺展，宛如千瓣莲花。天台山主峰华顶山，海拔 1138 米。自古以来，华顶峰即以峰秀、寺古、茶名、花奇而著称。整个风景区群峰叠嶂，云雾缥缈，洞穴幽深，自然景观以奇、古、清、幽为特征。天台山更为中国佛教天台宗发祥地，是日本佛教天台宗的祖庭。山上寺庙众多，香火鼎盛，尤以隋代古刹国清寺最为著名。

四、浙西旅游亚区

浙西旅游亚区位于浙江省西部，溪流隐藏在绵亘不绝的崇山峻岭之中，飞瀑组成青绿的山水画卷，有众多漂流项目：桐庐天目溪、余杭双溪、临安柳溪江、浙西大峡谷。苍山如黛，溪潭澄碧，竹筏贴着清浅的秀水迂回在清水间。浙西名山胜水"两江一湖"旅游线（重点为新安江、富春江、千岛湖）、桐庐瑶琳仙境、红灯笼乡村家园、金华双龙、兰溪诸葛八卦村等，水为主景，以山青、水清、境幽为特色。

1. 新安江

新安江在浙江省西北部，为钱塘江上游，源出皖南，长 373 千米，流域面积 1.1 万平方千米。江水四季澄碧，清澈见底，素以水色佳美著称，因而素有"锦峰秀岭，山水之乡"的称誉。夹江两岸，山势千殊万态，多飞瀑流泉，为全国重点风景名胜区。

2. 千岛湖

千岛湖位于浙江省淳安县、建德市之间、新安江上游，即新安江水库。湖中有 1078 个岛屿，故而得名。湖中大小岛屿形态各异，群岛分布有疏有密，罗列有致。湖水四季澄清，绿荫苍翠，既有太湖之气势，又有西湖之娟秀，山水掩映，美景天成。千岛湖风景区为国家 5A 级旅游景区。

千岛湖形成的原因

千岛湖地区属浙江西部山地丘陵区，由中低山、丘陵、小盆地、谷底组成。古生界前，千岛湖地区地处古海洋中。中生界印支造山运动晚期才逐渐隆起，为全区域的地貌轮廓奠定了基础。千岛湖经燕山运动和喜马拉雅造山运动后，受长期外力侵蚀作用和差异性的升降运动，经火山喷发、岩浆侵入、断裂活动及外营力的风化、剥蚀、夷平，形成以低山丘陵为主的地貌。

课堂讨论

1. 浙北旅游亚区的旅游资源有何特色？
2. 我国最早的藏书阁在哪里？对"江南三阁"的建造有何影响？

第五节　安徽省

一、概述

安徽省地处华东地区西北部，是我国东部襟江近海的内陆省份，跨长江、淮河中下游。清康熙六年（1667 年），合安庆、徽州二府为安徽省，又因境内有皖山而简称"皖"。安徽省地形地貌呈现多样性，全省山河壮丽，境内多平原、丘陵。其大别山山脉雄峙西部，黄山山脉逶迤南缘，形成两大天然画屏。长江水系湖泊众多，较大的有巢湖、龙感湖、南漪湖，其中巢湖是中国五大淡水湖之一。

安徽省历史悠久，古迹众多，英才辈出，人文景观丰富，这里保留着特色鲜明的徽州文化。安徽省旅游资源十分丰富，该区以长江为界，分为皖北和皖南 2 个旅游亚区，有歙县、寿县、亳州、安庆、绩溪 5 座国家历史文化名城，6 个国家级自然保护区，12 处国家级重点风景名胜区（黄山、九华山、天柱山、琅琊山、齐云山、采石矶、巢湖、花山谜窟、太极洞、花亭湖、龙川、平天湖）。

二、皖北旅游亚区

皖北旅游亚区位于长江中下游地区，境内包括盛产"巢湖三珍"的巢湖、为纪念李白而修建的采石矶、中国四大名亭之一的醉翁亭和有着"天下第一塘"——安丰塘的寿县古城等景点。该区多古迹，如亳州——汉末曹操、华佗的家乡，凤阳——明朝开国皇帝朱元璋的故里，寿县——战国时代楚国故都等。

1. 巢湖

巢湖位于巢湖市，因湖呈鸟巢状而得名。巢湖面积753平方千米，为我国五大淡水湖之一。巢湖俗称"三百六十汊，汊汊有鱼虾"，以盛产"巢湖三珍"（银鱼、秀丽白虾、螃蟹）驰名中外。湖水风光旖旎，湖中有山，山中有水，湖光山色，美不胜收。湖周围有姥山、孤山、鞋山、半汤温泉等胜景和中庙、文峰塔等古迹。

2. 采石矶

采石矶位于马鞍山市翠螺山麓，因产彩石，三国东吴起名"采石矶"。与南京燕子矶、岳阳城陵矶并称为"长江三矶"。采石矶地势险峻，历来是兵家必争之地，兼之风光优美、景色荟萃，主要景点和古迹有20多处，有太白楼、捉月台、石门、天门山等景观。其中，太白楼又称醉仙楼、唐李公青莲祠，为纪念李白而修建，楼阁雄伟壮丽，前楼后祠。

3. 醉翁亭

醉翁亭位于滁州市琅琊山中，为我国四大名亭之一。亭边有影香亭、意在亭、怡亭等"醉翁九景"，构成了一系列的风景院落。亭台布局严谨小巧，曲折幽深，因北宋欧阳修的《醉翁亭记》而得名。亭内苏轼手书的《醉翁亭记》碑，形成欧文苏字，堪称双绝。

小故事

醉翁亭名称由来

传说欧阳修被贬滁州，特别喜爱琅琊山的灵秀。公务之余他常到山上玩赏，和黎民百姓同乐同游。孩童喜听他讲的故事，山民爱向他倾诉忧愁，和尚常邀他弹琴下棋，学子常向他请教平仄对偶。一天他同智仙和尚对弈，棋盘是一块巨大的石头。观战的人围了一圈，突然间都被大雨淋了个湿透。樵夫快言快语，建议在此建个亭阁。于是，智仙筹资建成，可惜一时没有名称。这天，欧阳修在此应酬，自称"醉翁"，吩咐随从拿来文房四宝，"醉翁亭"匾一挥而就。尔后他写下《醉翁亭记》，留下千古名句："醉翁之意不在酒，在乎山水之间也。山水之乐，得之心而寓之酒也。"

三、皖南旅游亚区

本旅游亚区包括安徽省长江以南的黄山、九华山、齐云山及其周围地区，地理位置优越，交通便利，地处富饶的鱼米之乡，是安徽省风景名胜最丰富的、最秀丽的、最集中的地区，而且景观类型多。本区是以雄伟绮丽的名山胜水、宗教文化和文物古迹为特色的旅游区域。由名山决胜之大全的黄山、集佛教胜迹和优美自然风光为一体的九华山、以道教胜迹和自然风光为主的齐云山组成，所以这一区为安徽省旅游资源集中分布的地区，风景名胜数量多、质量高，在国内外享有很高的声誉。

1. 黄山

黄山位于安徽省南部黄山市，皖南太平、黟县、休宁、歙县四县之间，属花岗岩断块山，原名黟山，后因传说黄帝在此炼丹而改名黄山。自古以来，黄山以"四绝"——怪石、奇松、云海、温泉闻名于世。黄山全山号称七十二峰，最高峰为莲花峰（1864 米），其次为光明顶（1860 米），最雄俊者为天都峰（1810 米）。黄山风景区为黄山精华部分，面积约为154 平方千米，峰峰称奇，各有特色。黄山奇美景色冠绝海内各山，有"黄山归来不看岳"之说，徐霞客亦云"登黄山，天下无山，观止矣"。

2. 齐云山

齐云山位于安徽省休宁县，是道教名山。明代时齐云山与武当山、青城山、龙虎山合称道教四大名山。齐云山古称白岳，又因与黄山南北相望，故历史上有"黄山白岳甲江南"之称。齐云山有 36 奇峰、72 怪崖，洞、涧、池、泉遍布其中，以白岳岭、齐云岩、石桥岩、紫霄岩最为著名，海拔均在 1000 米以上。林木道观点缀其间，素有"天下无双胜境，江南第一名山"的美誉。齐云山全山分为月华街、云岩湖、楼上楼三大景区。

小知识

四大道教名山

所属省份	名称	道场
江西	龙虎山	降魔护道天尊（张道陵）
湖北	武当山	玄天真武大帝
四川	青城山	道德天尊（太上老君）
安徽	齐云山	广援普度天尊（丘处机）

3. 九华山

九华山位于青阳县西南，中国四大佛教名山之一。九华山原名九子山，因李白诗"昔在九江上，遥望九华峰。天河挂绿水，秀出九芙蓉"，更名为九华山。九华山有 99 座山峰，以天台、莲花、天柱、十王等九峰最为雄伟，主峰十王峰海拔 1342 米。山势雄奇别致，山光水色，名胜众多，素有"东南第一山"之称。

唐开元年间，新罗国王近亲金乔觉来此，将此地辟为金地藏王道场，大规模修建寺庙。历经宋、元、明、清四朝，香火鼎盛，享有"仙城佛国"之号。现尚存古刹 70 余座，其中化城寺等9座名刹被列为全国重点寺院。

4. 黟县

黟县位于安徽省南部，黄山主峰西南。黄山古名黟山，黟县也因此而得名。黟县始建于秦，迄今已有2000多年的历史，然古风尚存，旧貌犹存，完整保存了西递、宏村、南屏、塔川等大批明清原始形态的古村落，黟县现存明、清时期古民居3500余幢，清代祠堂百余座，其中尤以西递、宏村、西武等民居群为其代表，被誉为"中国古代民居博物馆"。整体上，各个村落原始形态保存完好，保持着历史发展的真实性和完整性，体现了皖南古村落人居环境营造方面的才能。

延伸阅读

皖南古村落

皖南古村落位于安徽省黟县东，以西递村、宏村为代表。西递村有近千年的历史，现存14世纪到19世纪的祠堂3幢、牌楼1座，古民居224幢，完好地保存着典型的明清古村落风格，有"活的古民居博物馆"之称。宏村始建于公元1131年，现存明、清古建筑137幢，是中国封建社会后期文化的典型代表——徽州文化的载体，集中体现了工艺精湛的徽派民居特色。2000年联合国教科文组织将中国皖南古村落西递村、宏村列入世界文化遗产名录。2001年，皖南古村落成为第五批全国重点文物保护单位之一。2011年，皖南古村落被评为国家5A级旅游景区。

课堂讨论

1. 安徽省分几个旅游亚区？皖南旅游亚区有哪些著名山川？
2. 皖南古村落在什么地方？有何价值和特色？

第六节　山东省

一、概述

山东地处黄河中下游平原东部，介于北京和上海之间，北靠渤海，南临黄海，海岸线长达3000多千米。山东省总面积为15.78万平方千米，人口约9500多万，继河南省之后列第二位，其中省会济南和港口城市青岛是人口最为密集的两个城市。

山东省是中华文化的重要发祥地之一，众多文物古迹和秀丽山川风光共同构成了山东省独特的旅游风景线。在孔子故乡曲阜市，有供奉祭祀孔子的孔庙、孔子嫡系后裔居住生活的孔府和世界规模最大、保存年代最久的人造园林——孔子家族墓地孔林，被联合国教科文组织列入《世界文化遗产名录》。泰山被世人誉为"中华民族之魂""五岳之尊"，其具有雄浑博大的气势和丰富灿烂的文化，是世界自然文化双遗产。山东省拥有"泉城"济南、"齐国故都"淄博、"人间仙境"蓬莱、"世界风筝之都"潍坊、"道教圣地"崂山、"国际啤酒城"青岛、"国际葡萄酒城"烟台、"首座国家级卫生城"威海等著名旅游胜地，另外还有灵岩寺、梁山泊遗址、菏泽牡丹园、黄河入海奇观、微山湖十万亩荷花、德州苏禄王墓、枣庄万亩石榴园、古运河等著名旅游景观。山东旅游区主要分为鲁中南旅游亚区和鲁西南旅游亚区。

二、鲁中南旅游亚区

　　鲁中南旅游亚区位于山东省中部的京沪、胶济铁路沿线地区，包括济南、泰安、淄博、潍坊等地，是以"五岳独尊"的泰山、"天下第一泉"的趵突泉等名山名泉和"春秋五霸之首，战国七雄之一"的齐国都城淄博、大明湖杨柳成荫、荷花满塘点缀楼阁、千佛山古刹兴国寺掩映在绿荫之中的名胜古迹和民俗风情为特色的旅游区域。

1. 趵突泉

　　趵突泉名列济南众泉之冠，位于济南市中心区趵突泉公园内，是济南三大名胜之一。趵突泉泉池东西长30米，南北宽20米，泉分三股涌出平地，泉水澄澈清冽，号称"天下第一泉"，泉的四周有大块砌石，环以扶栏，可凭栏俯视池内三泉喷涌的奇景。在趵突泉附近，散布着金线泉、漱玉泉、洗钵泉、柳絮泉、皇华泉、杜康泉、白龙泉等30多个名泉，构成了趵突泉泉群。其中，漱玉泉与宋代女词人李清照有关，她的故居就在漱玉泉边。漱玉泉因其文集《漱玉集》而得名，现在泉北的李清照纪念堂正是为纪念这位著名的词人而修建的。值得一提的是趵突泉公园的南大门，布置得富丽堂皇、雍容华贵，大门上的横匾"趵突泉"蓝底金字，是清朝乾隆皇帝的御笔，被誉为中国园林"第一门"，一点也不为过。

小知识

冷泉

　　冷泉是温度低于20℃或低于当地年平均气温的泉，一般以水质清醇甘冽而供饮用或作为酿酒的水源。历史上曾将江苏镇江的中冷泉、北京的玉泉、济南的趵突泉、江西庐山的谷帘泉命名为"天下第一泉"。此外，镇江金山泉、无锡惠山泉、杭州虎跑泉等，也都在名泉之列。济南号称有七十二泉，故有"泉城"之誉。历史上以泉为中心，形成许多茶肆旅游点。

2. 大明湖

　　大明湖位于济南市北部，公园面积86公顷，湖面46公顷，水深平均2米，系由多处泉水汇集而成，是一个天然湖泊，最早见诸文字在 1400 多年前北魏郦道元所著《水经注》中，隋唐时名"历水陂""莲子湖"，宋时又称"西湖"，金代又称"大明湖"。大明湖是济南三大名胜之一，其水来源于珍珠、濯缨、芙蓉诸泉，有"众泉汇流"之说。"恒雨不涨，久旱不涸"是其一大优点，并具"蛇不见，蛙不鸣"的自然生态之谜。"四面荷花三面柳，一城山色半城湖"是其风景特色的写照。湖上莺飞鱼跃，画舫穿行，岸边繁花似锦，游人如织；湖区内外，亭台楼阁、寺堂庙宇布局有致。

为纪念唐代著名诗人杜甫所建的历下亭，八角重檐，中悬乾隆手书"历下亭"木匾，亭前回廊临水建阁，亭周碧波荡漾，是大明湖景色最佳处。湖南遐院建于清末，仿宁波天一阁建造，被誉为济南第一庭院。湖畔有历下亭、铁公祠、南丰祠、汇波楼、北极庙和遐园等多处名胜古迹，其中历下亭、铁公祠为市级文物保护单位。

3. 泰山

泰山又名岱山、岱宗，位于山东省泰安市，并与西岳华山、北岳恒山、南岳衡山和中岳嵩山并称五岳。泰山是世界自然与文化遗产、国家 5A 级旅游景区，有"五岳之首""五岳之长""天下第一山"之称。泰山自古被视为"直通帝座"，成为帝王告祭的神山，有"泰山安，四海皆安"的说法。自秦始皇开始到清代，先后有 13 代帝王亲登泰山封禅或祭祀，另外有 24 代帝王遣官祭祀 72 次。

小知识

泰山封禅

封禅，封为"祭天"，禅为"祭地"，是指中国古代帝王在太平盛世或天降祥瑞之时的祭祀天地的大型典礼，一般由帝王亲自到泰山上举行。远古暨夏商周三代，已有封禅的传说。泰山在中国的政治、文化、历史上占有很高的地位。按照张守节在其《史记正义》的解释："此泰山上筑土为坛以祭天，报天之功，故曰封。此泰山下小山上除地，报地之功，故曰禅。"古代帝王在登基之初、太平之岁都要到泰山举行封禅大典，祭告天地，并在山上建庙塑神、刻石题字。

泰山景观各异，形成了泰山著名的幽、旷、奥、秀、妙、丽的六大旅游区，壑深谷幽，奇峰陡立，溪流瀑飞，古松争奇，风云变幻，神秀莫测，四季景色，变化万千。主要风景名胜有：天门云梯、万仙楼、中天门、云步桥、对松山、仙人洞等。主要文物古迹有山麓的殿庙寺院及山上的玉皇顶、红门、斗母宫、五松亭、南天门等。主峰玉皇顶，海拔 1524 米，气势磅礴，以雄伟著称，被誉为"五岳独尊"。登上岱顶，可以观赏到泰山四大奇观：旭日东升、晚霞夕照、黄河金带、云海玉盘。

4. 岱庙

岱庙，又名东岳庙、泰岳庙、岱岳庙，俗称泰庙。为道教神府，是历代帝王举行封禅大典和祭祀泰山神的地方，是泰山最大、最完整的古建筑群，同时是采用帝王官城式建筑的祠庙中规格最高的建筑。它位于泰山南麓泰城中部，南起旧泰城南门，北抵岱顶南天门的中轴线。庙前有遥参亭、岱庙坊，庙内轴线上贯穿着正阳门、配天门、仁安门、天贶殿、后寝宫、厚载门。主殿天贶殿创建于宋真宗年间，重檐八角，彩绘斗拱，与故宫太和殿、孔庙大成殿并称为中国三大殿。城堞高筑，宫阙重叠，庙貌巍巍，殿宇生辉。

三、鲁西南旅游亚区

鲁西南旅游亚区位于山东省西南部，包括曲阜、邹城、菏泽、梁山等地，是以名胜古迹和名花盛会为特色的旅游区域。由被誉为"孔孟桑梓之邦，文化发祥之地"的邹城、被称作"至圣先师"孔子故里的曲阜、有"亚圣府"之称的孟府孟庙、"曹州牡丹甲天下"牡丹之乡菏泽组成，自然风光倚丽，丰富的地下文物和雄伟的地上古建筑而闻名于世。

1. 孔庙

曲阜孔庙（又名阙里至圣庙），位于山东省济宁市曲阜市中心，是祭祀中国古代著名思想家和教育家孔子的祠庙。曲阜孔庙是世界文化遗产、全国重点文物保护单位、国家5A级旅游景区，与故宫、承德避暑山庄并列为中国三大古建筑群；与南京夫子庙、北京孔庙和吉林文庙并称为中国四大文庙。

孔庙平面呈长方形，沿一条南北中轴线展开布置，左右对称，布局严谨，共有九进院落，前有棂星门、圣时门、弘道门、大中门、同文门、奎文阁、十三御碑亭。从大圣门起，建筑分成三路：中路为大成门、杏坛、大成殿、寝殿、圣迹殿及两庑，分别是祭祀孔子以及先儒、先贤的场所；东路为崇圣门、诗礼堂、古井、鲁壁、崇圣词、家庙等，多是祭祀孔子上五代祖先的地方；西路为启圣门、金丝堂、启圣王殿、寝殿等建筑，是祭祀孔子父母的地方。

曲阜孔庙被建筑学家梁思成称为世界建筑史上的"孤例"。建筑空间布局以"大成殿"院落即"庙"的祭祀空间为整体建筑群落的核心，与内庭空间为次中心所产生的位置关系，构成两组不同功能的院落空间形式。全庙共有五殿、一祠、一阁、一坛、两堂、十七碑亭、五十三门坊，共计有殿庑466间，分别建于金、元、明、清及民国时期。

2. 孔府

孔府，旧称衍圣公府，在曲阜市内孔庙东邻，为历代衍圣公的官署和私邸。始建于宋仁宗宝元元年（1038年），是我国仅次于故宫的贵族府第，号称"天下第一家"。孔府占地7.4公顷，有古建筑480间，院落9进，布局分东、西、中3路：东路为家祠所在地，有报本堂、桃庙等；西路为旧时衍圣公读书、学诗学礼、燕居吟咏和会客之所，有忠恕堂、安怀堂，南北花厅为招待一般来宾的客室；中路是孔府的主体部分，前为官衙，设三堂六厅，外辖和勾、百户、孔庭族长及曲阜县衙 4 个衙门，往后是住宅，最后是孔府花园。

　　孔府是我国封建社会中典型的官衙与内宅合一的贵族庄园。孔府收藏有大批历史文物，最著名的是"商周十器"，亦称"十供"，形制古雅，纹饰精美，原为宫廷所藏青铜礼器，于清乾隆三十六年（1771 年）赏赐孔府。孔府还收藏金石、陶瓷、竹木、牙雕、玉雕、珍珠、玛瑙、珊瑚以及元、明、清各代各式衣冠剑履、袍笏器皿，另有历代名人字画，其中元代七梁冠为国内仅有。孔府还存有明嘉靖十三年（公元 1534 年）至 1948 年的档案，内容丰富，具有重要的史学研究价值。孔府档案是世界上持续年代最久、范围最广，保存最完整的私家档案。

特别提示

"三孔"

　　孔府与曲阜孔庙、孔林合称"三孔"，1961 年"曲阜孔庙及孔府"被列为第一批全国重点文物保护单位。1994 年 12 月，"三孔"被联合国教科文组织列为世界文化遗产。

课堂讨论

　　1. 鲁中南旅游亚区有哪些著名旅游城市？有何著名景点？

　　2. 济南旅游因何闻名于世？"济南三胜"是哪"三胜"？

本章小结

　　华东旅游区是我国旅游资源丰富的地区之一，包括上海市、江苏省、江西省、浙江省、安徽省、山东省，五省一市，旅游城市密集，数量众多，形成旅游城市群。地貌以平原为主，兼有山地丘陵，自然资源以山川雄伟、风光秀丽为特色，人文资源以古典园林和江南水乡引人入胜。该区人文荟萃，旅游景点众多，知名度高，且经济发达、交通便捷、旅游接待能力强，我国旅游业发达的地区和旅游热点地区之一，在全国旅游业发展中占有十分重要的地位。

本章测试

一、单项选择题

　　1. 上海全年 60% 以上的雨量集中在（　　　）的汛期。

　　A. 7—8 月　　　　　　B. 6—8 月　　　　　　C. 5—9 月　　　　　　D. 7—9 月

　　2. 上海市少数民族人口最多的是（　　　）。

　　A. 土家族　　　　　　B. 苗族　　　　　　C. 蒙古族　　　　　　D. 回族

3.（　　　）吞吐量居中国内河港之首。

A. 徐州港　　　　　B. 南京港　　　　　C. 连云港　　　　　D. 苏州港

4.（　　　）素有"二胡之乡"的美誉，"江南丝竹"是最富代表性的民间音乐。

A. 江苏省　　　　　B. 浙江省　　　　　C. 江西省　　　　　D. 安徽省

5.（　　　）古有"吴头楚尾，粤户闽庭"之称。

A. 浙江　　　　　B. 湖南　　　　　C. 江西　　　　　D. 江苏

6. 龙虎山天师府，是历代天师起居之所，号称（　　　）。

A. 江南第一家　　　　B. 道教第一家　　　　C. 中国第一家　　　　D. 南国第一家

7. 海宁观潮有"一潮三看四景"，其中，在（　　　）看"江横白练一线潮"。

A. 大缺口　　　　　B. 盐官　　　　　C. 老盐仓　　　　　D. 夜间

8. 有江南第一泉之称的安徽名泉是（　　　）。

A. 龙泉　　　　　B. 憨憨泉　　　　　C. 圣泉　　　　　D. 白乳泉

9.（　　　）地跨长江、淮河、新安江三大流域，世称江淮大地。

A. 湖南　　　　　B. 江苏　　　　　C. 浙江　　　　　D. 安徽

10. 泰山最高峰是（　　　）

A. 祝融峰　　　　　B. 天柱峰　　　　　C. 落雁峰　　　　　D. 回雁峰

二、多项选择题

1. 属于上海市辖区的是（　　　）。

A. 静安区　　　　　B. 黄浦区　　　　　C. 徐汇区　　　　　D. 长宁区

E. 普桥区

2. 太湖湖滨风景名胜遍布，其中位于江苏无锡的湖滨风景名胜有（　　　）。

A. 鼋头渚　　　　　B. 蠡园　　　　　C. 梅园　　　　　D. 个园

E. 留园

3. 江苏省的国家历史文化名城中，正确的有（　　　）。

A. 南京、苏州、南通　　　　　　　　B. 扬州、徐州、宜兴

C. 镇江、常熟、常州　　　　　　　　D. 南京、无锡、连云港

E. 淮安、无锡、泰州

4. 被称为江西三颗明珠的是（　　　）。

A. 柘林湖　　　　　B. 仙女湖　　　　　C. 陡水湖　　　　　D. 鄱阳湖

E. 龙子湖

5. 下列有关江西红色旅游资源，说法正确的有（　　　）。

A. 中国革命摇篮井冈山　　　　　　B. 中国红色政权的摇篮瑞金

C. 人民军队摇篮南昌　　　　　　　D. 共和国摇篮瑞金

E. 中国工人运动摇篮安源

6. 雁荡山"风景三绝"是（　　　）。

A. 灵峰　　　　　　B. 显圣门　　　　　　C. 灵岩　　　　　　D. 雁湖三折瀑

E. 大龙湫

7. 世界非物质文化遗产中中国蚕桑丝织技艺是由（　　　）联合申报的。

A. 浙江　　　　　　B. 江苏　　　　　　C. 四川　　　　　　D. 湖南

E. 云南

8. "黄山四绝"包括（　　　）。

A. 奇松　　　　　　B. 怪石　　　　　　C. 云海　　　　　　D. 飞瀑

E. 金顶

9. 下列著名历史人物中为安徽人的是（　　　）。

A. 陈独秀　　　　　　B. 吴作人　　　　　　C. 李鸿章　　　　　　D. 丁汝昌

E. 胡适

10. 中国东部唯一的黄金海滨城市群包括（　　　）。

A. 青岛　　　　　　B. 烟台　　　　　　C. 威海　　　　　　D. 日照

E. 滨州

第七章

华中旅游区

本章概述

　　华中旅游区位于我国中部、黄河中下游和长江中游地区，地处华北、华东、华南、西南、西北等地区之间，众多国家交通干线通达全国，具有全国东西、南北四境的战略要冲和水陆交通枢纽的地位。华中地区属温带季风气候和亚热带季风气候，地形以岗地、平原、丘陵、盆地、山地为主，主要山脉有衡山、嵩山、武当山等。本区包括河南、湖北、湖南，蕴藏着丰厚的历史文化资源，文物古迹众多、旅游资源丰富、旅游种类多样，是我国重要的风景名胜区。

教学目标

1. 掌握华中旅游区的地理环境特征。

2. 分析衡山、嵩山、武当山的旅游价值。

3. 熟悉岳阳楼和黄鹤楼的人文历史及建筑风格。

4. 了解武陵源、神农架、龙门石窟、武当山建筑群等世界遗产。

思维导图

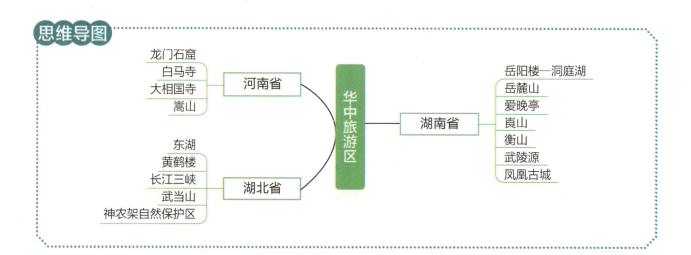

第一节　河南省

一、概述

河南位于黄河中下游，大部分地处暖温带，南部跨亚热带，属北亚热带向暖温带过渡的大陆性季风气候，因大部分地区在黄河以南，故名河南。河南东接安徽、山东，北界河北、山西，西连陕西，南临湖北，呈望北向南、承东启西之势。全省总面积 16.7 万平方千米，地势西高东低，北、西、南三面分别为太行山、伏牛山、桐柏山，大别山沿省界呈半环形分布，中东部为黄淮海冲积平原，西南部为南阳盆地。

2000 多年前，河南为我国九州中心的豫州，故简称为"豫"，又有"中州""中原"之称。河南为中华民族主要发祥地之一，物华天宝，人杰地灵，英才辈出。远在 4000 年前的新石器时代，中原人民就创造了著名的"裴李岗文化""仰韶文化"和"龙山文化"，这里曾孕育出我国古代的思想家李耳、庄子，政治家商鞅、李斯，科学家张衡，医圣张仲景，文学家韩愈，哲学家程颢、程颐，民族英雄岳飞以及吉鸿昌、杨靖宇、彭雪枫、邓颖超等 1000 多位历史名人。

在漫长的历史长河中，河南在我国的政治、军事、经济、文化上始终占据重要地位，先后有 20 个朝代建都或迁都于河南。中国八大古都，河南就占有 4 个（洛阳、开封、安阳、郑州）。在这片土地上，曾上演过一幕幕历史话剧，如武王伐纣、周公营洛、春秋诸侯争霸、战国群雄逐鹿、刘邦项羽对峙、光武刘秀兴汉、曹魏中原称雄、隋末瓦岗暴动、赵匡胤陈桥兵变、岳飞抗金鏖兵、李自成中原血战、京汉"二七"风暴、刘邓大军挺进中原。历史的风云变幻无不在中原大地留下深深的痕迹。

二、主要旅游景区

1. 龙门石窟

龙门石窟位于洛阳市，同甘肃的敦煌石窟、山西大同的云冈石窟并称我国古代佛教石窟艺术的三大宝库，是世界上造像最多、规模最大的石刻艺术宝库，位居我国各大石窟之首，被联合国教科文组织评为"中国石刻艺术的最高峰"。石窟始凿于北魏孝文帝迁都洛阳（494年），盛于唐，终于清末。历经 10 多个朝代，长达 1400 余年，是世界上营造时间最长的石窟。现存佛像十万余尊，窟龛2300多个。"鱼跃龙门"的传说亦发生于此。

小知识

鱼跃龙门

相传，禹辟伊阙以后，水流湍急，游息于孟津黄河中的鲤鱼顺着洛、伊之水逆行而上。游到伊阙龙门时，波浪滔天，纷纷跳跃，意欲翻过。跳过者为龙，跳不过者额头上便留下一道黑疤，所以唐代大诗人李白在《赠崔侍御》诗中写道："黄河三尺鲤，本在孟津居。点额不成龙，归来伴凡鱼。"现如今该成语比喻事业成功或地位高升。

2. 白马寺

白马寺位于洛阳市老城东约几千米的邙山南麓与洛河北岸之间，是佛教传入我国内地兴建的第一座寺院。初建于东汉明帝永平十一年（68年），距今已有1900多年的历史。前为山门，山门是并排三座拱门。山门外，一对石狮和一对石马分立左右；山门内，东西两侧有摄摩腾和竺法兰二僧墓。五重大殿由南向北依次为天王殿、大佛殿、大雄殿、接引殿和毗卢殿。每座大殿都有造像，多为元、明、清时期的作品。毗卢殿在清凉台上，清凉台为摄摩腾、竺法兰翻译佛经之处。东西厢房左右对称。整个建筑宏伟肃穆，布局严整。此外还有碑刻40多方，对研究寺院的历史有重要价值。1961年，国务院将白马寺列入第一批全国重点文物保护单位，1977年又成立了白马寺文物保管所。2001年，白马寺被列为首批国家4A级旅游景区。白马寺不仅在我国佛教史上占有重要地位，还被越南、朝鲜、日本及欧美等地的佛门弟子尊为"释源"和"祖庭"。

3. 大相国寺

大相国寺始建于北齐天宝六年（555年），位于著名历史文化名城、七朝古都开封的市中心。该寺历史悠久，是我国汉传佛教十大名寺之一，在我国佛教史上有着重要的地位和广泛的影响。大相国寺至北宋时期空前鼎盛，辖64禅、律院，占地540亩，因受帝王崇奉，地位如日中天，是我国历史上第一座"为国开堂"的"皇家寺院"。《水浒传》"鲁智深倒拔垂杨柳"的故事家喻户晓。

大相国寺建筑宏伟，寺藏丰富，历史上高僧辈出，名士荟萃。唐代画家吴道子，以及著名文豪和思想家苏轼、王安石等，都曾在该寺留有足迹。现存寺院建筑为清顺治十八年（1661年）和乾隆三十一年（1766年）修建，院落深广、殿宇恢宏、雄风犹存，是古城开封标志性人文景点和对外开放的窗口，也是中外游人及十方香客参观、游览、朝拜的圣地。寺院"资圣熏风""相国钟声"景观也名列"汴京八景"，闻名遐迩。

小故事

鲁智深倒拔垂杨柳

　　鲁智深到东京大相国寺看守菜园子。菜园子附近住着二三十个泼皮，他们常来菜园子偷菜，已换了几个看园子的人都管不了他们。这次听说又换了个新人，他们便来闹事，没想到被鲁智深把两个领头的踢到粪坑里了。第二天，泼皮买些酒菜向鲁智深赔礼。大家正吃得高兴，听到门外杨柳树上的乌鸦叫个不停，泼皮们说这叫声不吉利，吵得人心烦，便欲搬梯子拆掉鸟巢。鲁智深上前把那棵树上下打量了一下说："不用了，待我把树拔掉。"说完，只见他脱掉外衣，用左手向下搂住树干，右手把住树的上半截，腰往上一挺，那棵树竟然被连根拔起。众泼皮个个惊得目瞪口呆，忙跪在地上拜鲁智深为师。

4. 嵩山

　　嵩山风景名胜区位于登封市，东依省会郑州，西临古都洛阳，北临黄河，南靠颍水，中华五岳之一，是我国首批国家级重点风景名胜区、国家森林公园、世界地质公园，是河南黄金旅游"三点一线"的中心组成部分。

　　嵩山以其独特的历史地位和优越的地理环境，自古就成为历代帝王将相祭祀封禅，文人学士游宴讲学，高僧名道讲经传道的重要场所。汉武帝在公元前110年游历嵩山时，划山下300户为"崇高邑"；公元682年，唐高宗为了便于常游嵩山，在嵩山的南麓建奉天宫，复设"嵩阳县"；公元696年，女皇武则天在嵩山举行了隆重的封禅大典，改"嵩阳县"为"登封县"，改"阳城县"为"告成县"，以示登"嵩山"封"中岳"大功告成之意。

小知识

嵩山少林寺

　　少林寺位于登封市嵩山五乳峰下，坐落于嵩山腹地少室山的茂密丛林之中，故名"少林寺"。北魏太和十九年（495年），孝文帝为了安置他所敬仰的印度高僧跋陀尊者，在与都城洛阳相望的嵩山少室山北麓敕建少林寺，包括常住院、塔林和初祖庵等。少林寺是世界著名的佛教寺院，是汉传佛教的禅宗祖庭，在中国佛教史上占有重要地位，被誉为"天下第一名刹"，因历代少林武僧潜心研创和不断发展的少林功夫而名扬天下，素有"天下功夫出少林，少林功夫甲天下"之说。少林寺是世界文化遗产、全国重点文物保护单位、国家5A级旅游景区。

课堂讨论

　　1. 河南因何得名？哪些城市历史上曾为国都？

　　2. 龙门石窟为何位居我国石窟之首？

第二节　湖北省

一、概述

湖北简称"鄂"，省会为武汉市，位于长江中游，气候湿润，属亚热带气候。因地处洞庭湖北，故称湖北。东邻安徽，南界江西、湖南，西连重庆，西北与陕西接壤，北与河南毗邻。全省地貌类型多样，山地、丘陵、岗地和平原兼备。地势高低相差悬殊，处于中国地势第二级阶梯向第三级阶梯过渡地带，地势大致为东、西、北三面环山，中间低平，略呈向南敞开的不完整盆地。西部有号称"华中屋脊"的神农架，中南部为江汉平原，与湖南省洞庭湖平原连成一片，地势平坦，略呈由西北向东南倾斜的趋势。湖北多湖泊，故有"千湖之省"之称。湖北省自古为巴蜀之间的交通要道，也是中原与岭南来往的必经之地。省会武汉市有"九省通衢"之称，至今仍是我国水陆交通的中心。

湖北省旅游资源丰富，以山水风光和三国遗迹见长，是荆楚文化发源地。公元前10世纪—公元前3世纪，楚国在吸收中原文化的基础上形成具有地域色彩的文化。该区有国家级重点风景名胜区武汉东湖、武当山、九宫山以及渝鄂之间的三峡等，武当山道教古建筑群被联合国教科文组织列为世界文化遗产。该区有长江天鹅洲、长江白鱀（鳍）豚自然保护区、神农架自然保护区等国家重点自然保护区，其中神农架自然保护区已被联合国教科文组织列入"世界人与生物圈保护区网络"。

小知识

九省通衢

九省通衢形容"四冲六达"的大路，并不特指某个城市或省份。河南、山东、湖北、安徽等省、以及蒙邑、滕州、武汉、淮安、定远、正定等城市都有"九省通衢"之称，九省多为泛指，也写作"九省通津""九省冲衢""九省之冲""九省之衢"等。

二、主要旅游景区

1. 东湖

东湖又称裹脚湖，长江右岸湖泊，位于武汉市城区东部。景区面积73平方千米，其中湖面面积33平方千米，是我国第二大的城中湖，是杭州西湖的六倍。东湖风景名胜区历史悠久，港汊交错，湖岸曲折。湖区周围有听涛、磨山、落雁等 6 个景区，景色各异，各有风情。西北岸为浏览中心，不仅有行吟阁、听涛轩、屈原纪宫、水云乡等历史文化古迹，也有梨园、竹园、莲池、鱼塘等自然景观。楼台亭阁众多，特别是湖中心的湖光阁、湖西北的九女墩、湖南的磨山、西南的珞珈山，互为映衬。湖中有景，景中有湖，水山相融，相映成趣。东湖被先后评为国家 5A 级旅游景区、首批国家重点风景名胜区。

2. 黄鹤楼

黄鹤楼位于武昌区蛇山，地处蛇山之巅，濒临万里长江，为武汉市地标建筑，与湖南岳阳楼、江西滕王阁并称为"江南三大名楼"，是"武汉十大景"之首、中国古代四大名楼之一。黄鹤楼始建于三国，后屡毁屡建，最后一次于清光绪十年（1884 年）毁于火灾。现楼建成于 1985 年，以清黄鹤楼为蓝本，主楼为四边套八边形体、钢筋混凝土框架仿木结构，通高 51.4 米，底层边宽 30 米，顶层边宽 18 米，飞檐五层，攒尖楼顶，顶覆金色琉璃瓦，由 72 根圆柱支撑，楼上有 60 个翘角向外伸展；楼外有铸铜黄鹤造型、胜像宝塔、牌坊、轩廊、亭阁等建筑环绕，整楼形如黄鹤，展翅欲飞。整个建筑设计大胆，布局别致，高低错落，上下交辉，四望如一，宏伟壮丽。

小故事

辛氏楼与黄鹤楼

晋朝有一个姓辛的人，在江夏以卖酒为业。有一天，来了一位衣着褴褛的道士，他神色从容地问辛氏："可以给我一杯酒喝吗？"辛氏不因对方衣着褴褛而有所怠慢，盛了一大杯酒奉上。如此过了半年，辛氏并不因为道士付不出酒钱而显露厌烦的神色，依然每天请他喝酒。有一天道士告诉辛氏说："我欠了你很多酒钱，没有办法还你。"于是从篮子里拿出橘子皮，画了一只鹤在墙上，因为橘皮是黄色的，所画鹤也呈黄色，座中人只要拍手歌唱，墙上的黄鹤便会随着歌声、合着节拍蹁跹起舞，酒店里的客人看到这种奇妙的事都付钱观赏。过了十年多，辛氏累积了很多财富。为了感谢这位道士，便用赚下的银两在黄鹄矶上修建了一座楼阁。起初人们称之为"辛氏楼"，后来便称为"黄鹤楼"。

3. 长江三峡

长江三峡位于我国腹地，是瞿塘峡、巫峡和西陵峡三段峡谷的总称。西起重庆市奉节县的白帝城，东迄湖北宜昌市的南津关，跨重庆奉节县、巫山县以及湖北巴东县、秭归县、宜昌市，长 193 千米。瞿塘峡、巫峡将在第 10 章西南旅游区重庆市章节介绍，本章重点介绍西陵峡和三峡大坝。

（1）西陵峡

西陵峡因宜昌市的西陵山而得名，西起湖北省秭归县西的香溪口，东至宜昌南津关，全长 66 千米，历史上以其航道曲折、怪石林立、滩多水急、行舟惊险而闻名，是长江三峡中最长的峡谷，自上而下，共分 4 段：香溪宽谷，西陵峡上段宽谷，庙南宽谷，西陵峡下段峡谷。景区内著名的兵书宝剑峡、牛肝马肺峡、黄牛峡、灯影峡并称为"西陵四峡"。此外还有三游洞等旅游胜地令人神往。北宋著名政治家、文学家欧阳修为此留下了"西陵山水天下佳"的千古名句。

（2）三峡大坝

三峡大坝坐落于宜昌市三斗坪，距下游葛洲坝水利枢纽工程 38 千米，是当今世界上最大的水利枢纽工程——三峡水电站的主体工程、三峡大坝旅游区的核心景观、三峡水库的东端。三峡大坝景区主要由泄洪观景区、185 观景区、平湖观景区三大景区组成。在坛子岭可以远眺大坝，俯瞰长江。泄洪观景区则是波澜壮阔、雷霆万钧，而在 185 米水位线观景区，大坝上游的高峡平湖与下游滔滔江水形成鲜明的反差。2020 年 8 月 20 日，三峡枢纽入库流量达 7.50 万立方米 / 秒，开启 11 个泄洪深孔泄洪，是三峡水库建库以来遭遇的最大洪峰。

4. 武当山

武当山是我国四大道教名山之一，是道教圣地，也是武当拳的发源地。它是大巴山东段分支，起于陕鄂交界，止于襄阳市南，西北—东南走向。武当山主峰天柱峰，海拔 1612 米，其中有 72 峰、36 岩、24 涧、11 洞、10 池、9 泉等。这里自然资源丰富，动植物种类繁多，有"天然药庄"之称。武当山最为著名的是其大规模道教建筑群。唐、宋、元、明时期都曾增修扩建，明代更形成九宫九观、36 庵堂、72 岩庙、29 桥、12 亭的庞大建筑群，人称"五里一庵十里宫，丹墙翠瓦望玲珑"。现有建筑基本保持明代体系，主要建筑有金殿、紫霄宫、玄岳门、太和宫、五龙宫、复真观、南岩宫等。金殿建于天柱峰顶，俗称"金顶"，仿木结构，全为铜铸鎏金，数十里外熠熠可见，高 5.5 米，宽 5.8 米，进深 4.2 米，重檐叠脊，内供真武大帝；紫霄宫是八大宫观中规模最宏大、保存最完整的道教宫观。武当山古建筑群入选《世界遗产名录》，被列为国家重点文物保护单位。

5. 神农架自然保护区

神农架自然保护区位于三峡以北的长江、汉水之间，湖北省西部，相传远古神农氏曾在这里尝百草，搭架采药，因而得名。保护区属大巴山系，地势西南高东北低。保护区内林海茫茫，河谷深切，沟壑纵横，山势雄伟，山峰多在海拔 1500 米以上，海拔 3000 米以的山峰有 6 座。最高峰神农顶海拔 3105.4 米，是华中地区最高点，被称为"华中屋脊"。保护区地貌类型复杂，主要有山地地貌、流水地貌、喀斯特（岩溶）地貌和第四纪冰蚀地貌。此区是我国原始森林之一，区内自然风光秀丽，山谷形态奇特，珍稀动植物众多，有"自然宝库"之美誉。

课堂讨论

1. 湖北省地形有何特点？属于什么气候？
2. 神农架因何得名？为何被称为"华中屋脊"？

第三节　湖南省

一、概述

　　湖南省位于我国中南部，长江中游，属亚热带季风气候，四季分明，因在洞庭湖之南而得名，又因湘江为境内最大河流，故简称"湘"。古代湘江流域遍植芙蓉，故湖南省又被称为"芙蓉国"。湖南东临江西，西接重庆、贵州，南毗广东、广西，北与湖北相连，东西直线距离最宽 667 千米，南北直线距离最长 774 千米，总面积 21.18 万平方千米。

　　湖南地处云贵高原向江南丘陵、南岭山脉向江汉平原过渡的地带，地势呈三面环山、朝北开口的马蹄形地貌，西北有武陵山脉，西南有雪峰山脉，南部为五岭山脉（南岭山脉），东面为湘赣交界诸山，湘中地区大多为丘陵、盆地和河谷冲积平原，除衡山高达千米以外，其他山脉海拔均在 500 米以下，湘北为洞庭湖与湘、资、沅、澧四水尾闾的河湖冲积平原，地势很低，一般海拔为 50 米以下，因此，湖南的水系呈扇形汇入洞庭湖。

　　湖南旅游资源丰富，长沙、岳阳等地为国家历史文化名城，武陵源风景名胜区是世界自然遗产，还有衡山、岳阳楼、洞庭湖、韶山等为国家重点风景名胜区。此外，湖南省还是革命传统教育基地，具有多处革命历史遗迹。本区的旅游资源正是以众多的革命胜迹和优美的自然风光见长。

二、主要旅游景区

1. 岳阳楼—洞庭湖

　　岳阳楼—洞庭湖风景区位于湖南省东北部，岳阳市西部，核心部分由岳阳楼、君山及其附近景点组成，自古有"洞庭天下水，岳阳天下楼"之美誉。洞庭湖古称云梦泽，为我国第二大淡水湖，面积 2820 平方千米，号称"八百里洞庭"。洞庭湖不仅以湖光著称，更以山色取胜，湖中有君山，上有二妃墓、柳毅井等古迹。岳阳楼紧靠洞庭湖畔，下瞰洞庭，前望君山，是"江南三大名楼"之一，是"中国十大历史文化名楼"之一，世称"天下第一楼"。始建于东汉建安二十年（215 年），历代多次重修，现存建筑沿袭清光绪六年（1880 年）重建时的形制与格局。

小故事

范仲淹与岳阳楼

自鲁肃的阅军楼被毁之后，一直未有人予以重建，直至唐代中书令张说被谪戍岳州的次年——唐开元四年（716年），才由张说在鲁肃的阅军楼旧址上重建楼阁，并由张说根据该楼的地理位置正式定名为岳阳楼。庆历四年（1044年），滕子京受权臣排挤，被贬岳州后，重修了岳阳楼，他请当时的大文学家范仲淹写下了一篇脍炙人口的《岳阳楼记》，其中的"先天下之忧而忧，后天下之乐而乐"广为传诵，岳阳楼也因此声名远播。后人还据此衍化出一幅千古名联："四面湖山归眼底，万家忧乐到心头"，成为岳阳楼的一段历史佳话。

2. 岳麓山

岳麓山或称"麓山景区"，位于长沙市岳麓区，是南岳72峰的尾峰，海拔300.8米。麓山景区是岳麓山风景名胜区核心景区之一，面积5.28平方千米，位于湘江西岸，属城市山岳型风景名胜区。山下有被列为中国古代四大书院之首的岳麓书院，山腰有被誉为"汉魏最初名胜，湖湘第一道场"的古麓山寺，山顶有云麓道宫，因此岳麓山还是儒、佛、道教相互交融的地区。

3. 爱晚亭

爱晚亭，位于长沙市湘江西岸、岳麓山清风峡中，始建于清乾隆五十七年（1792年），为清代岳麓书院山长罗典创建，原名红叶亭，后由湖广总督毕沅，据"停车坐爱枫林晚，霜叶红于二月花"的诗句，更名爱晚亭。1952年，爱晚亭重建，时任湖南大学校长李达专函请毛泽东题写了"爱晚亭"三字，并制成红底鎏金匾额。

爱晚亭占地面积50平方米，边长6.23米，台基高0.4米，通高12米，坐西向东，三面环山，整体上保留了较多清代亭台楼阁建筑的风格。内金柱圆木丹漆，外檐柱四根，由整条方形花岗石加工而成。亭顶重檐四披，攒尖宝顶，四翼角边远伸高翘，覆以绿色琉璃筒瓦，古朴典雅。

4. 崀山

崀山国家地质公园位于湖南省新宁县，以丹霞地貌为特色，有八角寨、天一巷、辣椒峰、天生桥、紫霞峒、扶夷江六大景区，丹霞石峰石寨约300余座，形成大面积丹霞峰林地貌景观。崀山是中国丹霞系列遗产的地标，见证了中国丹霞发育到壮年早期，是中国丹霞地貌。2001年10月，崀山被国土资源部批准为国家地质公园。2010年8月2日，包括湖南崀山国家地质公园在内的6个丹霞地貌风景区被正式列入《世界遗产名录》。2011年8月22日，崀山国家地质公园获得"中国最具潜力的十大地质公园"称号。

5. 衡山

衡山又名南岳、寿岳、南山，为我国"五岳"之一，位于湖南省中部偏东南部，绵亘于衡阳、湘潭两盆地间，主体部分位于衡阳市南岳区、衡山县和衡阳县东部。山势雄伟，大小山峰72座，主峰祝融峰1290米。南岳衡山植被丰富，古木参天，奇药异草众多，四时郁香，享有"五岳独秀"之称。

衡山是中国著名的道教、佛教圣地，环山有寺、庙、庵、观200多处，道教"三十六洞天，七十二福地"。衡山也是上古时期君王唐尧、虞舜巡疆狩猎祭祀社稷，夏禹杀马祭天的求治洪方法之地。衡山山神是民间崇拜的火神祝融，他被黄帝委任镇守衡山，教民用火，化育万物，死后葬于衡山赤帝峰，被当地尊称为南岳圣帝。山上文物古迹、历代碑石甚多，使衡山兼具自然、人文之美。

小知识

五岳最高峰高度

名称	最高峰高度	地理位置
东岳泰山	1532.7 米	山东泰安市
西岳华山	2154.9 米	陕西华阴市
南岳衡山	1300.2 米	湖南衡阳市
北岳恒山	2016.1 米	山西浑源县
中岳嵩山	1491.7 米	河南登封市

6. 武陵源

武陵源风景名胜区位于湖南省西北部，由张家界市的张家界国家森林公园、慈利县的索溪峪自然保护区和桑植县的天子山自然保护区组合而成，后又发现了杨家界新景区。武陵源被称为自然的迷宫、地质的博物馆、森林的王国、植物的百花园、野生动物的乐园。区内以红砂岩、石英砂岩为主，形成罕见的石英砂岩峰林峡谷地貌，被誉为"扩大了的盆景，缩小了的仙山"。自然界的鬼斧神工造就了数以千计的奇峰怪石，峰上奇松挺拔，灌木丛生，湖、潭、瀑布比比皆是，野生动植物丰富，山清水秀，被游人称为"天然氧吧"。1992 年被列入《世界自然遗产名录》，2004 年被列为国家首批世界地质公园、2007 年被授予首批国家 5A 级旅游景区。

延伸阅读

南天一柱

在张家界国家森林公园的核心景区袁家界，黄狮寨游览线一带，过南天门 120 米，东南幽谷峰林中有一垂直高度 150 多米的孤峰，宛如擎天玉柱。顶部植被郁郁葱葱、灌木点缀，中部岩身赤裸，下部树木遮掩，峰体浑圆、伟岸，峰体造型奇特，垂直节理切割明显，仿若刀劈斧削般巍巍屹立于张家界，有顶天立地之势，故名"乾坤柱"。因立南天门下，又名"南天一柱"，是电影《阿凡达》中的悬浮山原形。

7. 凤凰古城

　　凤凰古城位于湘西土家族苗族自治州的西南部，地处武陵山脉南部，云贵高原东侧，距州府吉首市52千米。凤凰古城始建于明代嘉靖三十五年（1556年），至今已有400多年历史，是湖南十大文化遗产之一，可与云南丽江古城、山西平遥古城媲美，享有"北平遥、南凤凰"之名。

　　古城以回龙阁古街为中轴，连接无数古色古香的石板小巷，沟通全城。城内明清时代特色民居120多栋，各种庙祠馆阁30多座，是我国西南文物建筑最多的县。主要景点有：江边木结构吊脚楼，以及朝阳宫、天王庙、大成殿、万寿宫、古城博物馆、沈从文故居、熊希龄故居等。

课堂讨论

　　1. 湖南省分为几个地貌区？是如何演变形成的？

　　2. 我国第一个国家森林公园在哪里，因何得名？

本章小结

　　本章介绍了华中旅游区的地貌特征、气候情况以及主要的旅游风景名胜。河南省有"中州""中原"之称，为中华民族文化的发祥地之一，少林寺驰名中外。湖北省以山水风光和三国遗迹见长，是荆楚文化发源地，有神农架自然保护区、武当山等著名景区。湖南省历史悠久，古为苗人、越人和楚人生活的地区，楚文化特色鲜明，三国遗迹众多，也有许多近现代革命纪念地和伟人足迹。通过本章学习，学生应掌握华中旅游区的自然地理和人文地理，了解本区主要风景和历史名胜。

本章测试

一、单项选择题

　　1. 华中旅游区的主要气候类型是（　　　　）。

　　A. 高原季风气候　　　　　　　　　　B. 亚热带季风气候

　　C. 温带大陆性气候　　　　　　　　　　D. 高原山地气候

　　2. 黄鹤楼始建于（　　　　）。

　　A. 南宋　　　　　　B. 唐朝　　　　　　C. 三国　　　　　　D. 元朝

　　3. 享有"五岳独秀"之称的是哪座山？（　　　　）

　　A. 嵩山　　　　　　B. 衡山　　　　　　C. 泰山　　　　　　D. 恒山

4.三国时期著名的政治家、军事家诸葛亮曾隐居于（　　　），刘备曾三顾茅庐于此。

    A.荆州　　　　　　　B.武汉　　　　　　　C.襄阳　　　　　　　D.荆门

5.白马寺是佛教传入我国内地兴建的第一座寺院，（　　　）派遣大臣蔡愔、秦景出使天竺（今印度）寻佛取经。

    A.汉献帝　　　　　　B.汉文帝　　　　　　C.汉武帝　　　　　　D.汉明帝

6."潇湘八景中"的"渔村夕照""远浦归帆"是对以下（　　　）景色的写照。

    A.洞庭湖　　　　　　B.鄱阳湖　　　　　　C.太湖　　　　　　　D.西湖

7.五岳中文人学士游宴讲学，高僧名道讲经传道的重要场所是（　　　）。

    A.泰山　　　　　　　B.衡山　　　　　　　C.嵩山　　　　　　　D.华山

8.沈从文笔下的"边城"描述的是（　　　）。

    A.芙蓉古镇　　　　　B.凤凰古城　　　　　C.大理古城　　　　　D.丽江古城

9.下列不属于河南地貌特征的是（　　　）。

    A.平原　　　　　　　B.高原　　　　　　　C.盆地　　　　　　　D.丘陵

10.河南著名的人文景观中，中岳庙、白马寺、武侯祠、太昊陵的地理位置分别是（　　　）。

    A.开封、洛阳、郑州、安阳　　　　　　　　B.安阳、郑州、南阳、商丘

    C.登封、洛阳、南阳、周口　　　　　　　　D.登封、洛阳、信阳、周口

二、多项选择题

1.长江三峡包括（　　　）。

    A.瞿塘峡　　　　　　B.巫峡　　　　　　　C.虎跳峡　　　　　　D.西陵峡

2.以下选项属于四大道教名山的是（　　　）。

    A.武当山　　　　　　B.峨眉山　　　　　　C.青城山　　　　　　D.五台山

3.武陵源风景名胜区位于湖南省西北部，自然风光秀美，由下面哪几个部分组成？（　　　）

    A.天子山　　　　　　B.索溪峪　　　　　　C.橘子洲　　　　　　D.张家界

4.长江中下游平原地域广阔，关于其旅游环境特征说法正确的是（　　　）。

    A.长江中下游平原地势低平，以平原、丘陵为主

    B.长江下游平原包括江汉平原、洞庭湖平原和鄱阳湖平原

    C.长江中下游平原多湖泊、河流，素有"鱼米之乡"的美称

    D.长江中下游地区自然条件优越，粮食作物以水稻为主，其次为小麦

5.中国古代佛教石窟艺术的三大宝库包括（　　　）。

    A.敦煌莫高窟　　　B.龙门石窟　　　　　C.麦积山石窟　　　　D.云冈石窟

6. 我国古代建筑中常用的木构架结构方式主要有（　　　　）。

A. 立柱式　　　　　B. 抬梁式　　　　　C. 斗拱式　　　　　D. 穿斗式

7. 湖北省政府重点开发的"一江两山"中的"两山"指（　　　　）。

A. 九宫山　　　　　B. 神农架　　　　　C. 大别山　　　　　D. 武当山

8. 楚文化在民族精神层面的特征是（　　　　）。

A. 积极进取　　　　B. 开放融合　　　　C. 革故鼎新　　　　D. 开放融合

9. 下列拳派中，发源于河南的有（　　　　）。

A. 陈氏太极拳　　　B. 形意拳　　　　　C. 少林拳　　　　　D. 咏春拳

10. 以下选项属于八大古都的是（　　　　）。

A. 洛阳　　　　　　B. 西安　　　　　　C. 杭州　　　　　　D. 开封

第八章

华南旅游区

本章概述 →

　　华南旅游区位于我国最南部，包括南岭以南，武夷山以东的福建省、广东省、广西壮族自治区和海南省。自然地理环境独特，有典型的丹霞地貌和岩溶地貌；河湖众多，海滨资源极为丰富。海南是著名的国际旅游岛，气候湿润，覆盖着热带雨林、南亚热带季风常绿阔叶林等植被，呈现南亚热带自然景观。本区以岭南文化为主要人文特征，且有壮、瑶、黎、苗、高山族等众多少数民族，构成南国民族风情。长夏无冬，春秋相连，冬季温暖，旅游季节长，是全国的避寒疗养和旅游中心。

教学目标 →

1. 分析华南地区旅游资源的特点及成因。
2. 了解广东、广西、福建、海南的著名景点。
3. 对比广西桂林山水与广东丹霞地貌。
4. 分析开发海南旅游岛的条件和重要意义。

思维导图

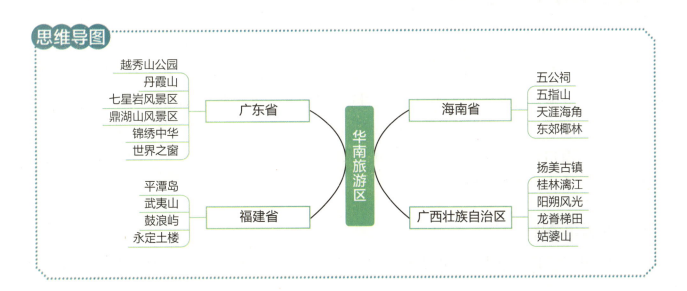

越秀山公园
丹霞山
七星岩风景区
鼎湖山风景区
锦绣中华
世界之窗
—— 广东省

平潭岛
武夷山
鼓浪屿
永定土楼
—— 福建省

华南旅游区

五公祠
五指山
天涯海角
东郊椰林
—— 海南省

扬美古镇
桂林漓江
阳朔风光
龙脊梯田
姑婆山
—— 广西壮族自治区

一、概述

广东省，简称粤，省会广州，位于中国陆地最南部，南临南海，海岸线总长 3368 千米，岛屿众多。地势北高南低，境内山地、平原、丘陵交错。河流大多自北向南流，主要有珠江、韩江、鉴江等。最长的珠江由西江、北江、东江汇流而成，长 2122 千米，是中国第三大河流。南海沿岸的珠江三角洲、韩江三角洲土地肥沃，是著名的"鱼米之乡"。

广东因古时是百越民族的聚居地而简称"粤"（古语粤与越相通），又因位于南岭以南而称作岭南。广东是岭南文化的重要传承地，在语言、风俗、生活习惯和历史文化等方面都有着独特风格。广东省还是中国的南大门，处在南海航运枢纽位置上，自秦汉时期就已成为海上丝绸之路的起点。清朝时，广州成为全国唯一的对外通商口岸。

全省地处亚热带，大部分地区属亚热带季风气候，夏长冬暖，雨量充沛。年平均气温自粤北的 19℃左右到南端雷州半岛增至 23℃及以上，年平均日照时数自北而南为 1750~2200 小时。全年草木葱绿，生机盎然。广东地理位置优越，交通发达，旅游资源丰富，自古以来就是全国旅游业较为发达的省份之一。现有国家级历史文化名城 6 座，国家级风景名胜区 7 处，中国优秀旅游城市 17 座。广东旅游亚区一般包括粤中和粤东两个游览区。

二、主要旅游景区

（一）广州市

广州又名穗，别称羊城，是广东省省会。广州四季常青，风光旖旎，有丰富的旅游资源，素有"花城"的美誉。广州市内主要景点有越秀山、荔湾湖、流花湖、东山湖等公园和光孝寺、六榕寺、海幢寺、华林寺、怀圣寺、三元里、中山纪念堂、黄埔军校旧址等名胜古迹，东北郊有白云山、罗峰山、南湖等山水风光和植物园、动物园等。广州牙雕是中外驰名的工艺品，在中国牙雕工艺品中独树一帜。

越秀山公园

越秀山位于广州市中心，占地 84 万平方米，是一个设施完善、自然景观和人文景观丰富的综合性文化休憩公园，包括 3 个人工湖、7 个山冈，为五岭余脉最末的丘陵。越秀公园以山水秀丽、文物古迹众多、风景优美而著称。主要名胜古迹有海员亭、光复纪念亭、南明绍五君臣冢、南明王兴将军暨妻妾合葬墓、镇海楼、明代城墙遗址、四方炮台、石牌坊、孙中山纪念碑、孙中山读书治事处纪念碑（越秀楼遗址）、五羊石像等。镇海楼始建于明洪武十三年（1380 年），矗立在越秀山的明代城墙上，楼高五层，高 28 米，俗称"五层楼"，为广州著名的古建筑，亦是"羊城八景"之一。1929 年在此创立广州博物馆，登楼远眺，珠江风光尽收眼底。镇海楼内展出的《广州历史陈列》，史料翔实，反映了广州城建发展状况和广州作为海上丝绸之路始发港的发展历程。

小故事

五羊城

坐落在越秀公园内的五羊石像，有一美丽传说：五位仙人身着五色衣服，骑五色羊，从南海飘来，降临广州。五只羊嘴里各衔一茎六穗的稻谷。仙人将稻穗送给当地居民，并祝福永无饥荒，言毕腾空而去，羊化为石。当地人民为纪念五位仙人，修建了一座五仙观，传说五仙观即为"楚亭"。由此，广州成了岭南最富庶的地方，也因此有了"羊城""五羊城""穗城"之称。五羊石像为广州市市徽，"五羊"也成为广州的象征。

（二）韶关市

韶关，古称韶州，因韶石山得名，1943—1945 年，设省辖韶关市，为广东省临时省会。1949 年 11 月，在曲江城区设韶关市。1975 年，韶关市升格为地级市，韶关是客家文化的聚集地、马坝人的故乡、石峡文化的发祥地、禅宗文化的祖庭、一代名相张九龄的故乡、岭南第一奇山——丹霞山的所在地，南雄珠玑古巷是广府文化的发祥地和广府故里，是广东少数民族的主要聚居区。因此被誉为"岭南名郡"。韶关是中国优秀旅游城市和广东省历史文化名城，是广东省规划建设的区域性中心城市和韶关都市区的核心城市，是全国交通枢纽城市之一。

丹霞山

丹霞山是世界地貌学专用名词"丹霞地貌"命名地。中国红石公园——丹霞山坐落于湘、赣、粤三省交界处的韶关市仁化县。丹霞山风景名胜区包括丹霞山景区、大石山景区、韶石山景区和锦江景区，面积 290 平方千米，被誉为"中国红石公园"，是广东省面积最大、景色最美的风景区。丹霞山的自然风光集雄、险、秀、幽于一身，为岭南第一奇山，居广东四大名山之首。1988 年以来，丹霞山被评为国家级风景名胜区、国家级地质地貌自然保护区、国家 4A 级旅游景区、国家地质公园、世界地质公园。

丹霞山是红砂岩峰林地带，由 680 多座顶平、身陡、麓缓的红色沙砾岩石构成，"色如渥丹，灿若明霞"，以赤壁丹崖为特色。山间高峡幽谷，古木葱郁，淡雅清静，风尘不染。

锦江秀水纵贯南北，沿途丹山碧水，竹树婆娑，满江风物，一脉柔情。丹霞山现有佛教别传寺以及80多处石窟寺遗址，历代文人墨客在这里留下了许多传奇故事、诗词和摩崖石刻，具有极大的历史文化价值。

小知识

丹霞地貌

丹霞地貌即以陆相为主（可能包含非陆相夹层）的红层（不限制红层年代）发育的具有陡崖坡的地貌，也可表述为"以陡崖坡为特征的红层地貌"。丹霞地貌在热带、亚热带湿润区，温带湿润—半湿润、半干旱—干旱区和青藏高原高寒区均有分布；最低海拔可以形成于东部的海岸带，最高海拔可以出现在4000米以上的青藏高原上，但相对集中分布在东南、西南和西北三个地区。四川的蜀南竹海和七洞沟属于幼年期丹霞，贵州赤水丹霞属于青年期丹霞，广东丹霞山属于壮年期丹霞，江西龙虎山则属于老年期丹霞。

特别提示

中国最美七大丹霞

2005年"中国最美的地方"评选中所选出的广东丹霞山、福建武夷山、福建大金湖丹霞地貌、江西龙虎山、湖南资江—八角寨—良山丹霞地貌、甘肃张掖丹霞地貌、贵州赤水丹霞地貌等"中国最美的七大丹霞"，都属于宝贵的地质遗迹。上述旅游资源不仅具有一般的观光游览价值，更具有避暑疗养、登山探险、滑雪娱乐、宗教朝圣和科考研修等多种功能。

小故事

舜帝南巡韶石山

丹霞山风景区东南缘的韶石山景区，总面积约60平方千米。美丽的神话和古老的传说为这块土地抹上了神奇的色彩。相传距今4000多年前，舜帝南巡经过此地，登山而奏韶乐，美妙动听的乐曲，令周围的山石亦为之动容，变成形状奇异的"三十六石"，韶石山因此得名。隋开皇九年（589年），又取韶石之名改东衡州为韶州（今韶关市前称）。韶石山从此声名大振，唐宋时期成为著名的风景胜地，历代南下文人政客多会来此游览一番，凭吊抒怀。韩愈、苏东坡、杨万里等都曾在此挥毫题诗。

（三）肇庆市

肇庆市位于广东中西部，西江中游北岸，是一座国家级历史文化名城、首批中国优秀旅游城市，也是地跨珠江三角洲与粤西山区的新兴工业城市。肇庆市地处北回归线南侧，属南亚热带季风性湿润气候，雨水充沛，阳光充足，气候温和，年平均气温为22.10℃。肇庆拥有"一江浩荡，两湖映碧，三峡争险，四塔擎天，五楼斗丽"的众多文物古迹和独特的自然景观。其以鼎湖山、星湖、七星岩、羚羊峡等秀丽风景吸引着广大旅游者。肇庆星湖风景区包括七星岩和鼎湖山两部分，为石灰岩峰林型山水风景。

1. 七星岩风景区

七星岩风景区位于肇庆市，背靠北岭山脉，七座奇峰列峙如北斗七星，故得名。七星岩风景区由阆风、玉屏、石室、天柱、蟾蜍、仙掌、阿坡7座石灰岩山峰以及仙女湖、青莲湖、中心湖、波海湖、里湖5个大湖组成。七星岩湖面壮阔，湖堤长达20多千米，其间7座岩峰布列。整个景区山环水绕，亭楼阁榭，波光岩影，浑然一体，自然风光绝佳，享有"岭南第一奇观""人间仙境""天然山水盘景"之美誉。七星岩以集"桂林之山，杭州之水"而闻名海内外，千百年来不知倾倒了多少名人墨客，留下了不计其数的诗文。例如，叶剑英的"借得西湖水一圜，更移阳朔七堆山。堤边添上丝丝柳，画幅长留天地间"，高度概括了七星岩风景的诗情画意。

小故事

禾花仙女下凡

七座岩有许多美丽的传说，禾花仙女下凡便是其中之一。据说天上七位仙女因留恋肇庆美景而下凡，后来化作七座星岩，人们管仙女们织布的平台叫璇玑台，把玉皇大帝宴请百神的崧台称为帝殇百神之所。在宴会上，吕洞宾、铁拐李、汉钟离因醉倒石林未能与玉帝一同返天，便在人间造化，有了仙人脚印的故事。七仙女中的禾花仙女也未与玉帝一同返天，她化作农家女，坐在辟支岩下，并与凡人大海结下姻缘。后来禾花仙女为了寻找水源而逝世。为了纪念禾花仙女，人们就在禾枪石下盖起一座寺庙，并把辟支岩叫作禾婆岩。

2. 鼎湖山风景区

鼎湖山风景区位列国务院批准的第一批国家重点风景名胜区，位于肇庆市区东北郊18千米。鼎湖山林壑幽深，泉溪淙淙，飞瀑直泻，自然风光十分迷人，整个景区由鼎湖、三宝、凤来、鸡笼、伏虎、青狮、石子岭等10多座山峰组成，主峰鸡笼山海拔1000.3米，是珠江三角洲地区的最高峰。鼎湖山以其是集风景旅游、科学研究、宗教朝拜于一体的胜地而被称为岭南四大名山之首。早在清康熙年间，鼎湖山风景区就分东西两片，有"十景"的名目。中华人民共和国成立后，经逐步开发、修葺，形成现在的二十景。1956年鼎湖山被划入我国第一批自然保护区；1979年，经国务院和联合国教科文组织批准，鼎湖山正式加入世界自然保护区网，成为联合国"人和生物圈"生态定位研究站。从此，鼎湖山便有了"北回归线上的绿宝石""活的自然博物馆""绿色宝库"等美誉。

小知识

鼎湖山二十景

鼎湖山风景秀丽，号称二十景。东区为天溪——天湖景区，包括小歇群峰、碑亭凝谊、曲径云封、庆云环翠、龙潭飞瀑、幽谷奔雷、双虹飞堑、艺苑飘香、远眺砚洲、天湖探险十景；西区为云溪——老鼎景区，包括鹤亭小憩、伏虎听泉、葫芦妙迹、白鹅戏水、圣水浴佛、水帘洞天、三昧幽胜、古潭潜龙、跃龙古庵、白云怀古十景。

（四）深圳市

深圳，广东省辖地级市，简称"深"，别称鹏城，地处我国华南地区、广东南部、珠江口东岸，东临大亚湾和大鹏湾，西濒珠江口和伶仃洋，南隔深圳河与香港相连，是国家计划单列市，国务院批复确定的中国经济特区、全国性经济中心城市和国际化城市，粤港澳大湾区四大中心城市之一。深圳水陆空铁口岸俱全，是我国拥有口岸数量最多、出入境人员最多、车流量最大的口岸城市。深圳主要旅游景点有世界之窗、欢乐谷、深圳红树林、东部华侨城、莲花山、笔架山、梧桐山、羊台山、凤凰山、大小梅沙、仙湖植物园、东门老街、大鹏湾、中英街、欢乐海岸、大鹏所城等。2004年6月28日，"深圳八景"评选活动结果揭晓，大鹏所城、莲山春早、侨城锦绣、深南溢彩、梧桐烟云、梅沙踏浪、一街两制和羊台叠翠共同组成新的"深圳八景"。

1. 锦绣中华

锦绣中华是深圳华侨城的一个旅游区，坐落在风光绮丽的深圳湾畔，它是目前世界上面积最大、内容最丰富的实景微缩景区，分为景点区和综合服务区两部分。景点区中，近百处景点大致按照中国区域版图分布，是中国自然风光与人文历史精粹的缩影。园内景点可以分为三大类：古建筑类、山水名胜类、民居民俗类。这里有名列世界八大奇迹的万里长城、秦陵兵马俑，有众多世界之最，包括最古老的石拱桥、天文台、木塔（赵州桥、古观星台、应县木塔），最大的宫殿（故宫），亚洲最大的瀑布（黄果树瀑布），有肃穆庄严的黄帝陵、成吉思汗陵、明十三陵、中山陵，金碧辉煌的孔庙、天坛，雄伟壮观的泰山，险峻挺拔的长江三峡，如诗似画的漓江山水，有杭州西湖、苏州园林等江南胜景，千姿百态、各具特色的名塔、名寺、名楼、名石窟以及具有民族风情的地方民居。此外，皇帝祭天、孔庙祭典的场面与民间的婚丧嫁娶风俗尽呈眼前。总之，旅游者可以在一天之内领略中华5000年历史风云，畅游大江南北锦绣河山。

2. 世界之窗

深圳世界之窗，地处深圳西郊，位于深圳湾畔，占地48万平方米，于1994年建成。毗邻"锦绣中华"和"中国民俗文化村"，是香港中旅集团和华侨城集团共同投资建设的大型文化旅游景区。景区按照世界地域结构和游览活动内容分为世界广场、亚洲区、太平洋区、欧洲区、非洲区、美洲区、现代科技娱乐区、世界雕塑园、国际街九大景区，共同构成千姿百态、美妙绝伦、让人惊叹的人造主题公园。园内建有118个景点，其中包括世界著名的景观埃及金字塔、卡尔纳克神庙、柬埔寨吴哥窟、美国大峡谷、巴黎凯旋门、梵蒂冈圣彼得大教堂、印度泰姬陵、澳大利亚悉尼歌剧院、意大利比萨斜塔、日本桂离官等，再现原汁原味的异国风情。这些景点分别以1∶1、1∶5、1∶15等不同比例仿建，即使缩小为1/3比例的法国埃菲尔铁塔，仍高达108米，游人可乘观光电梯到塔顶，饱览深圳和香港风光。深圳世界之窗以其深厚的文化内涵、独特的景区环境和丰富的活动内容、辉煌的舞台表演以及配套齐全的优质服务蜚声中外，成为深圳市重要接待和重要活动举办的首选场所，成为游客来深圳必游的旅游景区。

课堂讨论

　　1. 广东有哪四大名山？分别有什么特色？
　　2. 深圳"五湖四海一中心"指的是什么？

第二节　福建省

一、概述

　　福建省，简称"闽"，省会福州，地处中国东南沿海，因境内有福州、建州两府，各取其首字而得名。福建毗邻浙江、江西、广东与台湾隔海相望，是中国大陆距离东南亚、西亚、东非和大洋洲海上距离最近的省份之一，也是中国与世界交往的重要窗口和基地。

　　福建境内温暖湿润，年平均温度 17~21℃，平均降雨量 1400~2000 毫米。全省土地面积 12.4 万平方千米，其中山地丘陵占 80% 以上。地形以山地丘陵为主，由西、中两列大山带构成福建地形的骨架，山带均呈东北—西南走向，与海岸平行，其中山地丘陵占 80% 以上，有"八山一水一分田"之说。福建森林资源丰富，是我国南方的重点林区之一，森林覆盖率 66.8%，居全国第一，有"绿色宝库"之称。

　　福建在历史上是"海上丝绸之路""郑和下西洋"等重要文化发源地和商贸集散地，福州、厦门曾被辟为全国五口通商口岸。泉州曾是古代世界第一大港口，泉州还是海上丝绸之路的起点。闽江口的马尾港是中国近代造船工业的先驱和培养科技人才的摇篮。福建山明水秀，人文荟萃。全省有国家历史文化名城 4 个，中国优秀旅游城市 6 个，国家旅游度假区 2 个，国家重点风景名胜区 9 个，国家级自然保护区 6 个，国家森林公园 9 个，全国重点文物保护单位 45 个，武夷山被联合国教科文组织列为世界自然与文化遗产。

二、主要旅游景区

（一）福州市

　　福州简称"榕"，是福建省省会，全省政治、经济、文化和交通中心。福州是中国优秀旅游城市，风景名胜无数，夏无酷暑，冬无严寒，街头花木锦簇，自然风光绮丽。福州依山面海，群山环抱，城内三山鼎峙，两塔（白塔、乌塔）耸立，构成"城在山之中，山在城之内"的特殊景观。主要景点有鼓山涌泉寺、西禅寺、林则徐墓和故居、西湘公园等。福州东南的海坛岛以"海滨沙滩冠全国，海蚀地貌甲天下"著称。

特别提示

"温泉城"福州

福州不仅绿树成荫，榕树遍地，且地下水资源十分丰富，开发利用率较高。福州市内有一条南北长 5 千米、东西宽 1 千米的温泉带，约占市区面积的 1/7；泉水出露点很多，日开采量可达 2 万吨，早在唐代已开始利用。"五代留古迹，三山负盛名"即指福州鼓山温泉。因此，福州温泉向以水质佳、温度高而著称海内，成为福州市一大名胜，福州市也因此被称为"温泉城"。

平潭岛

平潭岛亦称海坛岛，位于福建东部，台湾海峡的西边，福建省福州市平潭县，是大陆距离台湾岛最近的地方，与台湾新竹港相距仅 68 海里，过去连小船都能晚发晨至、朝发夕至，如今海轮几小时就能到达。平潭岛是福建省第一大岛、全国第五大岛，海岸蜿蜒曲折，海岸线达 408 千米，其中 100 多千米为优质海沙滩，沙质细白，海水湛蓝。岛的东西多处悬崖峭壁，峻险雄奇，巨浪拍打，蔚为壮观。其海蚀地貌塑造出千姿百态的异形山石，海蚀崖、海蚀洞、海蚀阶地貌星罗棋布，令人叹为观止。海上屹立的"半洋石帆"如同扬帆出海的渔船，被认定为中国所仅有，海坛天神造型形态非常逼真，是世界上最大的天然花岗岩风化造型。平潭岛于 1994 年被国务院确定为国家重点风景名胜区。

（二）武夷山市

武夷山市历史悠久，前身为崇安县，建制于北宋淳化五年（994 年）。1985 年 3 月 1 日，崇安县经国务院批准列为中国首批对外开放县市。1989 年 8 月，经国务院批准撤县建市。2018 年 12 月，荣获第二批国家生态文明建设示范市县称号。2019 年 3 月，位列第一批革命文物保护利用片区分县名单。2019 年 9 月，入选首批国家全域旅游示范区。武夷山市有"奇秀甲于东南"的武夷山风景区，为八闽第一胜迹，列入首批国家重点风景名胜区。

武夷山

武夷山位于福建省北部，是中国著名的旅游胜地。景区分为武夷宫、九曲溪、桃源洞、云窝天游、一线天—虎啸岩、天心岩、水帘洞七大景区，自然风景奇秀幽深。"三三秀水清如玉，六六奇峰翠插天"，构成了奇幻百出的武夷山水之胜。"三三"指九曲溪，"六六"指三十六座山峰。武夷山也是一座历史悠久、人文旅游资源丰富的文化名山，拥有千古之谜架壑船、朱子理学的摇篮紫阳书院和大量的寺庙宫观。古人称："东周孔丘，南宋朱熹，北有泰岳，南有武夷。"南宋理学家朱熹在此居住 40 多年，设帐授徒，著书立说，使这里成为我国东南文化的中心，被誉为"道南理窟"。1999 年 12 月，武夷山被联合国教科文组织批准列入《世界遗产名录》，成为我国 4 处世界自然与文化双重遗产地之一，是首批国家重点风景名胜区、首批国家重点自然保护区、首批国家旅游度假区和国家重点文物保护单位。

小故事

武夷山的铁板嶂

据说，很早以前，武夷山是个洪水泛滥、野兽出没的地方。百姓辗转沟壑，无以为生。后来，从远方来了位叫大王的勇敢青年，他带领大伙劈山凿石，疏通河道，终于制服了水患。被疏通的河道就是今天的九曲溪，挖出来的沙石便堆成了三十六峰、九十九岩。从此，人们过上了好日子。

一天，玉女驾云出游，被武夷山美景所迷，并下凡与大王相亲相爱。不幸此事被铁板鬼知道后密告玉皇，玉皇大怒，下令捉拿玉女归天，玉女不从，定要与大王结为夫妻。铁板鬼便施展妖法将他俩点化成石，分隔在九曲溪两岸。铁板鬼为讨好玉皇，也变成山岩横亘在两恋人之间，日夜监视他俩。这就是现在的铁板嶂。从此，两人只好凭借镜台，泪眼相望了。

（三）厦门市

厦门市是福建省第二大城市，位于九龙江口的厦门湾内，寓祖国"大厦之门"的意思，相传古时有白鹭栖息，故有"鹭岛"之称。1980 年厦门设立经济特区。厦门地处亚热带，属海洋性气候，这里四季如春，繁花锦簇，万木葱茏，古迹众多，市容整洁，素有"海上花园"之称，是我国东南沿海著名的旅游城市。厦门冬无严寒，夏无酷暑，草木长青，花开四季，是一座具有闽南风情的海滨城市，市内有具异国风情的鼓浪屿、树影婆娑的万石植物园、神秘幽雅的南普陀、神威镇海的胡里山炮台、柔涛拍岸的鳌园，还有风光旖旎的环岛路、纯情天然的天竺山森林公园，以及鼓浪屿海底世界、台湾民俗文化村等许多巧夺天工、绮丽多彩的人文景观，厦门的山海风光已成为福建省金牌旅游景点之一。

鼓浪屿

鼓浪屿位于厦门岛西南隅，与厦门市鼓浪屿以 500 米宽的海峡隔海相望，面积 1.87 平方千米，2 万多人，为厦门市辖区。由于历史原因，中外风格各异的建筑物在此地被完好地汇集、保留，有"万国建筑博览"之称。鼓浪屿是一座由花岗岩构成的小岛，面积 1.71 平方千米，与厦门市隔一鹭江海峡，由于长期经受风化浪蚀，形态奇特的石蛋地貌遍布。岛上气候宜人，四季如春，无车马喧嚣，有鸟语花香，素有"海上花园"之誉。主要观光景点有日光岩、菽庄花园、皓月园、毓园、环岛路、鼓浪石、博物馆、郑成功纪念馆、海底世界和天然海滨浴场等，融历史、人文和自然景观于一体，为国家级风景名胜区，福建"十佳"风景区之首，全国 35 个王牌景点之一。随着厦门经济特区的腾飞，鼓浪屿各种旅游配套服务设施日臻完善，成为集观光、度假、旅游、购物、休闲、娱乐为一体的综合性的海岛风景文化旅游区。

钢琴之岛

　　鼓浪屿林木茂密，别墅幢幢。该岛是音乐的沃土，人才辈出，钢琴拥有密度居全国之冠，又得美名"钢琴之岛""音乐之乡"。钢琴进入鼓浪屿已有100多年的历史，全岛现有钢琴200多架，平均10多户家庭就有一架钢琴。孕育了不少蜚声乐坛的钢琴家和音乐家。著名的钢琴家殷承宗，声乐指挥家周淑安，歌唱家林俊卿，钢琴、小提琴演奏家许斐星、许斐尼、褚耀武，男中音歌唱家殷承基均系鼓浪屿人。

（四）龙岩市

　　龙岩市位于福建省西部，属福建省地级市，地处闽粤赣三省交界。龙岩市是福建省最重要的三条大江——闽江、九龙江、汀江的发源地。曾经是远古时代"古闽人"的天堂，是"闽越人"的祖籍地和"南海国"的国都所在地及中心区域，是享誉海内外的客家祖地，是河洛人的祖居地之一。龙岩是国家客家文化生态保护实验区，长汀被称为"客家首府"，汀江被誉为"客家母亲河"，永定客家土楼被列入《世界文产名录》。客家文化和闽南文化在这里交融，孕育了龙岩人热情好客、勤劳开拓的独特品质。

永定土楼

　　永定被称为一座没有大门的中国客家土楼博物馆。永定土楼位于龙岩地区南部，它起源于唐代，元末明初时慢慢被当地所接受，并且广泛流传。永定土楼以历史悠久、风格独特、规模宏大、结构精巧等特点屹立于世界民居建筑艺术之林。永定土楼是东方文明的一颗明珠，是世界上独一无二的神话般的山村民居建筑，是中国古建筑的一朵奇葩。全县有圆楼360座，方楼4000余座，其中有殿堂式楼、五凤楼、长方形楼、正方形楼等20多种建筑形式。在众多的土楼中，最具代表性的是五凤楼、方楼和圆楼。

　　在各类土楼中，最令世界各地游客惊叹的就是圆形土楼。圆形土楼（又称圆寨）是客家民居的典范，大多由2~3圈组成，由内到外，环环相套，外圈高10余米，一般高3~4层，有100~200个房间。1层是厨房和餐房，2层是仓库，3、4层是卧室。二圈2层，有30~50个房间，一般是客房。中间是祖堂，是居住在楼里几百人婚丧喜庆的公共场所。楼内还有水井、浴室、磨坊等设施。土楼采用当地生土夯筑，不需丝毫钢筋水泥，墙的基础宽达3米，可行汽车，底层墙厚1.5米，可横卧人，向上依次缩小，顶层墙厚也不小于0.9米。沿圆形墙用木板分割成众多的房间，其内侧为走廊。

课堂讨论

　　1.福州"三山"指哪三山？山形呈什么样的形状？

　　2.妈祖是什么样的人物？福建渔民为何信奉妈祖？

第三节　海南省

一、概述

　　海南省，简称"琼"，省会海口市，位于我国最南端，是我国唯一的热带海岛省份。海南省的行政区域包括海南岛和西沙群岛、南沙群岛、中沙群岛的岛礁及其海域，是我国陆地面积最小、海域面积最大的省份。它是我国的经济特区、自由贸易试验区。

　　地处我国华南地区，北以琼州海峡与广东划界；西临北部湾与广西，与越南相对；东濒南海，与台湾对望；东南和南部在南海，与菲律宾、文莱、马来西亚为邻。海南省陆地总面积3.54万平方千米，其中海南岛3.39万平方千米，海域面积约200万平方千米。琼州海峡宽约18海里，是海南岛与大陆之间的"海上走廊"，也是北部湾与南海之间的海上通道。海南岛控制我国南部沿海的交通，扼两广的咽喉，是我国南部海疆的要塞。

　　海南气候宜人，四季常青，拥有迷人的热带、亚热带景观和独具特色的海岛风情，发展旅游业的潜力很大。海南岛是我国仅次于台湾岛的第二大岛，这片未被开垦的处女地是南海一颗璀璨的明珠。海南旅游资源以"椰风海韵"的热带海滨风光为特色，具有"不是夏威夷、胜似夏威夷"之誉，现已发展成为国际性的、新兴的热带海岛度假旅游胜地，主要旅游地有三亚市、五指山、海口市。作为国家的重大战略部署，我国将把海南建成世界一流海岛休闲度假旅游胜地，使之成为开放之岛、绿色之岛、文明之岛、和谐之岛。

特别提示

我国设立海南省三沙市

　　2012年6月，国务院正式批准，撤销西沙群岛、南沙群岛、中沙群岛办事处，建立海南省地级三沙市，政府驻西沙永兴岛，进一步宣示中国对南沙群岛的主权。三沙市是我国最南端的地级行政区，同时是全国总面积最大、陆地面积最小、人口最少的城市。

二、主要旅游景区

（一）海口市

　　海口市，海南省省会。位于海南岛的北部，难度江口，北濒琼州海峡，隔18海里与大陆相望，东南与琼山市接壤，西邻澄迈县，是海南省政治、经济、文化、交通中心，也是闻名中外的滨海旅游城市。海口市及其附近主要的旅游资源有五公祠、海瑞墓、东坡书院、琼台书院等人文景观和假日海滩、马鞍山火山口、红树林、东郊椰林等自然景观。每逢农历正月十五的晚上，在海南海口市琼山区将举行一年一度的、独具风情的海南岛换花节。农历三月三是黎族的传统佳节，也是男女青年开展娱乐、社交活动的喜庆日子。

小知识

三月三

每年农历三月初三是黎族青年男女追求爱情和幸福的传统佳节。海南黎族、苗族都有欢度"三月三"的习俗。这一天，各村寨未婚的黎族男女青年都穿上鲜艳的民族盛装，一早便带着特制的山兰酒、糯米稞，成群结队到旷野上聚会。在热烈的箫、鼓等乐器的奏鸣声中，小伙子引吭高歌，纵情欢跳；姑娘们躲在绿树丛中，手持"布任"（黎语：一种带香味的树枝叶）半遮面，悄悄窥相意中人。相中后，男女双方便对歌表情。待到夕阳西下，暮色苍茫，人们点起堆堆舞火，边歌边舞，一直欢闹到深夜。这时情投意合的青年男女双双对对离开会场，隐进丛林，互赠礼物，订下终身。

五公祠

五公祠位于海口市与琼山府城接壤处，距市中心约5千米，是为纪念唐、宋朝时期被贬谪到海南的唐朝名相李德裕，宋朝名相李纲、李光、赵鼎，名臣胡铨五位著名历史人物而建的，故名五公祠。五公祠为一组古建筑群的总称，由观稼堂、学圃堂、东斋组成，并和苏公祠、两伏波祠及其拜亭、洞酌亭、粟泉亭、洗心轩、游仙洞连成一片。现存建筑始建于明万历年间，清光绪十五年（1889年）重修，后又经多次修缮，现仍熠熠生辉。2001年6月26日被国务院列为第五批全国重点文物保护单位。

（二）五指山市

五指山市是海南省直辖县级市，地处海南岛中南部腹地，因海南岛上最高山峰五指山而得名，是海南岛中部地区的中心城市和交通枢纽，也是海南省中部少数民族的聚居地。这里有热带雨林、海南民族博物馆、七指岭、热带植物园、中华民族文化村、卧龙山、太平山瀑布、琼州学院、海瑞祖居、琼崖公学纪念亭、鹦哥岭、甘什岭、民族博物馆和仿古黎村、白沙起义纪念馆、仙龙洞、黎苗民族歌舞长廊等风景名胜。

五指山

五指山位于海南岛东部，是海南第一高山，其主峰高1879米，为海南岛最高峰，是海南岛的象征。它位于海南岛中部，峰峦起伏，呈锯齿状，山分五脉，形如伸开的五指，因此而得名。五指山最高峰屹立如柱，比"五岳"之首的泰山还高347米。一指与二指之间，有深谷相隔，遥相对峙；三、四、五指逶迤相连又各自独立，蔚为壮观。五指山又是海南岛主要江河的发源地，山光水色交相辉映，益显山色壮丽，气势磅礴，令人叹为观止。

全山为热带原始森林，遍布奇花异木，有闻名于世的南药沉香、槟榔、益智、木灵芝等 30 多种植物。有时还可看到长臂猿、梅花鹿等珍贵动物。登山则可体验晨凉、午热、夕暖、夜寒"一日四季"的气候特点，还可体察"雾雨"的情趣。林区周围自古即黎族聚居区，民族风情浓郁。海南主要的江河都是从五指山发源的，因而这里还有不少山泉及湖泊，为大山平添了几分秀色。游览五指山，一路览栈道、穷古林、攀藤梯、贴壁行，使人有腾云驾雾之感。

小故事

五子山的传说

传说古时候，一位名叫鄢麦的黎族妇女生下五个儿子。母子终年辛勤劳动，但因土地贫瘠，工具简陋，仍然不得温饱。神仙感其善良、勤劳，托梦给鄢麦，赐予宝锄和宝刀，并教授刀耕火种技术。不久，黎家便丰衣足食。恶人阿尾欲夺黎家宝物，派爪牙将鄢麦母子抓去，严刑威逼。鄢麦至死不依，临死前嘱咐儿子："宝锄和宝刀是我们黎家的命根子，死也不能交出去。"

五兄弟严遵母亲遗嘱，结果都被恶人杀害，这事感动了蜜蜂和蚂蚁，它们成群结队赶来，痛哭三天三夜，眼泪流成五条河，把恶人阿尾冲进大海。接着，搬来石头和泥土，埋葬了鄢麦，再把五兄弟的尸首排列成行埋在一起。天长日久，他们的坟墓都变成大山。后来，人们便把鄢麦坟变的山叫"黎母山"，五兄弟坟变的山叫"五子山"。因五座山峰并列，状似手指，故又名五指山。

（三）三亚市

三亚，古称崖州，地处海南岛最南端，这里四季如夏，素有"东方夏威夷"之称。全市面积 1919.6 平方千米，境内海岸线 209.1 千米，有 19 个港湾、40 个大小岛屿，面积较大的是西岛、蜈支洲岛等。三亚集中了阳光、海水、沙滩、空气、森林、动物、温泉、岩洞和田园等得天独厚的旅游资源，形成了天涯海角、鹿回头、亚龙湾、大东海海滨潜水康乐度假冬泳区、崖州古城、热带海洋动物园等众多景点，是全国重点风景名胜区。

天涯海角

天涯海角风景区距三亚市区约 23 千米，总体规划陆地面积 10.4 平方千米，海域面积 6 平方千米，在天涯镇马岭山脚下，前海后山，面向茫茫大海，风景独特。步入游览区，沙滩上那一对拔地而起的高 10 多米，长 60 多米的青灰色巨石赫然入目。两石分别刻有"天涯"和"海角"字样，意为天之边缘，海之尽头，"天涯海角"就是以此得名。这里海水澄碧，融碧水、蓝天于一色，烟波浩瀚，帆影点点，椰林婆娑，奇石林立，如诗如画。

古时候这里人烟稀少，是封建王朝流放"逆臣"之地。到这里的人来去无路，望海兴叹，故谓之"天涯海角"。刻有"天涯""海角""南天一柱""海判南天"的巨石雄峙南海之滨，为海南一绝。经历代文人墨客的题咏描绘，"天涯海角"现已成为我国最著名的海滨风景旅游区。天涯海角景区是我国独特的热带风光景区，景区热带物种资源丰富，保持了良好的自然生态环境和动、植物物种的原始性、多样性。如今，一座座由现代建筑和传统园林式建筑风格结合而成的旅游景点屹立在天涯海角景区，令人目不暇接，流连忘返。

小故事

天涯郎和海角女

相传，天涯和海角两大部落的天涯郎和海角女是青梅竹马的一对，但突如其来的一场灾难让他们各奔东西。海角女跟随部落向南方迁徙，途中不幸生病，昏迷三天三夜。另一部落的山之子治好了她的病，海角女被迫和山之子结了婚。新婚第二天，海角女悄悄地走了，部落首领下了咒语："海角女不得再婚，一人孤独地生活在蛮荒之地，任何与她在一起的人都将一并化作石头！"海角女历经千辛万苦，终于找到了如意郎君天涯郎。他们欢快地生活在一起，但却慢慢地变成了一对石头，默默地守望着这无垠的大海，见证了他们坚贞不渝的爱情。

（四）文昌市

文昌市位于海南省东北部，东、南、北三面临海，拥有278.5千米海岸线，为海南海岸线最长的城市。文昌市自西汉建制已有2100多年历史，为海南三大历史古邑之一，是海南闽南文化发源地，中国著名的侨乡。文昌市是中国第四座航天之城，中国航天发射中心之一。文昌市也是琼崖革命重要的根据地，中国革命教育基地之一。市境内清澜港是国家一级对外开放口岸，南中国海重要港口枢纽，是三沙市后勤保障基地。

东郊椰林

东郊椰林位于文昌市东郊海滨半岛，从清澜港乘船即到，是海南著名景区之一。这里椰树成片，椰姿百态，有红椰、青椰、良种矮椰、高椰、水椰等品种，共50多万株。东郊三面临海，椰树密集，占全岛椰林面积的十分之一，素有"椰乡"之称，由海棠湾、亚龙湾、南山文化区、鹿回头、天涯海角、大小洞天等景区组成，独具特色的热带植物景观和曲折多变的海岸线构成了典型的热带海滨风光。

这里环境优美、海水清澈，是天然海水浴场，可开展各种沙滩运动和水上活动。区内已建成旅游码头、海滨度假村、海鲜坊多处。浅海盛产龙虾、对虾等名贵海鲜。步入林区，可见大小、高矮、直弯、斜曲的各态椰树参差错落，自然成林。林下路随树转，曲折盘旋。信步于弯曲的椰林小道，凉风习习，林涛沙沙。正如人们所说"文昌椰子半海南，东郊椰林最风光"。该景区以典型的椰风海韵、椰香特色饮食和多种海鲜吸引众多游客。入夏时节，当地农民便开始采摘丰硕的椰果，他们能徒手飞快地爬上20多米高的椰树上采摘椰子，娴熟的技艺令人惊叹不已，有"海南一绝"之称。

（五）三沙市

三沙市是海南省地级市，地处中国南海中南部，海南省南部，辖西沙群岛、中沙群岛、南沙群岛的岛礁及其海域，陆地面积10多平方千米，海域面积200多万平方千米。三沙市包括280多个岛、礁、沙、滩，散布于热带海洋之中，形成了得天独厚的热带海洋海岛自然景观，是大陆和近海任何海岛都无法替代和比拟的自然资源。

　　海南省在 2013 年博鳌论坛期间宣告，三沙旅游的路线、景点、着陆点基本确定，三沙特色旅游正在加快推进。三沙市的战略定位、区划界定赋予了三沙市"彰显主权"的特殊使命，开放三沙旅游是具有象征性意义的事件，彰显了中国海洋权益的重大行动。三沙市岛上陆地与附近海域非常洁净，热带海岛风光绮丽，入围 2016 世界特色魅力城市 200 强，主要旅游景点有石岛、永兴岛、永乐龙洞、西沙海洋博物馆等。

特别提示

海南岛的历史文化

　　海南岛是中国热带滨海风景资源最丰富、最密集、最完整的旅游胜地，漫长的海南历史展示出具有海南特色的古代贬官文化、海南革命文化，拥有众多文物古迹及人文景观。有著名的唐代以后帝王流放"逆臣"的南荒之地——崖州古城及纪念名人的五公祠、海瑞墓、海瑞故居；有与天津大沽口、上海吴淞口、广州虎门炮台并称清末四大炮台的秀英炮台等历史古迹和中共琼崖"一大"旧址和金牛岭烈士陵园、李硕勋烈士纪念亭等革命名胜。

课堂讨论

　　1. 海南历史上有哪些称谓？三沙市设立有何意义？

　　2. 除了椰风海韵外，海南有哪些非物质文化遗产？

第四节　广西壮族自治区

一、概述

　　广西壮族自治区简称"桂"，首府南宁。地处我国南疆，与越南为邻。春秋战国时为百越（粤）地，秦置桂林郡，部分属象郡，唐属岭南道，宋为广南西路，元属湖广行省，清为广西省。1958 年成立广西壮族自治区。现辖 34 市辖区、14 地级市、7 县级市、56 县和 12 自治县。全区面积 23.67 平方千米，占全国国土总面积的 2.5%。

　　广西历史悠久，在四五万年前旧石器时代晚期，就有"柳江人"和"麒麟山人"在此劳作生息。悠久的历史形成了广西绚丽多彩、独具特色的民族文化。广西地形略成盆地状，丘陵广布，河谷纵横。大瑶山、大明山等构成向南弯曲的弧形山脉。约占全区一半的石灰岩分布区因高温多雨，溶蚀成千姿百态的峰林、岩洞，与青山绿水组成一处处山水胜地。

广西山明水秀，人文荟萃，自然、人文旅游资源十分丰富，有国家级的风景名胜区3个、旅游度假区1个、历史文物保护单位7个、森林公园11个。其中最著名的是桂林到阳朔的百里漓江风景区，集岩溶风景之大成，素有"山水甲天下"的美称。桂林漓江景区、桂林兴安县乐满地度假世界、桂林独秀峰——靖江王城景区、南宁市青秀山旅游区为我国5A级景区。

广西是我国五个民族自治区之一，有壮、汉、瑶、苗、侗、仫佬、毛南、彝、仡佬等12个本地民族，另有25个其他少数民族。广西的地方曲艺主要有桂剧、壮剧、彩调剧、粤剧、邕剧、广西渔鼓、铜鼓音乐等。广西素有"歌海"之称，主要有壮族的三月三歌节、瑶族的达努节、苗族的踩花山节和芦笙节、仫佬族的走坡节、侗族的花炮节以及别具风味的打油茶节等，其中农历三月三的壮族传统歌节最为隆重。

延伸阅读

广西移民简史

广西自古是百越民族的聚居地，秦朝以来，军事移民、谪贬流放以及朝廷鼓励的政策性移民使得广西的民族成分更加多样化。

秦始皇为统一百越，发兵50万，其中一路，在今兴安县筑秦城，凿灵渠，并派大量女子南下，与南征的秦军士兵婚配。赵佗称南越武王时，汉人"与越杂处"已经是非常普遍的现象。略定岭南后，因岭南地广人稀，需要大批移民进行开发，当时的汉王朝就地遣散军队，既解除了财政负担又解决了移民来源。除了这一时期的军事移民外，汉军征南越、宋师讨侬智高、元军攻打广西、明代的卫所制等，都给广西留下不少军士。这些军士可以说是历史上广西移民的主体。

边远之地的广西在历代统治者眼中成了主要的谪贬、流放之地。隋桂州总管令狐熙、唐柳州刺史柳宗元、明朝军事家袁崇焕等都曾被谪贬或流放到广西，或来此任职，给这里带来了中原的文化、经济、农业生产、教育的经验，而他们的后代在此繁衍，成为移民的组成部分。

明清以后，朝廷制定了一些鼓励政策开发广西，如给予土地开发权等，鼓励向广西移民，邻近的湖南、湖北、江西、广东、福建等省份陆续有手工业者、小生意人到广西闯荡生活，成为移民的重要力量。

二、主要旅游景区

（一）南宁市

南宁简称"邕"，位于广西南部邕江两岸，是广西壮族自治区首府，地处亚热带，山清水秀、四季如春、瓜果飘香，人均绿地面积13.22%，城市绿化覆盖率41.35%，质量优良率达96.17%，地表水源水质达标率达100%，素有"中国绿城""水果之乡""花园城市"的美誉，是中国西部最宜人居住的城市。桂南壮丽的边关河山风采，浪漫的海滩风貌，星罗棋布的灵山秀水，奇岩异洞以及历史悠远的古迹故址，壮族人民娓娓动听的山歌，瑶族同胞热情奔放的舞步，无不吸引着众多海外游客。主要的游览地有南湖公园、人民公园、动物园、凤凰湖、青秀山、昆仑关、伊岭岩、大明山和广西药用植物园，还拥有世界上最大的孙中山铜像，国家级重点文物——冯子材故居和刘永福故居。

扬美古镇

扬美古镇始建于宋代，繁荣于明末清初，至今已有上千年的历史。自建镇到民国年间，一直是近百公里范围的商品集散地，以古镇、老街、碧水、金滩、奇石、怪树著称，素有"小南宁"之称。扬美是南宁市明清古建筑保留得最为完整的地方，主要景点有：清代一条街、明代民居、魁星楼、黄氏庄园、古埠码头等。扬美江滩以及周围的左江亦风景如画，其青坡怀古、剑插清泉、滩松相呼、雷峰积翠、亭对江流、金沙月夜、龙潭夕影、阁望云霞等八景尤负盛名。

（二）桂林市

桂林市位于广西东北部，桂江上游的漓江之畔，以盛产桂花，桂树成林而得名。桂林属亚热带季风气候，年平均降水量1900毫米，年平均气温19.3℃，冬无严寒，夏无酷暑，气候宜人，是中国著名旅游城市，以山清、水秀、洞奇、石美、风光奇物而著名，享有"桂林山水甲天下"的盛誉。唐代杜甫、韩愈、白居易等人多在诗中赞美，历代文人雅士留下诗文、辞赋、题名等摩崖碑刻约计2000多件。桂林市内外胜迹众多，无山不秀，无洞不奇，无水不清，以"三山两洞一条江"为代表。

> **特别提示**
>
> #### 桂林碑林
>
> 桂林摩崖碑刻众多，收集的历代众多名人佳作全国罕见，尤其以宋代摩崖石刻的数量和质量为国内首屈一指，故有"北有西安碑林，南有桂海碑林""汉碑看山东，唐碑看西安，宋碑看桂林"的说法。

1. 桂林漓江

桂林是我国著名的旅游城市，地处广西东北部，亚热带季风气候，具有典型的喀斯特地貌，是亿万年前的海底岩石在地壳运动时升上地表，加上流水对岩石的岩溶作用、风的侵蚀作用等众多因素综合影响而形成的。漓江长160千米，是世界上风光较秀丽的河流之一，而漓江自桂林至阳朔的83千米水程，是广西东北部喀斯特地形发育最典型的地段。

桂林漓江是世界一流风景胜地，峰峦耸秀，碧水如镜，青山浮水，倒影翩翩，两岸景色犹如百里锦绣画廊。这里的景色无比秀美，单是那江里的倒影就别有一番情趣。水里的山，比岸上的山更为清晰，而且因为水的流动，山也仿佛流动起来。山的姿态也随着船的位置不断变化。漓江景色之奇还在山光水色的变化，在清晨，在中午，在黄昏，各有其姿，变化万千。尤其是在春雨迷漾的早晨，江面一层轻纱般的白蒙蒙的雨丝，山水更具一种朦胧之美。

漓江风景区北起兴安灵渠，南至阳朔，由漓江一水相连，是世界上规模最大、风景最美的岩溶山水游览区，向以"山青、水秀、洞奇"三绝闻名中外。桂林漓江风景区游览胜地繁多，其中一江（漓江）、两洞（芦笛岩、七星岩）、三山（独秀峰、伏波山、叠彩山）具有代表性，是桂林山水的精华所在。

2. 阳朔风光

阳朔位于广西东北部，隶属广西桂林市，至今已有1000多年的历史。"桂山水甲天下，阳朔堪称甲桂林"高度概括了阳朔独特秀美的自然风光在桂林山水中所占有的重要位置。其自然景观主要是山、水、岩洞、古榕等，如可供观赏的大小山峰数百座，一条十分诱人的漓江河，30多个岩洞，10多处楼台亭阁，近百处石刻，一株令人流连忘返的千年古榕。人文景观主要是亭、台、楼、阁、石刻等。其分5大景区、150余处景点，著名的经典有莲花岩、碧莲洞、聚世谭、世外桃源、刘三姐水上公园、滨江公园、蝴蝶泉、遇龙河、田家河等。

整个阳朔恰似一座瑰丽多彩的大公园，有各种奇特的山峰2万多座，蜿蜒于万山丛中的大小河流16条，如令国内外游客叹为观止的月洞奇观，以及被誉为"小漓江"的遇龙河。阳朔的碧莲峰东瞰漓江，沿山腰风景道客观远山进水及历代摩崖石刻，登山顶鉴山楼，可饱览阳朔的岐山秀水。鉴山楼有一个"带"字石刻特别吸引人，据说内含"一带江山，少年努力"等笔意；碧莲峰下古道石刻摩崖及县城古朴的街道、建筑等构成了阳朔独特的风光、风貌、风俗和风物，使其成为驰名中外的风景旅游胜地。

3. 龙脊梯田

龙脊梯田位于距离桂林市 80 千米的龙胜县和平乡龙脊山，总面积 66 平方千米，一座座壮族、瑶族山寨散落其间，将自然与人文的美景最完美地融为一体，形成令全世界为之惊叹的稻作奇观。龙脊梯田分为平安壮族梯田和金坑瑶族梯田，各有特色。平安壮族梯田开发较早，开发最早的两个村子是平安和龙脊，村中壮族以北壮为主。

在龙脊广袤的梯田中分布着大小几十个寨子，据说最初是由联系密切的 12 个壮寨和一个瑶寨组成，形成以壮族为主的聚居地，因此被称为"龙脊十三寨"，虽然现在这些寨子已经分化成若干个小寨，但人们仍旧习惯以"龙脊十三寨"相称。金坑梯田位于距龙胜县 30 千米的和平乡东北部，因出产金子且地形酷似天坑而得名。

特别提示

"九龙五虎"和"七星伴月"

龙脊梯田最出名的景点是"九龙五虎"和"七星伴月"。穿过层层田埂，在龙脊主山脉上登高而望，梯田层层叠叠，高低错落，九条被梯田盘旋包围的小山梁仿佛九条飞龙，自山脉间腾空而出。若遇山间雾气缭绕，宛如祥云散落人间，龙出云海。

在这"九龙"周围有五座小山包，亦是梯田盘绕，宛如五只猛虎，与"九龙"交相辉映，龙形虎威，震慑人心。即使是最初刻意留下的未被开垦的七座小山丘，也被赋予了特殊的意义，成为七颗闪耀的明星。

（三）贺州市

贺州市，广西壮族自治区下辖市，位于广西东北部，有国家级、自治区级重点文物保护单位 34 处，主要的名胜古迹有临贺故城遗址、浮山陈王庙、临贺文笔塔、铺门石城、贺街千年桂花井、贺街粤东会馆、英家粤东会馆（英家起义旧址）、黄姚文明阁、昭平文笔塔、回澜风雨桥、瑞光塔、富川明代古城、沸水寺、开宁寺、明孝穆皇太后先茔、红七军桂岭整编旧址张公庙、秀山村将军府邸等。自然景观以姑婆山森林公园最负盛名。

姑婆山

姑婆山位于桂、湘、粤三省（区）交界处，属"南方五岭"之一——萌渚岭的一部分，是广西贺州著名的森林公园，总面积达 8000 公顷，最高峰海拔 1844 米，山势雄壮、峰高谷深，既有枝繁叶茂的原始森林，也有雄伟清澈的飞瀑溪流，环境清幽，景致迷人，素有"南国天然氧吧""瀑布森林公园"之美誉。

姑婆山由马鞍山、天堂顶、笔架山等主峰连成山脉主体。这里分布着喀斯特地貌、丘陵地貌、低山及中山山地地貌等多种类型。山上植被茂盛、水源丰富、峰林叠翠、水瀑争流，宛如仙境。沿姑婆山的登山小路而上，两旁石山高耸、连绵不绝，行至海拔 1000 米左右的地方，林海的种类更加丰富，路边有各种颜色的野花和白色茶花怒放，争奇斗艳，蜂蝶飞舞其间，一派生机。伫立石阶，朦胧可见姑婆山主峰静卧于众山之上，神秘而遥远。

课堂讨论

1. 广西地形地貌如何？分为几大类？
2. 广西在历史上有哪些称谓？为什么？

本章小结 →

本章介绍了华南旅游区福建、广东、广西、海南 4 个旅游区的自然和人文地理。华南旅游区地处我国东南沿海，地形破碎，海岸曲折，岛屿众多，地热资源丰富，热带风光浓郁，区内有典型的丹霞地貌和岩溶地貌；河湖众多，海滨资源丰富，气候湿润，动植物多样，形成独特的我国南方自然地理环境。华南以岭南文化为主要人文特征，且有壮、瑶、黎、苗、高山族等众多的少数民族，构成富有南国特色的民族风情；区内华侨众多，经济发展迅速，旅游业发展前景广阔。

本章测试 →

一、单项选择题

1. 下面（　　）省不属于华南旅游区。

A. 广东　　　　　　B. 福建　　　　　　C. 黑龙江　　　　　　D. 广西

2. 清设总督管辖广东、广西两省，称"两广总督"，初驻（　　）。

A. 梧州　　　　　　B. 广州　　　　　　C. 肇庆　　　　　　D. 桂林

3. 丹霞地貌形成过程中，受到（　　）主要地质作用。

①沉积作用　　　　②变质作用　　　　③地壳隆起抬升

④流水侵蚀、溶蚀　　⑤岩浆活动　　　　⑥重力崩塌

A. ①②③④　　　B. ②③⑤⑥　　　C. ①③④⑥　　　D. ②③④⑤

4. "三三秀水清如玉，六六奇峰翠插天"指的是（　　）美景。

A. 武夷山　　　　B. 庐山　　　　C. 雁荡山　　　　D. 三清山

5. （　　）省"依山傍海"，山地、丘陵占全省总面积的 90% 以上，素有"八山一水一分田"之称。

A. 广东　　　　B. 广西　　　　C. 海南　　　　D. 福建

6. 下列城市中，有"世界宗教博物馆"之称的是（　　）。

A. 广州市　　　B. 上海市　　　C. 泉州市　　　D. 福州市

7. 海南省的国家历史文化名城是（　　）。

A. 海口市　　　B. 三亚市　　　C. 文昌市　　　D. 儋州市

8. 世界上唯一有环岛高铁的岛屿是（　　）。

A. 美国夏威夷岛　　B. 韩国济州岛　　C. 中国海南岛　　D. 印度尼西亚巴厘岛

9. 1851 年，太平天国起义在（　　）爆发。

A. 湖南省　　　B. 广西壮族自治区　　C. 江西省　　　D. 广东省

10.（　　）洞穴众多且景观优美，素有"无山不洞，无洞不奇"之称。

A. 云南省　　　B. 广西壮族自治区　　C. 广东省　　　D. 湖北省

二、多项选择题

1. 广东省的经济特区有（　　）。

A. 广州　　　B. 深圳　　　C. 东莞　　　D. 汕头

E. 珠海

2.（　　）被誉为"岭南三大艺术瑰宝"。

A. 广东音乐　　　B. 粤剧　　　C. 岭南画派　　　D. 潮剧

E. 广东汉剧

3. 下列广东旅游景区中，属于国家 5A 级景点的有（　　）。

A. 孙中山故里旅游区　　　　B. 西汉南越王墓博物馆

C. 清远连州地下河景区　　　D. 佛山西樵山景区

E. 广州长隆旅游度假区

4. 下列属于福建的世界遗产的有（　　）。

A. 清源山　　　B. 武夷山　　　C. 福建土楼　　　D. 太姥山

E. 三坊七巷

5. 下列（　　）属于福建文化。

A. 客家文化　　　B. 妈祖文化　　　C. 朱子文化　　　D. 海丝文化

E. 道教文化

6. 海南省本地居住的民族有（　　）。

A. 苗族　　　B. 回族　　　C. 黎族　　　D. 汉族

E. 白族

7. 下列选项中，（　　）是海南岛的古称。

A. 珠崖　　　B. 修耳　　　C. 琼台　　　D. 振州

E. 万州

8.下列有关海南地理概况，说法正确的有（　　　）。

A. 位于中国最南端

B. 是我国总面积（含海域面积）最大的省

C. 是我国仅次于台湾岛的第二大岛

D. 南沙群岛的曾母暗沙是我国最南端的领土

E. 海南岛形似一个呈东北至西南向的椭圆形大雪梨

9.让游客流连忘返的广西民族风情"旅游四大绝品"分别是（　　　）。

A. 壮族的歌　　　　B. 彝族的酒　　　　C. 苗族的节　　　　D. 侗族的楼和桥

E. 瑶族的舞

10.下列城市中，属于广西壮族自治区国家级历史文化名城的有（　　　）。

A. 桂林　　　　B. 柳州　　　　C. 北海　　　　D. 南宁

E. 百色

第九章

西北旅游区 ●

本章概述 →

　　西北旅游区是中国西北内陆的一个区域，主要位于大兴安岭以南，昆仑山—阿尔金山—祁连山和长江以北，包括内蒙古自治区、新疆维吾尔自治区、甘肃省、宁夏回族自治区和陕西省。该区是我国少数民族聚居较为集中的地区之一，有维吾尔族、回族、蒙古族、哈萨克族等少数民族，民族多样性带来文化的多样性。西北旅游区面积广大、地广人稀，气候干燥，沙漠广布，自然景观以荒漠、半荒漠、山丘和高山为主。区内自然景观对比强烈，既有盆地、沙漠、绿洲、山脉，也有森林、草原、雪山、冰川等，如张掖丹霞地貌、河西走廊、天山天池、呼伦贝尔草原等。西北旅游区旅游资源丰富，奇异的自然景观、浓郁的民族风情、丰富的文物古迹是本区的最大旅游特色。

教学目标 →

1. 掌握西北旅游区地理环境特征。

2. 了解西北旅游区少数民族风情。

3. 熟悉本区主要旅游亚区及其风景名胜。

4. 比较内蒙古自治区和新疆维吾尔自治区旅游资源的异同。

思维导图

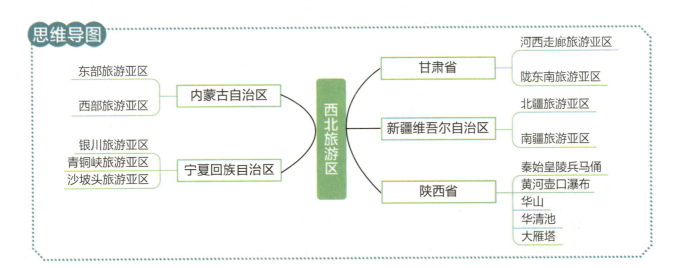

东部旅游亚区
西部旅游亚区 — 内蒙古自治区

银川旅游亚区
青铜峡旅游亚区 — 宁夏回族自治区
沙坡头旅游亚区

西北旅游区

甘肃省 — 河西走廊旅游亚区 / 陇东南旅游亚区

新疆维吾尔自治区 — 北疆旅游亚区 / 南疆旅游亚区

陕西省 — 秦始皇陵兵马俑 / 黄河壶口瀑布 / 华山 / 华清池 / 大雁塔

一、概述

内蒙古自治区简称"内蒙古",地处中国北部,首府呼和浩特市,东、南、西依次与黑龙江、吉林、辽宁、河北、山西、陕西、宁夏和甘肃8省区毗邻,跨越三北(东北、华北、西北);北部同蒙古国和俄罗斯接壤,拥有二连浩特市和满洲里市两个重要的口岸,国境线长4200千米,地势由东北向西南斜伸,呈狭长形,全区基本属高原型的地貌区,涵盖高原、山地、丘陵、平原、沙漠、河流、湖泊等地貌,气候以温带大陆性气候为主,地跨黄河、额尔古纳河、嫩江、西辽河四大水系。

草原风光和民族风情为内蒙古两大旅游资源,其草原牧场居全国牧场之首。夏秋季节千里绿海,牛羊如云,极为辽阔旷远,在这里可以领略到北方民歌中所描述的"天似穹庐,笼盖四野。天苍苍,野茫茫,风吹草低见牛羊"的情景。35000年前的"河套人"揭开了内蒙古文明的序幕,昭君墓、五当召、五塔寺、成吉思汗陵等,是漫长的历史篇章中留给今日的见证。本区居住着蒙古族、鄂伦春族等少数民族,其服饰、起居、饮食、歌舞、礼仪等令人耳目一新,呈现浓郁的少数民族风情。本旅游区可分为东部旅游亚区和西部旅游亚区。

二、内蒙古东部旅游亚区

内蒙古东部旅游亚区是旅游资源富集地区,不论是草原、林海、河流、湖泊、温泉等自然旅游资源,还是以历史文化、民族风情为主的人文旅游资源都十分丰富。历史悠久的兴隆洼、红山、富河文化、草原青铜文化、契丹和辽文化,浓郁的蒙古族、鄂伦春族、鄂温克族、达斡尔族民俗,俄罗斯、蒙古异域风情以及世界上原生植被保存最好的呼伦贝尔草原、克什克腾世界地质公园、阿尔山温泉群及火山地质遗迹、科尔沁沙地大青沟、莫尔道嘎原始林区、乌兰浩特成吉思汗庙、满洲里口岸景区等均驰名海内外,使该区成为我国西北重要的旅游目的地。

1. 呼伦贝尔草原

呼伦贝尔草原位于内蒙古自治区东部呼伦贝尔市,因其旁边的呼伦湖和贝尔湖而得名。呼伦贝尔草原是众多古代文明、游牧民族的发祥地,东胡、匈奴、鲜卑、室韦、回纥、突厥、契丹、女真、蒙古等民族曾繁衍生息于此，被史学界誉为"中国北方游牧民族摇篮"，在世界史上占据较高地位。呼伦贝尔草原是内蒙古主要的畜牧区，总面积约 93000 平方千米，是世界上少有的未受污染的、世界闻名的大草原，被人们誉为"绿色净土""北国碧玉"。该草原内植物多达 1300 余种，形成了不同特色的植被群落景观。星罗棋布的河流、湖泊是呼伦贝尔自然风光中的又一奇观。夏季这里平均气温在 18~22℃ 范围内，是旅游避暑的好地方。到了冬季，百色归一，银装素裹，呈现出一派冰雕玉琢的北国风光，有众多的冰雪旅游项目，如滑雪、滑冰、雪橇、骑马、乘驼、打雪仗、堆雪人等，是冬季旅游的理想之地。民俗风情是呼伦贝尔草原旅游中不可缺少的重要组成部分，它与草原、森林、冰雪、口岸风光的自然融合构成了呼伦贝尔旅游整体的画面。

2. 锡林郭勒草原

锡林郭勒草原自然保护区，位于内蒙古自治区东中部锡林郭勒盟，草原面积 17.96 万平方千米，优良牧草占草群的 50%，是水草丰美的牧场，是华北地区重要的生态屏障，也是距首都北京最近的草原牧区，中国四大草原之一。1987 年被联合国教科文组织接纳为"国际人与生物圈保护区网"成员，主要保护对象为草甸草原、典型草原、沙地疏林草原和河谷湿地生态系统。锡林郭勒草原是我国境内最有代表性的温带草原，也是欧亚大陆保存比较完整的原生草原。区内有多种植物和野生动物，其中有国家一级保护野生动物丹顶鹤、白鹳等，也有国家二级保护野生动物大天鹅、草原雕、黄羊等，是目前我国最大的草原生态系统类型的自然保护区，在草原生物多样性保护方面占有重要的地位和显著的国际影响力。

三、内蒙古西部旅游亚区

内蒙古西部旅游亚区有呼和浩特市、包头市等，其有着悠久的历史和光辉灿烂的文化，是华夏文明的发祥地之一，是胡服骑射的发祥地，是昭君出塞的目的地，是鲜卑拓跋的龙兴地，是旅蒙商家互市之地，是游牧文明和农耕文明交汇、碰撞、融合的前沿。本节着重介绍五塔寺、昭君墓、五当召、成吉思汗陵。

（一）呼和浩特市

呼和浩特是蒙古语，意为"青色的城市"，位于我国北疆，西与包头市、鄂尔多斯市接壤，东邻乌兰察布市，南抵山西省，属典型的蒙古高原大陆性气候，四季气候变化明显，年温差大，日温差也大。呼和浩特是一座有 400 多年历史的文化名城，具有鲜明的民族特色和众多名胜古迹。城郊有不少风光秀丽的草原旅游点，芳草萋萋，牛羊遍地，鸟语花香，富有浓郁的塞外风情。这里有召（庙）50 多座，主要名胜古迹有旧城内的伊克召（大召）、席力图召（小召）、清代五塔寺、清真大寺，新城的内蒙古博物馆等。市南郊有昭君墓，市北有大青山风景区，周边有希拉穆仁、格根塔拉等草原旅游胜地。

1.五塔寺

五塔寺位于呼和浩特市旧城东南部，原名金刚座舍利宝塔，因金刚座上建有五个玲珑舍利小塔，故名为五塔寺。塔始建于清雍正年间，属密檐式。塔体大致分为塔基、塔座、塔顶三大部分，通体高度约16米，建筑结构为砖石混合结构。塔基上的须弥座雕刻有经文，并雕刻有精美佛像造型，形态各异，栩栩如生，堪称我国雕刻艺术之精品。五塔寺中最有价值的当属紧靠北墙的蒙文天文图石刻，天文图直径144.5厘米，天球圆面以北天极为圆心，画出二十八宿赤经位置的经线，还有五个同心圆，由里向外为天北极圈、夏至圈、天赤道圈、冬至圈、天南极圈。它是迄今为止世界上唯一用蒙文标注的一幅天文图，具有很高的科研价值。

2.昭君墓

昭君墓位于呼和浩特市南9000米的大黑河畔。墓身为人工夯筑的封土堆，高达33米。底面积约13000平方米，距今已有2000余年的悠久历史，是中国较大的汉墓之一。矗立在一片平畴中，更显其巍峨高耸，姿态雄伟。远望陵墓呈青黛色。当地传说，每年"凉秋九月，塞外草衰"的时候，唯有昭君墓上草色青青，因此，又称之为"青冢"（"青冢"出自杜诗的注解："北地草皆白，惟独昭君墓上草青如茵，故名青冢"）。昭君墓周围景色宜人，晨曦晚霞，时时有变，更增添了昭君墓这一塞外孤坟的神秘色彩。

小故事

昭君囊

传说昭君出塞时，只见朔风怒号，走石飞沙，于是昭君从自己的锦囊里取出几粒种子，撒在地上，从此塞外便有了庄稼。她从袋里取出一把金剪子，将羊皮剪成犁、车、羊、马的样子，放在地上，就成了铁犁和木车，木车周围还出现了成群结队的羊群和马群、骆驼群。昭君和单于走遍了阴山山麓和大漠南北。她走到哪里，拿出锦囊中的种子一撒，哪里就水草丰美，人畜两旺；走到缺水草的地方，昭君的琵琶一划，地上就出现了一条玉带似的河流，一片片绿茵茵的嫩草。

（二）包头市

包头市位于内蒙古中部偏西，北依大青山，南临黄河，是内蒙古最大的工业城市，有"草原钢城"之称。黄河流经包头的地段是原始人类较早活动的地方，在这里蕴藏着大量的古人类文化遗迹，已发掘的就有10多处。在位于东河区以东15千米的阿善沟门的格腺盖沟，发掘出一处保存完好的新石器时代村落遗址——阿善遗址和大量的文物。包头，是蒙古语"包克图"的谐音，意为"有鹿的地方"，因此包头也有"鹿城"之称。包头市及其周边的旅游资源十分丰富。不仅有美丽的草原风光、神秘的召庙寺院、丰富的文物古迹，还有荒芜的沙漠、奇特的淡水湖、多彩的草原民俗，这一切都让这块古老的大地神采奕奕。

1. 五当召

五当召位于包头市东北约 70 千米，因召前峡谷名五当沟，故通称五当召。"五当"意为柳树，"召"为庙，五当召就是柳树庙。五当召大约建于清初康熙年间，庙宇依山垒砌，群山环绕，苍松翠柏掩映。整个建筑采用西藏式风格、结构严谨、布局合理，五当召气势雄伟，富丽堂皇，映照在蓝天、青山之下的白色外表更显辉煌耀眼。它与西藏的布达拉宫、青海的塔尔寺和甘肃的拉卜楞寺齐名，是中国藏传佛教的四大名寺之一和内蒙古自治区最大的藏传佛教寺院。

延伸阅读

五当召的庙会和春祭

蒙古人信仰藏传佛教，因此而建立了许多召庙。五当召的庙会每年农历七月二十五至八月初一举行，全寺的喇嘛在苏古沁殿念"嘛呢经"。傍晚喇嘛们手持经轮，吹着法号，敲着羊皮鼓绕寺庙而行。每年农历三月二十一，在正殿举行春祭仪式。这一天，人们从四面八方来到这里，献哈达、焚香、供祭品，极其隆重。祭典结束后，还要举行赛马、射箭、摔跤等传统活动。

2. 成吉思汗陵

成吉思汗即元太祖铁木真，他是一位叱咤风云、显赫一时的蒙古族英雄，其业绩对我国各民族的融合和现今中国版图的格局具有重要意义。成吉思汗陵是纪念成吉思汗的标志，但历史上蒙古族盛行"密葬"，所以真正的成吉思汗陵究竟在何处始终是个谜。现今的成吉思汗陵乃是一座衣冠冢，坐落在内蒙古鄂尔多斯高原中部的伊金霍洛旗，伊金霍洛即蒙古语"主人的陵园"。陵园的主体由三个蒙古包式的宫殿一字排开构成，三个宫殿之间有走廊连接，正殿平面呈八角形，重檐蒙古包式穹庐顶，高达 20 余米。正殿为成吉思汗纪念堂，堂正中有 5 米高的成吉思汗塑像。

课堂讨论

1. 内蒙古地形地貌如何？有哪六大草原？
2. 呼伦贝尔草原地理环境如何？哪些北方游牧民曾在这里生活？

第二节 宁夏回族自治区

一、概述

　　宁夏回族自治区简称"宁"，首府银川市，位于中国西北内陆地区，东邻陕西，西、北接内蒙古，南连甘肃，总面积6.64万平方千米。宁夏地处西北地区黄河中游，地势南高北低，呈阶梯状下降。贺兰山远望形若骏马，是避暑胜地。六盘山苍茫逶迤，在这里可以追忆成吉思汗进军西夏和工农红军长征的往事。黄河边的古老水车，草原上雪白的羊群，会使人心旷神怡，而乘羊皮筏漂流黄河，骑骆驼跋涉沙漠，滑鸣沙山等，都令人激动、振奋。宁夏历史上曾有党项人建立的西夏政权，至今仍有不少历史遗存，如离宫遗址、西夏王陵、承天寺塔、一百零八塔等。因是回族聚居之地，全区清真寺达3300多座，是回族穆斯林之乡。

二、银川旅游亚区

　　银川市简称"银"，是宁夏回族自治区首府，又名凤凰城，有"塞上江南"之誉。银川东踞鄂尔多斯西缘、西依贺兰山，黄河从市境穿过，是古丝绸之路商贸重镇，宁夏军事、政治、经济、文化、科研、交通和金融中心，宁蒙陕甘毗邻地区中心城市，沿黄城市群核心城市，中蒙俄、新亚欧大陆桥经济走廊核心城市。银川市旅游资源丰富，名胜古迹众多，自然风景优美，大漠金沙、黄土丘陵和水乡绿稻这些截然不同的景色，在银川巧妙融合成了"塞上江南"的绚丽景观。银川市内有寺院、佛塔、帝陵、长城等多处古迹，远眺郊外有贺兰美景、黄河秀色。伊斯兰、黄河、西夏三大文化是其旅游资源的核心。

1. 贺兰山

　　贺兰山位于银川市以西，是宁夏平原西部屏障，最高峰海拔3556米。巍峨壮丽，景色秀丽，树木葱郁，泉水潺潺，青白如骏马，北方称骏马为贺兰，故名。早在西夏王朝时期，这里就已被视为避暑胜地。贺兰山自然保护区内，集中有我国西北少有的大面积云杉林，约有10万平方千米，十分珍贵。密林中劲风飒飒，松涛阵阵，犹如钱潮汹涌澎湃。"万壑松涛"与"贺兰晴雪"乃塞上奇景。

　　著名的贺兰口岩画是历史上不同时期刻制的，大部分是春秋战国时期的北方游牧民族所为，也有其他朝代和西夏时期的画像。贺兰口岩画的题材、内容与表现手法都十分广泛，富有想象力，给人一种真实、亲切、肃穆和纯真的感受。众多岩画为我们了解和研究古代游牧民族的历史、文化、经济状况、风土人情提供了极为珍贵的文物资料。

2. 西夏王陵

西夏王陵又称西夏陵、西夏帝陵，有"东方金字塔"之称，坐落在银川市西郊贺兰山东麓，距市区大约 35 千米，是西夏历代帝王陵墓所在地，营建年代约为 11 世纪初至 13 世纪初。陵区内分布着九座帝王陵和 140 多座王公大臣的殉葬墓，占地约 50 平方千米，是中国现存规模较大、地面遗址较完整的帝王陵园之一，也是现存规模最大的一处西夏文化遗址。在中国 119 处国家重点风景名胜区中，西夏陵是唯一的以单一的帝王陵墓构成的景区，它承接了鲜卑拓跋氏从北魏平城到党项西夏的拓跋氏的历史。

西夏陵规模宏伟，布局严整，汉族文化、佛教文化、党项族文化有机结合，构成了我国陵园建筑中别具一格的形式。每座帝陵都是独立完整的建筑群体，为再现当年神韵，陵区现已设置了声光装置，每当夜幕降临，万籁俱寂，从地上射出的灯光呈黄、蓝两色照在陵台、角楼、神墙上，宛若神话世界，游客可乘坐马车进入陵区，游览陵园遗址，观看"西夏王"等介绍西夏历史的激光影片。

延伸阅读

西夏古文明

西夏是公元 11 世纪至 13 世纪，以党项人为主体建立的封建性民族国家政权。党项人是我国古代西羌族中较晚起的一支。历史文献记载，他们起初居住在今青海东南部的黄河九曲之地。隋末唐初，活动范围逐步扩展，"东距松州，西叶护，南春桑、迷桑等，北吐谷浑"，即在今四川、西藏、青海交界一带的辽阔草原上。在西夏存在的历史时期，它先后和北宋、辽以及南宋、金鼎足而立。1227 年，成吉思汗率军队第六次攻打西夏，直捣西夏王朝的国都兴庆府（今宁夏银川），西夏皇帝李睍战败率众投降。西夏灭亡后，西夏人及其文化不知为何神秘地消失了，党项人也在历史长河中不知所踪，留下的仅是贺兰山下一座座西夏皇陵。

三、青铜峡旅游亚区

青铜峡旅游亚区位于宁夏回族自治区吴忠市，以青铜峡黄河库区为主体，总面积 84 平方千米，是辐射青铜峡市域旅游资源的综合性旅游区，自然资源和人文景观资源丰富，基本集中了宁夏旅游资源的三大优势，将塞上江南风光、西夏文化和回族穆斯林等民族风情有机地结合起来。青铜峡旅游亚区以黄河水上游览的方式将这些景点联系起来，结合民族村镇建设和农业生产活动，充分展现具有宁夏特色的回族穆斯林民族风情和塞上江南风光，有青铜峡水库和一百零八塔等著名名胜古迹，使游人领略到"天下黄河富宁夏"的内涵。

1. 青铜峡水库

青铜峡水库是黄河上游有名的大水库之一，位于宁夏回族自治区青铜峡市，建于黄河上游的最后一道峡谷青铜峡上，是一座以灌溉、发电为主，兼顾防洪、防凌等多种效益的综合性水利枢纽工程。景区内山光水色，秀丽宜人；滩地绿草如茵，岛上林木参天；浅水滩上，布满了飞鸟，成为多种鸟类栖息、繁衍的理想场所；密林深处，蒲苇丛生，飞鸟起落，穿梭往返，被人称为"黄河鸟岛"。每年三、四月间，几万只候鸟从温暖的南方来到黄河鸟岛，共有鸟类 180 多种，以雁、鸭为最多，还有鸬鹚及黑鹳、大天鹅、小天鹅、疣鼻天鹅等珍禽。

2. 一百零八塔

一百零八塔位于青铜峡水库西面峻峭的岩壁上，始建于西夏时期，是中国现存最大且排列最整齐的喇嘛塔群之一，总面积 6980 平方米。这里原是规模宏大的寺庙建筑群，如今，绝大部分已毁灭湮没，仅塔林独存。一百零八塔坐西向东、背山面水、随山势分阶而建。自上而下，按 1、3、5、7 奇数排列成 12 行，构成一个等边三角形的大型塔群。这些塔单体结构大致相同，略有差别。塔的整体布局别具匠心，错落有序，格局独特，每当风和日丽，一百零八塔倒映在金光闪闪的水波中，景色奇特，幽雅明丽。佛教认为人生有 108 种烦恼，一百零八塔表示人生的 108 种烦恼，只要拜塔，就可以消除烦恼，带来吉祥和好运。

四、沙坡头旅游亚区

1. 沙坡头

宁夏沙坡头国家级自然保护区位于宁夏回族自治区中卫市城区西部腾格里沙漠的东南缘，是第一个国家级沙漠生态自然保护区，也是中国三大鸣沙——沙坡鸣钟所在地，被世人称为"沙都"。被《中国地理杂志》评为"中国五大最美的沙漠之一"，享有"中国沙漠旅游基地"的美誉。沙坡头是国家 5A 级旅游景区，属"中国黄河 50 景"之一。沙坡头集大漠、黄河、高山、绿洲为一体，有西北风光之雄奇，兼江南景色之秀美，景区有中国最大的天然滑沙场、横跨黄河的"天下黄河第一索"、黄河文化代表古老水车、黄河上最古老的运输工具羊皮筏子。飞越黄河、沙漠探险、沙漠冲浪、滑沙、黄河漂流是沙坡头的五大精品。游客可骑骆驼穿越腾格里沙漠，乘坐越野车沙海冲浪，咫尺之间可以领略大漠孤烟、长河落日的奇观，观赏沙漠中难得一见的海市蜃楼。

2. 腾格里沙漠湿地·金沙岛旅游区

腾格里沙漠湿地·金沙岛旅游区是国家 4A 级旅游景区、国家级水利风景区，位于腾格里沙漠东南边缘，距宁夏中卫市中心 8 千米。占地面积 22 平方千米，水域面积 1 万亩。"腾格里"是蒙古语，意为永恒的最高神，也谓"长生天"，表现蒙古人对大沙漠的某种敬畏之感。该旅游区是一个集生态观光、休闲度假、水产养殖、草原赛马、温泉养生、沙漠高尔夫于一体的沙漠生态湿地类旅游景区，沙丘、湖盆、草滩、山地、残丘及平原交错分布，有水上乐园与湖水，沙漠草原、金沙岛紫色的花海；永安寺、五彩池畔等景点。景区有极具历史积淀意义的 4 千米长的明代古长城遗址的景观，可站在湖畔观赏着多达 15 种的沙漠生态鱼和 136 种鸟类，其中黑鹳、大天鹅、金雕分别属于国家一、二级保护动物。

课堂讨论

1. 银川为什么享有"塞上江南"的美誉？其核心旅游资源有哪些？
2. 西夏时期修建的一百零八塔在何处？一百零八塔有什么意义？

第三节　甘肃省

一、概述

甘肃省，简称"甘"或"陇"，省会兰州市。甘肃取甘州（今张掖）、肃州（今酒泉）二地的首字而成。由于西夏曾置甘肃军司，元代设甘肃省，简称"甘"；又因省境大部分在陇山（六盘山）以西，而唐代曾在此设置过陇右道，故又简称为"陇"。甘肃地形呈狭长状，地貌复杂多样，有山地、高原、平川、河谷、沙漠、戈壁等，四周为群山峻岭所环抱，地势自西南向东北倾斜。甘肃地处黄土高原、青藏高原和内蒙古高原三大高原的交汇地带，从南向北包括亚热带季风气候、温带季风气候、温带大陆性干旱气候和高原山地气候四大气候类型。文物古迹是甘肃省的最大旅游吸引力，丝绸之路是全省旅游的主题。2017 年，中国甘肃被《孤独星球》评为"亚洲最佳旅游地第一名"。该旅游区可分为河西走廊旅游亚区、陇东南旅游亚区。

二、河西走廊旅游亚区

河西走廊位于甘肃西北部祁连山以北，合黎山以南，乌鞘岭以西，甘肃新疆边界以东，长约 1000 千米，宽数千米至近 200 千米不等，是西北东南走向的长条堆积平原。河西走廊自古以来就是富足之地、兵家必争之地，是中国内地通往西域的要道，古西北首府所在地，佛教东传的要道与第一站，丝路西去的咽喉，经略西北的军事重镇。由于其位于黄河以西，为两山夹峙，故名河西走廊。河西走廊旅游亚区有著名的敦煌莫高窟、玉门关、鸣沙山、月牙泉、阳关等旅游区地。

（一）敦煌市

敦煌市位于河西走廊的最西端，地处甘肃、青海、新疆三省（区）的交汇处，古为通往西域丝绸之路的咽喉要塞，以"敦煌石窟""敦煌壁画"闻名天下，是世界遗产莫高窟和汉长城边陲玉门关、阳关的所在地，为甘肃省四大绿洲之一。丝绸之路进入新疆的3条路线都以敦煌为出发点，不论东来或西去的商旅都得经过敦煌，故史书上说，西域诸道，"总辖于敦煌"。

1. 莫高窟

莫高窟俗称千佛洞，位于敦煌市东南25千米鸣沙山东麓的崖壁上。南北长约1600多米，上下排列5层，高低错落有致，鳞次栉比，形如蜂房鸽舍。莫高窟是古建筑、雕塑、壁画三者相结合的艺术宫殿，尤以丰富多彩的壁画著称于世。莫高窟壁画容量之大和内容之丰富，是当今世界上任何宗教石窟、寺院或宫殿都不能媲美的。壁画题材多取自佛教故事，也有反映当时的民俗、耕织、狩猎、婚丧、节日等内容的。莫高窟的雕塑久享盛名，这里有高达33米的坐像，也有十几厘米的小菩萨，绝大部分洞窟都保存有塑像，数量众多，堪称一座大型雕塑馆。莫高窟始建于前秦，荟萃了中国4世纪到14世纪、10个朝代绘制的佛教壁画4.5万多平方米，彩塑2000余身，是我国现存规模最大、内容最丰富的古典文化艺术宝库。

特别提示

警惕：西方文物贩子盗取中国文物

莫高窟自元代以后已鲜为人知，几百年里基本保存了原貌。但自从莫高窟藏经洞被发现后，随即吸引来许多西方的考古学家和探险者，他们从王圆箓处获取大量珍贵典籍和壁画，运出中国或散落民间，造成莫高窟文物丢失，严重破坏了莫高窟和敦煌艺术的完整性。

2. 玉门关

玉门关又称小方盘城。关城呈方形，位于敦煌市西北约90千米处，为汉代西陲两关之一，是丝绸古道西出敦煌进入西域北道和中道的必经关口。自西汉张骞出使西域以来，通过玉门关这座关口，中原的丝绸和茶叶等物品源源不断地输向西方各国，而西域诸国的葡萄等名优特产和宗教文化相继传入中原。当时的玉门关，驼铃悠悠，人喊马嘶，商队络绎，使者往来，一派繁荣景象，为中原进入西域的门户。现玉门关四周城垣保存完好，为黄胶土夯筑，开西、北两门，城墙高达10米，上有女墙，下有马道，人马可直达顶部。登上古关，举目远眺，四周沼泽遍布，沟壑纵横，长城蜿蜒，烽燧兀立，胡杨挺拔，泉水碧绿，柳绿花红，芦苇摇曳，与古关雄姿交相辉映，使人心驰神往，百感交集，怀古之情油然而生。

张骞出使西域

建元元年（前140年），汉武帝刘彻即位，张骞任皇宫中的郎官。建元三年（前138年），汉武帝招募使者出使大月氏，欲联合大月氏共击匈奴，张骞应募任使者，于长安出发，经匈奴，被停，被困10年，后逃脱。西行至大宛，经康居，抵达大月氏，再至大夏，停留了一年多才返回。

张骞出使西域本为贯彻汉武帝联合大月氏抗击匈奴的战略意图，但出使西域后汉夷文化交往频繁，中原文明通过"丝绸之路"迅速向四周传播。因而张骞出使西域这一历史事件便具有特殊的历史意义。张骞为开辟从中国通往西域的丝绸之路做出了卓越贡献，至今举世称道。

3. 鸣沙山

鸣沙山位于敦煌市南，又称神沙山，沙角山。东西绵延40千米，南北宽20千米，最高峰海拔1715米。整个山体由细沙积聚而成，山形美观，峰如刀刃。远看连绵起伏，如虬龙蜿蜒。鸣沙山有两个奇特之处：人若从山顶下滑，脚下的沙子会轰鸣作响；白天人们爬山留下的脚印，第二天竟会痕迹全无。另据史书记载，在晴朗的天气，即使风停沙静，也会发出丝竹管弦之音。敦煌鸣沙山与宁夏中卫市的沙坡头、内蒙古达拉特旗的银肯塔拉响沙群和新疆巴里坤鸣沙山号称中国的四大鸣沙。"沙岭晴鸣"为"敦煌八景"之一。

鸣沙

鸣沙又叫音乐沙，它是一种奇特的却在世界上普遍存在的自然现象。沙漠或者沙丘中，各种气候和地理因素的影响形成以石英为主的细沙粒，因风吹震动，沙滑落或相互运动，众多沙粒在气流中旋转，表面空洞造成"空竹"效应，发生嗡嗡响声的地方称为鸣沙地。在中国西部地区，鸣沙地主要是沙漠，这些沙丘堆成山状，因此又称为鸣沙山。

敦煌八景

敦煌位于河西走廊西端、甘青新三省交界处，独特的地理位置和悠久的历史沉淀造就了"敦煌八景"，成为中国著名旅游胜地。敦煌八景为月牙泉、沙泉、鸣沙山、莫高窟、雷音寺、民俗博物馆、白马塔、西云观、阳关，自然景观丰富、历史积淀厚重、戈壁大漠特色鲜明。

4. 月牙泉

登临鸣沙山俯视，只见在四周沙山环抱之中，有一翡翠般的清泉，形状酷似一弯新月，这就是月牙泉。月牙泉四面环沙而不被掩埋，经千年而不干枯，其水久雨不溢，天旱不涸。泉内水草丛生，清澈见底，风景优美。月牙泉内生长有眼子草和轮藻植物，南岸有茂密的芦苇，四周被流沙环抱，虽遇强风而泉不为沙所掩盖，因"泉映月而无尘""亘古沙不填泉，泉不涸竭"而成为奇观。鸣沙山和月牙泉是大漠戈壁中的一对孪生姐妹，"山以灵而故鸣，水以神而益秀"，有"鸣沙山怡性，月牙泉洗心"之感，古往今来以"沙漠奇观"著称于世，而被誉为"塞外风光之一绝"。

（二）兰州市

兰州市位于甘肃省中部，简称"兰"或"皋"，古称金城，是甘肃省政治、经济、文化和商贸中心，也是西北地区的交通枢纽和旅客集散地。兰州地处中国地理版图的几何中心，有"陆都心脏"之说，也是一座历史悠久的古城，作为古丝绸之路的交通要冲和商埠重镇，在中西经济文化交流中发挥过重要作用。

兰州市是沿丝绸古道寻古览胜的旅游热点城市，文物古迹众多，风景名胜独特。黄河穿城而过，沿着滨河路绿色长廊，可欣赏黄河雄姿、水车园、黄河母亲雕像、中山铁桥、白塔山、省博物馆、五泉山、兰山公园等景点。

三、陇东南旅游亚区

陇东南区域广义指包括甘肃庆阳、平凉、天水、陇南四市及其所属的 31 个县区。其主要城市陇南素称"秦陇锁钥，巴蜀咽喉"，又因地貌俊秀，气候宜人，素有"陇上江南"之称。天水历史文化悠久，是中华民族和华夏文明的重要发祥地、"三皇之首"伏羲氏的诞生地、伏羲文化的发祥地、国家历史文化名城，有"羲皇故里"之称。陇东南旅游亚区包括麦积山石窟、拉卜楞寺等著名景区。

1. 麦积山石窟

麦积山位于天水市东南约 35 千米的北群山中，此地一峰崛起，如民间麦垛，故名麦积山。这里峰奇林秀，松溪映带，为"秦地林泉之冠"，是丝绸之路上驰名中外的旅游胜地之一。麦积山高 142 米，石窟开凿在悬崖绝壁上。崖阁、摩窟、摩崖龛、山楼、走廊多凌空凿于 20~70 米高的悬崖峭壁上，洞窟密如蜂房，栈道凌空穿云，其惊险陡峻为世间罕见。麦积山石窟有"东方雕塑馆"之称，在艺术造型和特点上，泥塑生动优美，石雕技艺精湛，壁画古朴典雅。不论是北朝的"秀骨清像"，还是隋唐的"丰满圆润"，都刻画得栩栩如生，这种"形神兼备"的传统技法充分体现了我国古代雕塑、绘画艺术的独特风格。

特别提示

麦积山塑像的世俗化

麦积山的塑像有两大明显的特点，即强烈的民族意识和世俗化的趋向。除早期作品外，从北魏塑像开始，差不多所有的佛像都是俯首下视的体态，都有和蔼可亲的面容，虽是天堂的神，却像世俗的人，成为人们美好愿望的化身。从塑像的体形和服饰看，也逐渐在摆脱外来艺术的影响，体现出汉民族的特点。

2. 拉卜楞寺

拉卜楞寺位于甘南藏族自治州夏河县城西，建于 1709 年，建筑形式为藏式、汉地宫殿式和藏汉混合式。佛像多达万余尊，制作精美，形态庄重，面容慈祥，给人以美感，有金、银、铜、铝等金属制品，也有象牙、檀木、玉石、水晶和泥塑作品，不少佛冠及佛身均嵌以珍珠、翡翠、玛瑙、金刚石等珍物。拉卜楞寺是现有藏传佛寺藏书较丰富的寺院之一，保存经卷约 6.5 万余部，可分为哲学、宗教、医药、历史、地理、传记、工艺、文法修辞等 10 余类；珍藏有贝叶经（写于印度贝多罗树叶上的经文）2 部，印经院内保存有各种木刻经版 7 万余块；保存有众多清朝以来的历史文献资料。寺内珍藏的上万幅唐卡，多出自藏画之乡——青海五屯的艺人之手。

> **课堂讨论**
>
> 1. 河西走廊旅游亚区因何得名？有哪些著名旅游景点？
> 2. 敦煌有哪八大景观？沙漠中为何会产生"鸣沙"的现象？

第四节　新疆维吾尔自治区

一、概述

新疆维吾尔自治区简称"新"，首府乌鲁木齐市，面积 160 多万平方千米，占全国总面积的 1/6，是中国面积最大的省区，包括北疆旅游亚区、南疆旅游亚区。新疆"三山夹两盆"，最北部为阿尔泰山，中部为天山，最南部为昆仑山系。阿尔泰山和天山之间为准噶尔盆地，天山和昆仑山系之间为塔里木盆地。在这样的自然条件下，人类创造了沙漠绿洲、坎儿井等奇迹。古寺、洞窟达百余处，年代久远，还有高昌故城、交河故城、楼兰等古代遗址和阿斯塔纳古墓群等。

新疆多高山，乔戈里峰海拔 8611 米，为世界第二高峰，雪峰、冰川是探险、科学考察的好场所；天山山麓牧场优美而静谧，天山天池为著名的高山湖泊；而艾丁湖为中国最低湖泊；其他如"火焰山""魔鬼城"与将军崖的雅丹地貌、"风库""火洲""冷极""旱极"都可谓自然奇观。该区兼具奇特的自然景观、众多的文物古迹和绚丽多彩的民族风情，且三者紧密结合、相映生辉。

新疆是我国民族成分较多的地区之一，许多城市都呈现着鲜明的民族特色。维吾尔族以能歌善舞著称，尤以情歌为多，有较高的思想性和艺术性。民族服装艳丽多彩，冠履饰物搭配协调。维吾尔族信仰伊斯兰教，十分重视传统节日。传统节日主要有肉孜节、古尔邦节等，以过古尔邦节最为隆重。维吾尔族人最爱吃馕、抓饭、面条等食品，有很多著名的风味菜肴和小吃，如烤全羊、手抓羊肉、烤羊肉串等。

特别提示

揭起你的盖头来

维吾尔族实行一夫一妻制。男女成亲前，要提亲和举行定亲仪式。婚礼的高潮是在男方家举行揭盖头仪式。宴席结束后开始"麦西来甫"舞会。人们欢歌雀跃，气氛祥和热烈。舞会时，一对男女从人群中走出来跳舞。新郎揭开新娘的面纱，新娘再盖上，重复三遍。三遍之后，新娘站起来向宾客们深深地鞠一躬，宾客们则鼓掌庆贺，仪式结束。揭盖头时，男女双方的主客必须在场。女方客人在左，男方客人在右，同作"都瓦"（祈祷）。

二、北疆旅游亚区

北疆即新疆的北部。天山山脉将新疆分为南北两大部分。其中心城市乌鲁木齐是新疆的政治、经济、文化、科教和交通中心，是世界上距离海洋最远的大城市，有"亚心之都"的称呼，是第二座亚欧大陆桥中国西部桥头堡和中国向西开放的重要门户，是世界上最内陆、距离海洋和海岸线最远的大型城市（2500千米）。吐鲁番地理位置优越，地处亚欧大陆腹地，是乌鲁木齐的门户，是新丝绸之路和亚欧大陆桥的重要交通枢纽。兰新铁路、南疆铁路在这里交会，与吐鲁番机场、G30线形成了集"公路、铁路、航空"为一体的立体交通运输体系，具有"连接南北、东连西出、西来东去"的区位和便捷交通优势，实现了乌吐区域经济一体化。北疆旅游亚区包括天山天池、喀纳斯湖，以及吐鲁番的葡萄沟、火焰山、高昌故城等著名景区。

（一）乌鲁木齐市

乌鲁木齐市位于天山北麓，准噶尔盆地南端。乌鲁木齐为蒙语，意为"优美的牧场"。古老的乌鲁木齐河自南向北从市区穿过；城东是博格达峰，晶莹闪光，极为壮观；城南有雄伟壮丽的天山山脉，峰峦叠嶂，雪峰皑皑，气象万千。环山带水，沃野广袤，是西域著名的"耕凿弦诵之乡，歌舞游冶之地"。乌鲁木齐是新疆重要的旅游集散地和目的地，天山山脉分布着高山冰雪景观、山地森林景观、草原景观，为游客观光、探险提供了丰富的内容。新疆民街、二道桥民族风情一条街、国际大巴扎等带有浓郁新疆民俗风情的景点享誉国内外。各民族的文化艺术、风情习俗，构成了具有民族特色的旅游人文景观。这座古老而又年轻的城市，以其绮丽多彩的湖光山色、浓郁清新的西部风韵吸引着来自远方的游客。

1. 天池

天池风景区距乌鲁木齐 110 千米，是一个天然的高山湖泊，传说这里曾是王母娘娘的浴池，故称"瑶池"。天池湖面海拔 1910 米，长约 3.4 千米，最宽处约为 1.5 千米，最深处达 105 米。湖水清澈碧透，晶莹如玉，四周群山环抱，绿草如茵，野花似锦，背后是白雪皑皑的博格达峰，湖光山色构成了天池迷人的高山景色。盛夏时分，天池附近却很凉爽，是避暑佳地。到冬季，这里又是良好的高山滑冰场。

博格达峰海拔 5445 米，为天山高峰之一。山上积雪终年不消，人称"雪海"。三峰并立，高矗云霄，极为壮观。博格达雪峰与天池湖水相映成趣，构成了高山平湖绰约多姿的自然景观。2013 年，新疆天山天池风景名胜区被联合国教科文组织列入《世界遗产名录》。2015 年 6 月，天山天池的西王母神话列入中国第四批国家级非物质文化遗产代表性项目。

2. 喀纳斯湖

喀纳斯湖是坐落于阿尔泰深山密林中的高山湖泊。喀纳斯，蒙古语意为"峡谷中的湖"。喀纳斯湖湖面海拔 1374 米，南北长 24 千米，平均宽约 1.9 千米，面积约 45 平方千米。1983 年，以湖为中心，成立了喀纳斯自然保护区。喀纳斯湖四周雪峰耸峙，绿坡墨林，艳花彩蝶，湖光山色，美不胜收。这里是我国唯一的南西伯利亚区系动植物分布区，生长有西伯利亚区系的落叶松、红松、云杉、冷杉等珍贵树种；有各种兽类、鸟类、两栖爬行类动物，许多种类的花木鸟兽在全疆乃至全国都是绝无仅有的；区内森林草原相间，河流湖泊众多，自然景观艳丽，具有极高的旅游观光和科学考察价值。

特别提示

喀纳斯湖三大奇观

喀纳斯湖有三大奇观。一是千米枯木长堤，因喀纳斯湖中的浮木被强劲谷风吹着逆水上漂，在湖上游堆聚而成；二是湖中巨型"水怪"，常常将在湖边饮水的马匹拖入水中，为喀纳斯湖平添了几分神秘色彩；三是雨过天晴时才有的奇景——喀纳斯云海佛光。

（二）吐鲁番市

吐鲁番市位于东天山的断陷盆地中，西距乌鲁木齐 182 千米。吐鲁番古称"姑师"，汉代为车师前国，唐时称高昌、西州、火州。吐鲁番是古丝绸之路上的重镇，有四千多年的文化积淀，曾经是西域政治、经济、文化的中心之一，以环境特异、古迹遍地、物产富饶著称于世。火州虽然酷热，但热而不闷。吐鲁番盛产葡萄等瓜果和长绒棉，且葡萄等瓜果的含糖量高，故火州吐鲁番是中国最低、最热、最早、最甜的地方，其自然环境独特、神奇。

吐鲁番已发现文化遗址 200 余处，出土了从史前到近代 4 万多件文物，从出土文物来看，吐鲁番至少使用过 18 种以上的古文字、25 种语言，大量的文物和史实证明，吐鲁番是世界上影响深远的中国文化、印度文化、希腊文化、伊斯兰文化四大文化体系和萨满教、祆教、佛教、道教、景教、摩尼教、伊斯兰教七大宗教的交融交汇点。

延伸阅读

吐鲁番盆地

吐鲁番盆地是中国最低的内陆盆地，盆地呈枣核形，最低处的艾丁湖，湖面低于海平面155米，吐鲁番盆地堪称中国"热极"，故有"火州"之称。盆地中常刮大风，最大风力可达12级及以上，故它又有"风库"之称。吐鲁番盆地多年平均降水量极少，是中国的"干极"。

1. 葡萄沟

葡萄沟坐落于吐鲁番市东北，距城市中心10千米，因盛产葡萄而得名。葡萄沟系火焰山西侧的一个峡谷，南北长8千米，狭长平缓。沟谷两岸，悬崖对峙，犹如屏障，沟内溪流环绕，水质纯净；溪流两侧，葡萄架遍布。葡萄藤蔓层层叠叠，绿意葱葱，给沟谷增添了无限诗情画意。各种瓜果及多种树木遍布沟中，使葡萄沟成了"百花园""百果园"。春季，繁花似锦；盛夏，硕果累累。沟中藤蔓交织，曲径通幽，串串葡萄举手可及。葡萄沟内有布依鲁克河，主要水源为高山融雪，是新疆吐鲁番市的旅游胜地。2007年5月8日，葡萄沟经国家旅游局正式批准为国家5A级旅游景区。

2. 火焰山

火焰山横亘在吐鲁番盆地中部，古丝绸之路北道，主要由中生代的侏罗纪、白垩纪和第三纪的赤红色砂、砾岩和泥岩组成。当地人称它为"克孜勒塔格"，即"红山"，为天山支脉之一。亿万年间，地壳横向运动时留下的无数条褶皱带和大自然的风雨剥蚀，形成了火焰山起伏的山势和纵横的沟壑。在烈日照耀下，赤褐砂岩灼灼闪光，炽热气流滚滚上升，云烟缭绕，犹如火焰燃烧，此即"火焰山"名称的由来。历史上，火焰山处在"丝绸之路"北道上，至今仍留存许多文化古迹和历史佳话。火焰山神奇的地貌、独特的物产、众多的文化遗址以及《西游记》中"孙悟空三借芭蕉扇"等传说脍炙人口。近年来，火焰山游人如织，形成了火焰山旅游热。

小故事

孙悟空三借芭蕉扇

唐僧师徒四人，一路风尘仆仆西行取经。经过火焰山，热气袭人，难以忍受，决定向铁扇公主借芭蕉扇过火焰山，但孙悟空曾与铁扇公主之子红孩儿结仇，铁扇公主不肯借扇，把孙悟空扇到了万里之外。孙悟空含定风丹再次去借扇，铁扇公主闭门不出。孙悟空变成小虫子，钻入铁扇公主的肚子，铁扇公主借假扇给孙悟空。第三次，孙悟空大战牛魔王，借到了真扇，师徒四人扇灭山火，继续西行取经。

三、南疆旅游亚区

南疆是指天山以南的广袤地区，自古以来就是一个多民族聚居的地区，汉、维吾尔、塔吉克、柯尔克孜等民族的艺术和绚丽多彩的风情构成了具有浓郁民族特色的人文景观。南疆与北疆的绝美风光不同，南疆有世界第二大沙漠，"进去了就出不来"的塔克拉玛干沙漠，自然环境较差，多以沙漠和盐碱地为主。所谓"北疆看风景，南疆看人文"，这片历史厚重的土地是古代丝绸之路的核心区域。南疆是维吾尔族的主要聚居地。南疆旅游亚区有闻名的楼兰古城、喀什艾提尕清真寺、罗布泊等。

1. 楼兰古城

楼兰古城是古丝绸之路上的一个遗迹，位于罗布泊西部，处于古西域的枢纽。楼兰古城东起古阳关附近，西至尼雅古城，南至阿尔金山，北到哈密，在古代丝绸之路上占有极为重要的地位。许多商队经过这一绿洲时，都要暂时休憩。楼兰城内最高建筑物是位于城东部的一座高 10 米多的佛塔，塔身是由土坯加木料垒砌而成的。塔基为方形，每边长近 20 米，塔身的南面连接着一大片大型建筑遗址，堆积着许多木料，这些木料都经过精细加工。楼兰城中最显眼的建筑遗迹是城中部的"三间房"。这三间房屋都是木结构，木料上还残留着朱漆。从位置和构造等情况分析，这里可能就是当年楼兰城统治者的衙门府所在地。在人类历史上，楼兰是个充满神秘色彩的名字，楼兰遗址也成为世界瞩目的焦点。楼兰古城曾经有过的辉煌，形成了它在世界文化史上的特殊地位。

2. 喀什艾提尕清真寺

喀什艾提尕清真寺位于喀什市中心，是维吾尔族古建筑艺术的典范，为喀什古城的地方象征，已有 500 多年历史。该寺由礼拜堂、经堂、门楼、水池和其他一些建筑物组成，是新疆规模最大的清真寺。清真寺南北长 140 米，东西宽 120 米；廊檐十分宽敞，由 100 多根雕花木柱支撑；顶棚上面是精美的木雕和彩绘的花卉图案；正殿正中墙上开了一个神龛，龛内放置了一个有台阶的宝座。肉孜节和古尔邦节到来时，清真寺前的广场便成了维吾尔族群众尽情欢乐的地方；身着节日盛装的维吾尔族青年随着欢快的鼓乐声，跳起热情奔放的"萨玛"舞，场景十分壮观。

课堂讨论

1. 南疆与北疆有何不同？如何理解"北疆看风景，南疆看人文"？
2. 为什么说吐鲁番是"四大文化体系交汇点"？它有哪些旅游景点？

第五节　陕西省

一、概述

陕西省简称"陕"，因春秋战国时是秦国的故地，又简称"秦"。省区位于黄河中游和汉江上游，面积 19.5 万平方千米。陕西省地势呈南北高、中间低，由高原、山地、平原和盆地等多种地貌构成，其中黄土高原占全省土地面积的 40%，地跨黄河、长江两大水系，横跨三个气候带，陕北北部长城沿线属中温带季风气候，关中及陕北大部属暖温带季风气候，陕南属北亚热带季风气候。毗邻的省有内蒙古、山西、河南、湖北、四川、甘肃、宁夏。

陕西是中华民族及华夏文化的重要发祥地之一，有西周、秦、汉、唐等 14 个政权在这里建都。陕西是一个浩大的历史博物馆，关中可算是其中主要的陈列室，到处可见秦砖汉瓦，名胜古迹胜不可数，国家和省级重点文物保护单位均在全国名列前茅。陕西省国家 5A 级旅游景区 8 家（秦始皇兵马俑博物馆、华清池景区、黄帝陵景区、大雁塔—小雁塔景区、华山景区、法门寺佛文化景区、金丝峡景区、宝鸡太白山景区）。在自然景观方面，有位于华阴市的西岳华山、宝鸡眉县的太白山，还有西安周边的临潼骊山华清池、终南山、翠华山，秦晋交界处的黄河壶口瀑布等。

按民俗文化陕西可分为 3 部分：陕北半农半牧文化区，关中麦黍文化区和陕南稻作文化区。在陕北，不妨赏一赏榆林的手工地毯，听一听"三边"的信天游，看一看延安妇女的剪纸，试一试窑洞的冷暖，领略一下安塞腰鼓的风采；在关中，不妨探寻一下面塑的内涵，尝一尝羊肉泡馍的滋味，瞧一瞧正月社火的热闹；在陕南，不妨听一听巴山的情歌，品一品紫阳的青茶，瞅一瞅当地的花鼓戏，领略那巴蜀风情。

二、主要旅游景区

1. 秦始皇陵兵马俑

秦始皇陵位于陕西省西安市以东约 37 千米的临潼区，是中国历史上第一个中央集权国家的皇帝秦始皇于前 246 年—前 208 年营建的，也是中国历史上第一个皇帝陵园。其巨大的规模、丰富的陪葬物居历代帝王陵之首，是最大的皇帝陵。据史载，秦始皇为造此陵征集了 70 万个工匠，建造时间长达 38 年。陵园占地近 8 平方千米，建外、内城两重，封土呈四方锥形，分陵园区和从葬区两部分。秦始皇兵马俑规模宏大，场面威武，具有很高的艺术价值。1987 年，秦始皇陵及兵马俑坑被联合国教科文组织批准列入《世界遗产名录》，并被誉为"世界第八大奇迹"。

秦始皇陵陵基近似方形，状如覆斗，封土原高约 115 米。顶部平坦，腰略呈阶梯形。现存高 76 米，东西长 345 米，南北宽 350 米。陵墓地宫中心是安放秦始皇棺椁的地方，陵墓四周有陪葬坑和墓葬 400 多个，范围广及 56.25 平方千米。主要陪葬坑有铜车马坑、珍禽异兽坑、马厩坑以及兵马俑坑等。兵马俑是秦始皇陵的从葬坑，位于秦始皇陵东侧约 1 千米处，发现于 1974 年，是当代较重要的考古发现之一。3 个坑共发掘出 700 多件陶俑、100 多乘战车、400 多匹陶马、10 万多件兵器。陶俑身高为 1.75~1.85 米，根据装束、神态、发式的不同，可以分为将军俑、武士俑、车士俑等。坑内还出土有剑、矛、戟、弯刀等青铜兵器，它们虽然埋在土里 2000 多年，但依然刀锋锐利，闪闪发光，可视为世界冶金史上的奇迹。

特别提示

最完整的古代铜车马

1980 年发掘出土的一组两乘大型的彩绘铜车马——高车和安车，是迄今中国发现的体形最大、装饰最华丽，结构和系驾最逼真、最完整的古代铜车马，被誉为"青铜之冠"。

2. 黄河壶口瀑布

黄河壶口瀑布位于山西省吉县和陕西省宜川县之间，景区面积约 100 平方千米，是国家级风景名胜区，国家 4A 级旅游景区。壶口瀑布是世界上最大的黄色瀑布，中国第二大瀑布。黄河奔流至此，两岸石壁峭立，河口收束狭如壶口，故名壶口瀑布。瀑布上游黄河水面宽 300 米，在不到 500 米长距离内，被压缩到 20~30 米的宽度。1000 立方米 / 秒的河水从 20 多米高的陡崖上倾注而泻，形成"千里黄河一壶收"的宏大场面。名胜区内还有孟门夜月、壶口冰桥等著名景点。在壶口瀑布往下 3000 米的河道中有一块巨大的奇石，人们称它为"孟门山"，河水至此就分成两路，从巨石两侧飞泻而过，然后又合流为一。这里又是人们观赏"孟门夜月"的地方。每当农历月半，夜临孟门，可见河底明月高悬。站北南观，水中明月分为两排飞舞而下；立南北望，水里明月合二而一，迎面而来。每到冬季，黄河上游的水夹杂着大大小小的冰块涌至壶口，叠摞堆积起来，和石岸相平，形成了连接陕西、山西两省的天然通道。"壶口冰桥"亦为一景。

3. 华山

华山位于华阴市境内，雅称"太华山"。华山之险居五岳之首，有"华山自古一条路"的说法。华山有东、西、南、北、中五峰。东峰是华山的奇峰之一，因峰顶有朝台可以观看日出美景，故又名朝阳峰。北峰也叫云台峰，山势峥嵘，三面绝壁，只有一条山道通往南面山岭，电影《智取华山》即取材于此。西峰叫莲花峰，峰顶有一块"斧劈石"，相传神话传说故事《宝莲灯》中的沉香劈山救母就发生在这里。南峰即落雁峰，是华山主峰，海拔2000余米，也是华山最险峰，峰上苍松翠柏，林木葱郁，峰东有凌空飞架的长空栈道。中峰亦名玉女峰，依附于东峰西壁，是通往东、西、南三峰的咽喉。

华山山路奇险，景色秀丽，沿山路从玉泉院到苍龙岭可以看到许多胜景，从华山脚下到青柯坪，一路上风光幽静，山谷青翠，鸟语花香，流泉垂挂，令人心旷神怡。青柯坪以东才是真正爬山的开始，这里有一巨大的回心石，站在石上往上看是危崖峭壁、突兀凌空的"千尺幢"，胆小的人就在此停住，准备往回走了，只有不畏艰险、勇于攀登的人才有机会领略到华山险峰上更美的风光。千尺幢窄陡的石梯容纳一人上下，370多个石级，非铁索牵挽，难以攀登。过千尺幢经百尺峡就到了"老君犁沟"，这是夹于陡绝石壁之间的一条沟状道路，有570多个石级，其尽头是"猢狲愁"，顾名思义，连猴子都发愁，足以说明崖壁是多么陡峭了。

小故事

沉香劈山救母

"劈山救母"又名"宝莲灯"，是中国古代神话传说之一。据说圣母与刘玺成婚，生下沉香，但圣母之兄竟盗走宝莲灯并将圣母压在华山之下。15年后沉香学得武艺，执神斧前来救母，因不知母亲被压的具体位置，便站在这里哭喊母亲。山神被他的孝心感动，指点迷津，沉香终于劈开山石，母子团圆。西峰顶上，有一块十余丈长的巨石齐茬茬地被截成三节，巨石旁边插着一把七尺高、300多斤重的月牙铁斧。相传这就是当年沉香劈山救母的地方，后人称此峰为孝子峰，称巨石为"斧劈石"，称铁斧为"开山斧"。

4. 华清池

华清池亦名华清宫，是唐代帝王游幸的别宫，位于陕西省西安市临潼区，以3000年的皇家园林史和6000年的温泉利用史而享誉海内外。1998年，被建设部授予"中国名园"称号。2000年被评为全国首批4A级旅游景区。华清池分为九龙湖风景区、唐御汤遗址区、西安事变旧址区（环园）、唐梨园文化区、温泉沐浴区、配套服务区6部分。骊山是华清宫景区的重要组成部分，山上文物胜迹众多、自然景观秀丽，遍布着烽火台、老母殿、老君殿、晚照亭、兵谏亭、上善湖、七夕桥、三元洞等众多著名景点。周、秦、汉、唐以来，这里一直是皇家园林，离宫别墅众多。西周末年，周幽王在此上演了"烽火戏诸侯"的历史典故；盛唐时，唐玄宗与杨贵妃在此演绎了一场凄美的爱情故事；现代史上，著名的"西安事变"也发生在骊山上。

烽火戏诸侯

　　西周末年，周幽王有一个爱妃，名叫褒姒，有沉鱼落雁之姿，但是她却从来没有笑过。为博褒姒一笑，一天傍晚，周幽王带着爱妃登上了城楼，并且命令手下点起城楼上的烽火。烽火引起了周围诸侯的注意，以为是西戎前来进犯，于是各自带领兵队马上赶去救援。看着赶到的各路诸侯，褒姒哈哈大笑，幽王很高兴，又多次点燃烽火。没过多久，西戎的军队真的前来进犯，周幽王急忙点起烽火，却没有诸侯带兵勤王。他们认为周幽王这次又只是为博褒姒一笑，不相信真的有外敌侵犯。结果周幽王被杀死了，他的都城被西戎攻占，从此西周灭亡。

5. 大雁塔

　　大雁塔位于陕西省西安市南部的慈恩寺。慈恩寺是唐贞观二十二年（648年），太子李治为纪念亡母文德皇后以报答养育之恩而修建的，故名"慈恩寺"。当时，寺内共有13处院落，房屋达1987间，并请赴印度取经回国的高僧玄奘主持寺务，著名的画家阎立本、吴道子都在此绘制过壁画。唐永徽三年（652年），玄奘在寺内西院建塔，名慈恩寺塔，用于存放从印度带回来的经籍。现在的塔名是据《慈恩寺三藏法师传》中的记载而来：摩揭陀国有一僧寺，一日有一只大雁离群落羽，摔死在地上，僧众认为这只大雁是菩萨的化身，决定为大雁建造一座塔，因而又名雁塔，也称大雁塔。

　　大雁塔最初五层，后加盖至九层，再后层数和高度又有数次变更，最后固定为现在的七层塔身。现塔身通高64.517米，底层边长25.5米，每层为仿木结构，底层门楣有精美的线刻像，西门楣为阿弥陀佛说法图，图中刻有富丽堂皇的殿堂。大雁塔在唐代已是著名的游览胜地，留有大量文人雅士的题记，仅明清时期的题名碑就有200余通。今天，大雁塔仍是古城西安的标志性建筑。1961年，国务院将其列入第一批全国重点文物保护单位。2014年6月22日，在卡塔尔多哈召开的联合国教科文组织第38届世界遗产委员会会议上，大雁塔作为中国、哈萨克斯坦和吉尔吉斯斯坦三国联合申遗的"丝绸之路：长安——天山廊道的路网"中的一处遗址点成功列入《世界遗产名录》。

玄奘与大雁塔

　　唐永徽三年（652年），玄奘法师为供奉从天竺带回的佛像、舍利和梵文经典，在长安慈恩寺的西塔院建造了一座五层砖塔。玄奘法师在慈恩寺主持寺务，以"恐人代不常，经本散失，兼防火难"，希望妥善安置经像舍利为由，拟在慈恩寺正门外造石塔一座，于唐永徽三年（652年）三月附图表上奏。玄奘所规划浮屠（佛塔）总高三十丈，唐高宗以工程浩大难以成就，又不愿法师辛劳为由，恩准朝廷资助在寺西院建五层砖塔。大雁塔所在的大慈恩寺是玄奘专门从事译经和藏经之处。新建佛塔名雁塔，由于后来在长安荐福寺内修建了一座较小的雁塔，因此慈恩寺塔又被称为大雁塔，荐福寺塔称为小雁塔。

课堂讨论

1. 陕西省有哪些地形地貌？有哪些著名自然景观？
2. "陕甘宁红色旅游区"有哪些革命遗迹？请设计两条红色旅游经典线路。

本章小结

  本章介绍内蒙古自治区、宁夏回族自治区、甘肃省、新疆维吾尔自治区、陕西省的旅游资源。西北旅游区地域辽阔，深居内陆，距海遥远，再加上高原、山地对湿润气流的阻挡，导致本区降水稀少，气候干旱，形成广袤的沙漠和戈壁滩景观。区内自然景观对比强烈，既有盆地、沙漠、绿洲，也有森林、草原、雪山、冰川地貌。民族多样性也是该区一大特色，维吾尔族、回族、蒙古族等民族在此聚居，独具风味的民族风情令游客们流连忘返。奇异的自然景观、浓郁的民族风情、丰富的历史遗迹是本区的旅游特色。

本章测试

一、单项选择题

1. 下列哪一个景点不属于内蒙古？（　　　）

A. 呼伦贝尔草原　　　B. 锡林郭勒草原　　　C. 火焰山　　　D. 五塔寺

2. 呼和浩特是蒙古语，意为（　　　）。

A. 红色的城　　　B. 青色的城市　　　C. 高原上的平野　　　D. 弯弯曲曲的河流

3. 锡林郭勒是我国最大的（　　　）生态系统类型的自然保护区。

A. 草原　　　B. 森林　　　C. 沙漠　　　D. 湿地

4. 银川旅游亚区的核心不包括（　　　）。

A. 伊斯兰　　　B. 黄河　　　C. 西夏　　　D. 佛教

5. 甘肃省的旅游主题是（　　　）。

A. 黄河　　　B. 丹霞地貌　　　C. 丝绸之路　　　D. 海上丝绸之路

6. 以下哪个石窟位于甘肃省？（　　　）

A. 云冈石窟　　　B. 龙门石窟　　　C. 麦积山石窟　　　D. 大足石窟

7. （　　　）将新疆分为南、北两部分。

A. 阿尔泰山脉　　　B. 天山山脉　　　C. 昆仑山脉　　　D. 横断山脉

8. 以下哪个景区不属于南疆旅游亚区？（　　　）

A. 火焰山　　　　　　　　　　　　　B. 罗布泊

C. 喀什艾提尕尔清真寺　　　　　　　D. 楼兰古城

二、多项选择题

1. 锡林郭勒主要保护对象为（　　　　）。

    A. 草甸草原　　　　　B. 典型草原　　　　　C. 沙地疏林草原　　　　　D. 河谷湿地生态系统

2. 以下哪些景点属于内蒙古西部旅游亚区？（　　　　）

    A. 阿尔山温泉　　　B. 五塔寺　　　　　C. 昭君墓　　　　　D. 成吉思汗陵

3. （　　　　）三大文化是银川旅游亚区旅游资源的核心。

    A. 伊斯兰　　　　　B. 黄河　　　　　C. 长江　　　　　D. 西夏

4. 青铜峡旅游亚区基本集中了宁夏旅游资源的三大优势，将（　　　　）等民族风情有机地结合起来。

    A. 塞上江南风光　　B. 西夏文化　　　　C. 回族穆斯林　　　　D. 满族文化

5. 丝绸之路途经以下哪几座城市？（　　　　）

    A. 银川　　　　　B. 张掖　　　　　C. 兰州　　　　　D. 西安

6. 以下关于拉卜楞寺的说法，哪些正确？（　　　　）

    A. 其位于甘孜藏族自治州

    B. 是回族人民心目中的吉祥胜地

    C. 保存有众多清王朝以来的历史文献资料

    D. 是现有藏传佛寺藏书较丰富的寺院之一

7. 北疆旅游亚区包括以下哪些景区？（　　　　）

    A. 葡萄沟　　　　　B. 楼兰古城　　　　　C. 罗布泊　　　　　D. 高昌古城

8. 罗布泊古代发源于（　　　　）流域，源源注入罗布洼地形成湖泊。

    A. 阿尔泰山　　　B. 天山　　　　　C. 昆仑山　　　　　D. 阿尔金山

9. 以下哪三种民俗文化将陕西分为3部分？（　　　　）

    A. 陕北半农半牧文化区　　　　　　　B. 关中麦黍文化区

    C. 陕南稻作文化区　　　　　　　　　D. 陕西秦腔文化

10. 以下关于大雁塔的说法，哪些是正确的？（　　　　）

    A. 其位于陕西省宝鸡市

    B. 著名画家阎立本、吴道子在此绘制过壁画

    C. 由玄奘在寺内西院建塔

    D. 用以存放从拉萨带回来的经籍

西南旅游区

西南旅游区位于我国西南部，包括四川省、重庆市、云南省和贵州省，地形地貌复杂，可分为三个地形单元：四川盆地及其周边山地、云贵高原中高山山地丘陵区、青藏高原高山山地区。三省一市历史悠久，文化灿烂，有藏族、白族、傣族等30多个少数民族，民族多样性带来文化多样性，吸引大量游客前往体验异域风情。九寨沟、峨眉山、黄果树瀑布、长江三峡等呈现瑰丽的自然景观；丽江古城、乐山大佛、西江千户苗寨、三星堆博物馆、布达拉宫等展示了当地人民的智慧。无论是自然景观还是人文景观，西南地区都拥有一批驰名中外的旅游精品，西南旅游区已经成为中国旅游业的一个重要增长极和世界知名的旅游胜地。

教学目标

1. 掌握西南旅游区以及主要旅游景点。
2. 对比四川、贵州、云南的少数民族风情。
3. 认识九寨沟、黄果树瀑布等自然景观的成因。
4. 思考西南旅游区旅游资源的利用和开发。

思维导图

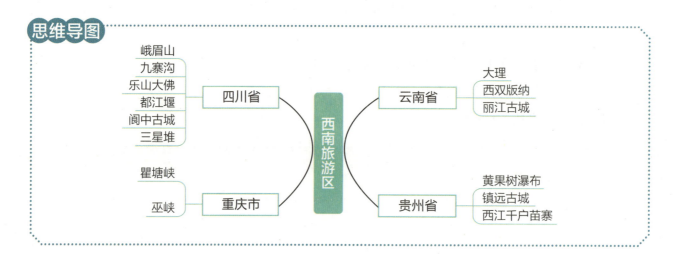

第一节　四川省

一、概述

四川，简称"川"或"蜀"，省会成都，地处祖国西南腹地和长江上游，面积 48.5 万平方千米，约占国土面积的 5.1%，是仅次于新疆、西藏、内蒙古和青海的大省。东连重庆，南邻云南、贵州，西接西藏，北接陕西、甘肃、青海。除汉族外，其中以彝、藏、土家、苗、羌、回、蒙古、满等族人数较多。四川历史悠久，其在距今 25000 年前开始出现人类文明，并在新石器时代晚期形成了以宝墩文化、三星堆遗址、罗家坝遗址、金沙遗址为代表的高度发达的古蜀文明。古蜀文明与华夏文明、良渚文明并称为中国上古三大文明。四川有世界遗产 7 处，列居全国第二位。其中，世界自然遗产 3 处（九寨沟、黄龙、四川大熊猫栖息地），世界文化与自然双重遗产 1 处（峨眉山—乐山大佛），世界文化遗产 1 处（青城山—都江堰），世界灌溉工程遗产 2 处（东风堰、都江堰）。列入世界"人与生物圈保护网络"的保护区有 4 处（九寨、卧龙、黄龙、稻城亚丁）。

四川省地貌东西差异大，地形复杂多样，位于中国大陆地势三大阶梯中的第一级青藏高原和第三级长江中下游平原的过渡地带，高差悬殊，地势呈西高东低的特点，由山地、丘陵、平原、盆地和高原构成。其中，山地、高原和丘陵约占全省土地面积的 97.46%，除四川盆地底部的平原和丘陵外，大部分地区岭谷高差均在 500 米以上。最低的东部长江三峡，海拔仅 70 余米，而西部最高的贡嘎山则达 7556 米，二者相差 7400 米以上；地表起伏之悬殊，在我国仅西藏、新疆可比。西部是川西高原，东部是川东盆地。川西包括阿坝、甘孜、凉山三个自治州，毗邻青藏高原的东部，俱在海拔 3000 米以上。四川的气候复杂多变。高原山区地高天寒，严冬时气温为 –20~2℃，且冬季长达 5 个半月之久。6—9 月是雨季，11 月至次年 9 月是旱季，旱季午间气温可达 32℃。高原有 6 小时以上的日照，蓝天衬托青草绿树，景致优美。

二、主要旅游景区

1. 峨眉山

峨眉山位于乐山市西部的峨眉山市境内，距乐山市 30 多千米，距成都约 160 千米。峨眉山是四大佛教名山中最高大雄伟的一座,主峰海拔 3099 米,地势陡峭,风景秀丽,素有"峨眉天下秀"之称。峨眉山是普贤菩萨的道场,宗教文化特别是佛教文化构成了峨眉山历史文化的主体,所有的建筑、造像、法器以及礼仪、音乐、绘画等都展示出宗教文化的浓郁气息。山上多古迹、寺庙,有报国寺、伏虎寺、洗象池、龙门洞、舍身崖、峨眉佛光等胜迹,是中国旅游、休养、避暑目的地之一。明清时,全山共有佛教寺庙 170 余座,僧众达数千人。现山上保留下来的寺庙还有 20 座。峨眉山是多种稀有动物的栖居地,动物种类达 2300 多种。山路沿途有较多猴群,常结队向游人讨食,为该山一大特色。

小故事

蒲公寻鹿现普贤

传说东汉明帝永平六年(63 年),蒲公上山采药,进树林时发现地上有两行状如莲花的新脚印,仔细辨别,确认是麋鹿留下的痕迹,便循迹追踪。走到舍身崖边,未见麋鹿。抬头一望,只见二鸟飞过,霎时一只五色光环从云中喷薄而出,吞吐山岩,圆晕数重,光若车轮,环中虚明如悬镜。蒲公询问路人,老人告诉他此乃普贤菩萨现身。蒲公感到惊异,便出家为僧,与他人一道在峨眉山顶普贤显相的舍身崖边建起一座庙宇,取名"普光殿",供奉普贤菩萨。这就是峨眉山最早落成的寺院,也是普贤在峨眉山的道场。

2. 九寨沟

九寨沟风景名胜区位于四川省阿坝藏族羌族自治州九寨沟县,是一条纵深 40 余千米的山沟谷地,因周围有 9 个藏族村寨而得名,总面积约 620 平方千米。自然景色兼有湖泊、瀑布、雪山森林之美。沟中地僻人稀,景物特异,富于原始自然风貌,有长海、剑岩、诺日朗、树正、扎如、天海六大景区,以翠海、叠瀑、彩林、雪峰、藏情这"五绝"而驰名中外。九寨沟是世界自然遗产、国家重点风景名胜区、国家 5A 级旅游景区、国家级自然保护区、国家地质公园、世界生物圈保护区网络,被世人誉为"童话世界",号称"水景之王",有"九寨归来不看水"之说,是我国第一个以保护自然风景为主要目的的自然保护区。

特别提示

九寨沟地处青藏高原向四川盆地过渡地带,地质背景复杂,碳酸盐分布广泛,褶皱断裂发育,新构造运动强烈,地壳抬升幅度大,多种营力交错复合,造就了多种多样的地貌和景观,发育了大规模喀斯特作用的钙华沉积,以植物喀斯特钙华沉积为主导,形成九寨沟艳丽典雅的群湖,奔泻湍急的溪流,飞珠溅玉的瀑群,古穆幽深的林莽,连绵起伏的雪峰。

3. 乐山大佛

"游峨眉必朝大佛,朝大佛多游峨眉。"乐山大佛是峨眉风景区重要的组成部分,又名凌云大佛。乐山大佛地处四川省乐山城东,岷江、青衣江、大渡河三江汇合的凌云山上,开凿于唐玄宗开元初年（713年）。"佛是一座山，山是一尊佛"，大佛通高71米，头高14.7米，发髻有1021个，耳长7米，鼻长5.6米，眼长3.3米，肩宽24米，手的中指长8.3米，脚背宽9米，长11米，可围坐百人以上，迄今它是世界上最大的一座石刻佛像。这尊乐山大佛不仅体型巨大，且雕刻技术高超，结构匀称，比例适宜，佛体头部和身上还巧妙地暗藏排水系统，以避免水流冲蚀，减弱风化。乐山大佛和凌云山、乌尤山、巨形卧佛等景点组成的乐山大佛景区属于国家5A级旅游景区，是世界文化与自然双重遗产峨眉山——乐山大佛的组成部分。

> **小故事**
>
> ### 海通与乐山大佛
>
> 岷江、大渡河、青衣江三江于此汇合，水流直冲凌云山脚，势不可当，洪水季节水势更猛，过往船只常触壁翻船。凌云寺名僧海通见此甚为不安，于是发起修造大佛之念，一使石块坠江减缓水势，二借佛力镇水。海通募集20年，筹得一笔款项，当时有一地方官前来索贿，海通怒斥："目可自剜，佛财难得！"遂"自抉其目，捧盘致之"。佛像于唐玄宗开元初年开始动工，当大佛修到肩部的时候，海通和尚就去世了。海通死后，剑南川西节度使章仇兼琼捐赠俸金，海通的徒弟领着工匠继续开凿，朝廷也诏赐盐麻税款予以资助，历时90年终告完成。

4. 都江堰

都江堰位于四川省成都市都江堰市城西，坐落在成都平原西部的岷江上，是世界文化遗产、世界灌溉工程遗产、全国重点文物保护单位、国家级风景名胜区、国家5A级旅游景区。主要有伏龙观、二王庙、安澜索桥、玉垒关、离堆公园、玉垒山公园、玉女峰、灵岩寺、普照寺、翠月湖、都江堰水利工程等景点。2000年被联合国教科文组织列入《世界遗产名录》；2020年11月18日，当选"巴蜀文化旅游走廊新地标"。

都江堰始建于秦昭王末年（约前256—前251年），是蜀郡太守李冰父子在前人鳖灵开凿的基础上组织修建的大型水利工程，由分水鱼嘴、飞沙堰、宝瓶口等部分组成，两千多年来一直发挥着防洪灌溉的作用，使成都平原成为水旱从人、沃野千里的"天府之国"，至今灌区已达30余县市、面积近千万亩，是全世界迄今为止，年代最久、唯一留存、仍在一直使用、以无坝引水为特征的宏大水利工程，凝聚着中国古代劳动人民勤劳、勇敢、智慧的结晶。

> **小故事**
>
> ### 马可·波罗游历都江堰
>
> 马可·波罗是第一位向西方描述成都风景的旅行家。元世祖至元年间，他从陕西汉中骑马，"穿山越岭，走过二十个驿站之后，达到了一个平川，中有一区域名新定府"。新定府即今天的成都。后在其《马可·波罗游记》一书中描写道："都江水系，川流甚急，川中多鱼，船舶往来甚众，运载商货，往来上下游。"马可波罗在其著作中盛赞中国的富饶，尤其对四川地区繁荣的景象记忆深刻。

5. 阆中古城

　　阆中古城，是国家 5A 级旅游景区，中国四大古城之一，国家 5A 级旅游景区。古城的建筑风格体现了中国古代的居住风水观，棋盘式的古城格局，融南北风格于一体的建筑群，形成"半珠式"、"品"字形、"多"字形等风格迥异的建筑群体，是中国古代建城选址"天人合一"完备的典型范例。

　　阆中建有中天楼，以应风水"天心十道"之喻。城内其余街巷，均以中天楼为核心，以十字大街为主干，层层展开，布若棋局。各街巷取向无论东西、南北，多与远山朝对，古城中大量的民居院落上千座，主要为明清建筑，歇山单檐式木质穿斗结构，鳞次栉比，青瓦粉墙，雕花门窗。院落或坐北朝南，坐东朝西，以纳光避寒；或靠山面水，接水迎山，以藏风聚气。

特别提示

风水古城

　　阆中是一座中国风水古城，其山川形势独特，山水城融为一体，"三面江光抱城廓，四围山势锁烟霞"，在四川省旅游局制定的旅游总体规划中，已将其列为"中国风水文化旅游观光目的地"。城内有永安寺、五龙庙、滕王阁、观音寺、巴巴寺、大佛寺、张飞庙、川北道贡院等 8 处全国重点文物保护单位。

6. 三星堆

　　三星堆古遗址位于四川省广汉市西北的鸭子河南岸，距今 5000—3000 年，是迄今在西南地区发现的范围最大、延续时间最长、文化内涵最丰富的古城、古国、古蜀文化遗址。现已发掘出众多金杖、青铜立人像、青铜神树、青铜纵目面具、玉边璋、玉牙璋等国宝级文物。三星堆遗址被称为 20 世纪人类最伟大的考古发现，昭示了长江流域与黄河流域一样，同属中华文明的母体，被誉为"长江文明之源"。在这批古蜀秘宝中，有高 2.62 米的青铜大立人，有宽 1.38 米的青铜面具，更有高达 3.96 米的青铜神树等，均堪称独一无二的旷世神品，而以金杖为代表的金器，以满饰图案的边璋为代表的玉石器，亦多属前所未见的稀世之珍。在遗址东北角建有三星堆博物馆，是全国首批国家 4A 级旅游景区。

特别提示

世界上最大的青铜器

　　一号青铜神树残高 3.96 米，由于最上端的部件已经缺失，估计全部高度应为 5 米，是全世界已发现的最大的单件青铜文物。树主干三层，节节攀升。树枝分为三层，每层三枝。树枝上分别有两条果枝，一条向上，一条下垂，果托硕大。全树共有九只鸟，站立在向上果枝的果实上，一条龙沿主干旁侧而下，蓄势待飞。

　　1.四川省地形、地貌如何分布？有哪些著名山峰？

　　2.九寨沟风景区获得哪些美誉？有什么科考价值？

第二节　重庆市

一、概述

　　重庆市，简称"渝"，位于中国西南部，长江与嘉陵江交汇处，东西长470千米，南北宽450千米，总面积约8.2万平方千米，与湖北、湖南、贵州、四川、陕西等省接壤。四面环山，江水回绕，城市依山傍水，层叠而上，以山城著称。1189年，宋光宗赵惇先封恭王再即帝位，自诩"双重喜庆"，重庆由此得名。重庆是"红岩精神"起源地，巴渝文化发祥地，国家历史文化名城。在文字记载的3000余年中，曾三为国都，四次筑城，史称"巴渝"。

　　重庆市旅游资源堪称得天独厚。纵观境内巴山绵延，渝水纵横，历史源远流长，文化积淀深厚，形成了巴渝文化、移民文化、三峡文化为一体的地方文化。从夏禹"三过其门而不人"的涂山旧痕，到国共两党众多名人旧事遗址；从大宁河千古悬棺真貌，到"上帝折鞭之处"的合川钓鱼城古迹；从驰名古今的长江三峡，到誉满天下的大足石刻，组成具有重庆特色的"山城都市风光""长江三峡旅游黄金线"，共有景点300余处，其中国家级文物保护单位60余处。同时，巴渝古朴独特的民风民俗引人入胜，多姿多彩的地方文艺令人倾倒。重庆还是川菜主要代表地域之一，"吃"与"游"相得益彰，平添旅游者无限雅兴。

延伸阅读

巴渝文化

　　重庆的简称"渝"和"巴"。巴人参加周武王讨伐商（殷）纣王战争，总是一边唱着进军的歌谣，一边跳着冲锋的舞蹈，勇往直前，古代典籍之"武王伐纣，前歌后舞"。巴渝文化起源于巴文化，是长江上游最富有鲜明个性的民族文化之一。巴人一直生活在大山大川之间，大自然的熏陶、险恶的环境，练就了一种顽强、坚忍和剽悍的性格，巴人以勇猛、善战而称。受巴渝文化传统的熏陶，今天的重庆人仍然有火辣外向、豪爽耿直、吃苦耐劳的性格。

二、主要旅游景区 》》

长江三峡位于重庆、鄂西的巫山山脉之中，西起重庆奉节白帝城，东到湖北宜昌南津关，全长约200千米，沿途两岸奇峰陡立、峭壁对峙，由瞿塘峡、巫峡、西陵峡三大峡谷和其间的两个宽谷组成。瞿塘峡位于重庆奉节，巫峡位于重庆巫山和湖北恩施州的巴东两县境内，西陵峡在湖北宜昌市秭归县境内。两岸崇山峻岭，悬崖绝壁，风光奇绝，两岸陡峭连绵的山峰，一般高出江面700~800米。江面最狭处仅有100米左右；随着规模巨大的三峡工程的兴建，这里成了世界知名的旅游热线。三峡旅游区景点众多，其中最为著名的有丰都鬼城、忠县石宝寨、云阳张飞庙、宏伟的三峡工程、大宁河小三峡等。

《 1. 瞿塘峡

瞿塘峡，又名夔峡，西起重庆市奉节县的白帝城，东至巫山县的大溪镇（黛溪镇），全长约8千米。在举世闻名的长江三峡中，它最短，却最为雄伟险峻。奔腾咆哮的长江，一进峡谷便遇上气势雄伟的夔门。夔门两岸的山峰，陡峭如壁，拔地而起，把滔滔大江逼成一条细带，蜿蜒于深谷之中。这里河宽只有一二百米，最窄处不过几十米；而两岸主要山峰可高达1000~1500米。峡深水急的江流，绵延不断的山峦，构成了一幅极为壮丽的画卷。正如郭沫若《过瞿塘峡》一诗所云："若言风景异，三峡此为魁。"

瞿塘峡的名胜古迹，多而集中，游览者称便。峡口的上游有奉节古城、八阵图、鱼复塔。峡内北岸山顶有文物珍藏甚多的白帝城，惊险万状的古栈道，神秘莫测的风箱峡；南岸有题刻满壁的粉壁墙，富于传说的孟良梯、倒吊和尚、盔甲洞，洞幽泉甘的凤凰饮泉等。在风箱峡下游不远处的南岸，有一座奇形异状的山峰，突起江边，人称"犀牛望月"，惟妙惟肖。出瞿塘峡，峡口南岸的大溪文化遗址，是考古工作者最感兴趣的地方。距白帝城仅几千米的杜甫草堂遗址，更是诗人流连忘返之处。

特别提示 〉

粉壁墙上的题刻

在长江三峡的白盐山上，有一块岩壁呈现粉红色，与其他地方的颜色不一样，这里就是瞿塘峡上的粉壁墙。粉壁墙上有许多著名的瞿塘摩崖题刻，比较有名的，也可以说形体比较大、能在船上清晰地看见的有两处：一处是由孙元良将军写的"夔门天下雄，舰机轻轻过"；另一处是著名的爱国将领冯玉祥将军所写的"踏出夔巫，打走倭寇"，激励由此出川抗日的将士。

《 2. 巫峡

巫峡西起巫山大宁河口，东至巴东官渡口，绵延40余千米，以幽深秀丽著称。两岸十二峰沿江而立，群峰婀娜多姿，绵延不断，它峡长谷深，奇峰突兀，层峦叠嶂，云腾雾绕，江流曲折，百转千回，船行其间，宛若进入奇丽的画廊，充满诗情画意。"万峰磅礴一江通，锁钥荆襄气势雄"是对它的真实写照。其中有著名的神女峰矗立北岸，此外还有孔明碑等名胜。

（1）巫山十二峰

长江三峡的巫山十二峰被称为"景中景，奇中奇"。清人许汝龙"巫峡"诗中说："放舟下巫峡，心在十二峰。"巫峡以巫山得名，幽深秀丽，千姿百态，宛若一幅浓淡相宜的山水国画。峡谷两岸为巫山十二峰，由西向东依次为登龙、圣泉、朝云、神女、松峦、集仙六峰。南岸也有六峰，但江中能见到的依次为飞凤、翠屏、聚鹤三峰，其余净坛、起云、上升三峰并不临江。如欲游览，需从飞凤峰附近的青石溪溯流而上，到兰厂登岸，才可领略三峰雄姿。

（2）神女峰

十二峰中以神女峰最著名，峰上有一挺秀的石柱，形似亭亭玉立的少女。她每天最早迎来朝霞，又最后送走晚霞，故又称"望霞峰"。据唐广成《墉城集仙录》载，西王母幼女瑶姬携狂章、虞余诸神出游东海，过巫山，见洪水肆虐，于是"助禹斩石、疏波、决塞、导厄，以循其流"。水患既平，瑶姬为助民永祈丰年，行船平安，立山头日久天长，便化为神女峰。

小故事

神女峰的传说

传说在大禹治水的时代，有一位名为瑶姬的神女，住在瑶池宫里。一日她与11位姐妹偷偷下界四处游玩，当她们行至巫山时，发现正在治水的大禹被12条兴风作浪的恶龙困在洪水之中。瑶姬知晓大禹三过家门而不入的事迹后，很受触动，送了他一本治水天书，然而瑶姬还没告诉大禹如何破解天书就被天兵捉拿回宫。

瑶姬被三峡吸引，11位仙女也对天界生活感到厌倦，于是她们挣脱锁链，来到人间帮助大禹治水。在巫山群峰间奔波，她们为船民除水患，为樵夫驱虎豹，为农夫布云雨……久而久之，12位仙女便留在了人间，最终化为了12座秀美的山峰立在巫峡两岸。瑶姬所立山峰位置最高，在距巫山县城东约15千米处的大江北岸，立于青峰云雾之间，远远望去，宛如美丽动人的少女，这就是神女峰。

（3）大宁河小三峡

大宁河小三峡即著名的巫山小三峡，以雄秀、景幽、滩险、石美为其特色。大宁河发源于陕西省平利县的中南山，流经崇山峻岭和大小峡谷，一路容纳百川清流，穿过巫溪、巫山之间的云崖险峰，注入巫峡西口的浩浩长江。大宁河千姿百态，神秘莫测，过去长期隐匿无声，近年由于我国旅游事业发展，它初露真容，即一鸣惊人。有人赞颂它"不是三峡，胜似三峡""神矣绝矣，叹为观止矣"。大宁河小三峡是龙门峡、铁棺峡和滴翠峡的统称，是大宁河风景的精华所在，2007年5月被评为"国家5A级旅游景区"，同时还被评为"中国国家级重点风景名胜区""重庆文明景区""重庆安全景区"，被称为"中华奇观""天下绝景"。

课堂讨论

1. 长江三峡起于何处？重庆段有什么景点？
2. "夔门天下雄"在什么地方？为何称为夔门？

第三节　云南省

一、概述

　　云南省，简称"云"或"滇"，省会昆明市，位于我国西南部，总面积39.4万平方千米，与缅甸、老挝、越南接壤，国境线长达4060千米。复杂多样的地理环境、特殊的立体气候条件、悠久的历史文化和众多的少数民族聚居，造就了云南神秘而丰富的旅游资源，成为国内外闻名遐迩的旅游胜地。云南山河壮丽，自然风光秀美称得上是我国自然风光的缩影。有北半球最南端终年积雪的冰川雪山，古老茂密的原始森林，险峻深邃的高山峡谷，奔腾澎湃的大江大河，宁静清新的高原湖泊，喀斯特地貌奇观等。

　　云南是中华民族发祥地之一。早在170万年前，元谋人就在这里繁衍生息，始于汉代的"南方古丝绸之路"曾使云南成为中国通往亚洲各国的重要通道和口岸，唐宋时期曾出现繁荣一时的南诏国和大理国，历史遗存众多，形成内涵独特的地方文化。从古滇青铜文化、傣族贝叶文化到大理南诏文化、丽江东巴文化等，展示了云南深远的生命进化史和悠久的人类发展史，成为科考旅游、历史文化旅游的重要目的地。

　　云南有65个国家级和省级风景名胜区，186个国家级和省级自然保护区，15座国家级和省级历史文化名城，13个4A级旅游景区及全国76处重点文物保护单位。云南是中国面向东南亚、南亚的重要口岸，便利的交通，良好的生态环境，丰富的旅游资源及产品，日趋完善的旅游接待设施，使云南逐渐成为中国旅游的重要目的地之一。

特别提示

　　云南民族风情浓郁而独特。全省有26个民族，是中国少数民族最多的省份。各民族守望相助共同繁荣发展构成了云南一幅幅多姿多彩的民俗风情画卷，有"中国民俗大观园"的美誉。

二、主要旅游景区

1. 大理白族自治州

　　大理白族自治州，首府驻大理市，是云南的16个地级行政区之一，地处云南省中部偏西，海拔 2090 米，东邻楚雄州，南靠普洱市、临沧市，西与保山市、怒江州相连，北接丽江市。没有来过大理的人，认识大理大都源于两个出处：一是金庸先生的小说，小说中段王爷的"一阳指"点出了大理地区的清远神秘，引人掩卷遐思；二是 20 世纪 60 年代的《五朵金花》，随着一曲唱遍大江南北的"蝴蝶泉边来相会"，大理秀美的风光也广为人知。

　　大理是白族的主要聚居地，这里保存着古朴而浓郁的白族风情。到大理可以了解白族的生活习俗，可以品尝别具一格的白族风味食品，可以选购到称心如意的白族民间工艺品，还可以参加传统的大理白族 3 月街节日庆典活动。苍山雪、洱海月、上关风、下关花更为大理四大特色景点。古城大理还吸引了来自国外的自助旅游者，在城内护国路内形成了一条有名的"洋人街"。

小故事

蝴蝶泉的传说

　　蝴蝶泉原名无底潭，潭边住着樵夫张老爹和孤女雯姑。一天，父女俩上山砍柴，忽见一只受伤的小鹿跑来伏倒在雯姑身边，呦呦哀叫。不一会儿，一个手持弓箭的猎手也紧紧追了上来，雯姑抱起可怜的小鹿向猎人请求不要杀死小鹿。

　　猎人名叫霞郎，他接受了雯姑的请求并为小鹿敷药治伤，不久两人日久生情。但大理城虞王对美貌的雯姑垂涎三尺，率兵把她抢走了。一天，趁着夜深人静，霞郎救出了雯姑。虞王发现后，急派总管率兵追来。在无路可逃之时，霞郎雯姑相抱着跃入无底潭，小鹿也跟着跳潭相殉。

　　雨过天晴，鸟语花香，潭中飞起一对大彩蝶，随后又飞出一只只彩蝶。相传，他们就是霞郎、雯姑及小鹿和霞郎贴身所带的"百蝶叶"的蝴蝶变出的。为纪念霞郎、雯姑，人们把无底潭改名蝴蝶泉，还在他俩跳潭殉情的农历四月十五这天到泉边凭吊，怀念这对坚强不屈的恋人。

2. 西双版纳傣族自治州

　　西双版纳傣族自治州地处云南省的最南端，与老挝、缅甸两国接壤。西双版纳，古代傣语为"勐巴拉那西"，意思是"理想而神奇的乐土"，这里以神奇的热带雨林自然景观和少数民族风情而闻名于世，是我国的热点旅游城市之一。热带雨林和以傣族为主的多民族风情使地处西南边陲的西双版纳成为一块既神奇又独特的土地。这里森林密布，深山重重，生长着珍贵奇特的动植物，吸引着千百万的海内外游客慕名而来，西双版纳也因此成为誉满中外的国家级旅游度假区。西双版纳有我国唯一的热带雨林自然保护区，气候温暖湿润，树木葱茏，蔓藤盘根错节，不少珍禽都生活在这片热带丛林里。傣族人民居住在西双版纳，由于临近泰国、缅甸等佛教国家，小乘佛教在这里盛行，处处可见充满东南亚风情的佛寺、佛塔，一部分傣族群众是虔诚的佛教徒。

3. 丽江古城

　　丽江古城坐落在丽江坝子中部，又名大研镇，始建于南宋末年，是元代丽江路宣抚司，明代丽江军民府和清代丽江府驻地。丽江古城具有 800 多年历史，发源于城北象山脚下的玉泉河，河水分三股入城后，又分成无数支流，穿街绕巷，流布全城，形成了"家家门前绕水流，户户屋后垂杨柳"的诗画图。街道不拘于工整而自由分布，主街傍水，小巷临渠，300多座古石桥与河水、绿树、古巷、古屋相依相映，极具高原、水乡、古树、小桥、流水、人家的美学意蕴，被誉为"东方威尼斯""高原姑苏"。四方街以彩石铺地，清水洗街，日中为市，薄暮涤场的独特街景而闻名遐迩。古城中至今依然大片保持明清建筑特色，"三坊一照壁，四合五天井，走马转角楼"式的瓦屋楼房鳞次栉比，既突出结构布局，又追求雕绘装饰，外拙内秀，玲珑精巧，被中外建筑专家誉为"民居博物馆"。1986年，丽江古城被国务院公布为中国历史文化名城；1997年12月4日，被联合国教科文组织正式批准列入《世界遗产名录》。

课堂讨论

1. 云南地势有什么特点？如何开发云南特色旅游？
2. 丽江古城如何规划布局？建筑风格有哪些特色？

第四节　贵州省

一、概述

贵州省，简称"黔"或"贵"，省会贵阳，地处中国西南内陆地区腹地。贵州境内自然风光神奇秀美，山水景色千姿百态，溶洞景观绚丽多彩，野生动物奇妙无穷，文化和革命遗迹闻名遐迩；山、水、洞、林、石交相辉映，浑然一体，荔波喀斯特水上森林和赤水丹霞被列入《世界自然遗产名录》。闻名世界的黄果树瀑布、龙宫、赤水、织金洞、马岭河峡谷等国家级风景名胜区和铜仁梵净山、茂兰喀斯特森林、赤水桫椤国家级自然保护区，犹如一串串璀璨的宝石，五光十色，令人目不暇接。以遵义会址和红军四渡赤水遗迹为代表的举世闻名的红军长征文化，更让人驻足凭吊，追思缅怀。西江千户苗寨是中国最大的苗族聚居村寨，其苗族银饰全为手工制作，工艺具有极高水平。多民族悠久灿烂的历史文化，浓郁神秘的民族风情，以及冬无严寒、夏无酷暑的宜人气候，使贵州成为理想的旅游观光和避暑胜地。

贵州是一个多民族省份。贵州各族人民能歌善舞：苗族所唱的歌既有高亢激昂、热情奔放的"飞歌"，也有低回婉转，优美抒情的"游方歌"，更有质朴庄重的"古歌""酒歌"，其调式不一，各具韵味，具有很强的感染力。侗族的侗歌大都旋律优美，曲调多样，内容丰富，且因词选调，歌与词水乳交融，既有独唱，也有合唱。黔南、黔西南一带的布依族舞蹈有几十种，歌有大调、小调、大歌、小歌等，而且注意押韵，唱起来朗朗上口，具有强烈的抒情色彩。苗族、侗族所跳的芦笙舞动作潇洒、风格纯朴、舞姿活泼，具有浓郁的生活气息。总之，贵州各个民族都有自己独具风格的歌舞，它们是中华民族文化百花园中的奇葩。

贵州的民族建筑在中国建筑史上占有重要的地位。在贵州，富有民族特色的建筑物随处可见。苗族、布依族、侗族、水族、瑶族等民族的杆栏式吊脚楼；布依族、仡佬族的石板房、彝族的土司庄园；瑶族的歇山顶茅屋；苗族的大船廊、木鼓房、铜鼓坪、芦笙堂、妹妹棚、跳花场；侗族的鼓楼、花桥、戏楼、祖母堂；布依族的凉亭、歌台，彝族、水族的跑马道等。其中，最广为人知的建筑形式当属吊脚楼。

二、主要旅游景区

1. 黄果树瀑布

黄果树瀑布是我国也是亚洲最大的瀑布，地处贵州省镇宁县，是打帮河上源白水河上黄果树地段九级瀑布中的最大一级。这一带是典型的岩溶地区，长期的河道变迁、袭夺、暗河塌陷、河流下切，致使河床级级跌落，形成了多种多样的瀑布。黄果树瀑布地处石灰岩地区，附近岩溶地貌发育，众多的岩溶洞穴内不仅有各种形态的钟乳石，且多暗河和地下瀑布，可供游人泛舟游览。除黄果树瀑布外，其四周还分布串串珍珠似的瀑布。黄果树瀑布落差74米，宽81米，河水从断崖顶端凌空飞流而下，倾入崖下的犀牛潭中，势如翻江倒海。水石相激，发出震天巨响，腾起一片烟雾，迷蒙细雾在阳光照射下，又化作一道道彩虹，幻景绰绰，奇妙无穷。瀑布对岸高崖上的观瀑亭上有对联曰："白水如棉不用弓弹花自散，虹霞似锦何须梭织天生成。"此乃对黄果树瀑布的生动写照。

黄果树瀑布的形态因季节而变化，冬天水少时，它妩媚秀丽，轻轻下泻；到了夏秋，水量大增，那撼天动地的磅礴气势，简直令人惊心动魄。有时瀑布激起的雪沫烟雾，高达数百米，漫天浮游，使其周围经常处于纷飞的细雨之中。瀑布后的水帘洞相当绝妙，134米长的洞内有6个洞窗、5个洞厅、3个洞泉和1个洞内瀑布。游人穿行于洞中，可在洞窗内观看洞外飞流直下的瀑布；每当日薄西山，凭窗眺望，犀牛潭里彩虹缭绕，云蒸霞蔚，苍山顶上绯红一片，迷离变幻，这便是著名的"水帘洞内观日落"。

　　黄果树大瀑布水的流量一般保持在每秒 8~12 立方米，雨季最大的流量可达每秒 110~150 立方米。在每秒 2~3 立方米的流量的情况下，黄果树大瀑布就能形成景观，5 个立方米流量左右的水，既可展现黄果树瀑布秀美的一面，又不失壮观。每年 11 月初至 4 月底的枯水季节，王二河水库将向黄果树瀑布调水，每天的调水量不低于每秒 5 个立方米，这样可保证黄果树大瀑布枯水季节的流量保持在每秒 8 个立方米以上。因此，即使遭遇大旱，黄果树大瀑布仍将保持秀美而壮观。

小故事

徐霞客与黄果树瀑布

　　明代地理学家、旅行家、文学家徐霞客路经黄果树瀑布，写下诗句赞叹道："则路左一溪悬捣，万练飞空，溪上石如莲叶下覆，中剜三门，水由叶上漫顶而下，如鲛绡名贵凉爽的薄纱万幅，横罩门外，直下者不可以丈数计。捣珠崩玉，飞沫反涌，如烟雾腾空，势甚雄厉，所谓"珠帘钩不卷，匹练挂遥峰"，俱不足以拟其壮也。"（出自《徐霞客游记·黔游日记五》）从那时起，黄果树瀑布闻名遐迩，被认为是全国第一大瀑布。

2. 镇远古城

　　镇远古城位于贵州东部，属黔东南苗族侗族自治州，历史悠久，有着瑰丽的传统文化和优美的山水风光。这里的汉、苗、侗等各族人民，在社会生活的各个领域中，在保持各自传统特色的同时，不论是在经济、文化或风情、习俗等方面，都相互融合、取长补短、相互依存、共同进步，谱写了一曲曲民族团结和睦的赞歌，共同缔造了镇远这座素有"滇楚锁钥""湘黔咽喉""黔东重镇""苗乡古城"之称的多民族传统文化并存的古城。1986 年，经国务院批准，镇远被定为历史文化名城；2020 年 1 月 7 日，镇远被文化和旅游部确定为国家 5A 级旅游景区。

3. 西江千户苗寨

　　西江千户苗寨位于贵州省黔东南苗族侗族自治州雷山县东北部的雷公山麓，距离县城 36 千米，距离黔东南州州府凯里 35 千米，距离省会贵阳市约 200 千米，由 10 余个依山而建的自然村寨相连成片，是我国最大的苗族聚居村寨。建筑以木质的吊脚楼为主，源于上古居民的南方干栏式建筑，运用长方形、三角形、菱形等多重结构的组合，构成三维空间的网络体系，与周围的青山绿水和田园风光融为一体，和谐统一，相得益彰，是中华上古居民建筑的活化石。每年举行苗年节、尝新节，13 年举行一次的牯藏节，吸引了众多中外游客前往旅游。西江千户苗寨是一个保存苗族"原始生态"文化完整的地方，是一座露天博物馆，展览着一部苗族发展史诗，是观赏和研究苗族传统文化的大看台。每到黄昏时分，千家万户就亮起了灯。随着天色越来越暗，西江千户苗寨变成了灯的海洋，可以看到苗寨呈现出牛头的形状。

小知识

吊脚楼

吊脚楼是苗族传统建筑，分平地吊脚楼和斜坡吊脚楼两大类，一般为三层的四榀三间或五榀四间结构。底层用于存放生产工具、关养家禽与牲畜、储存肥料或用作厕所。第二层用作客厅、堂屋、卧室和厨房，堂屋外侧建有独特的"美人靠"，苗语称"阶息"，主要用于乘凉、刺绣和休息。第三层主要用于存放谷物、饲料等生产、生活物资。屋顶歇山起翘，有雕花栏杆及门窗。这种建筑通风防潮，避暑御寒，体现了苗族独特的建筑工艺，具有很高的实用价值和观赏价值。

课堂讨论

1. 贵州有哪些少数民族？吊脚楼是用来做什么的？
2. 贵州有哪些富于民族特色的建筑？

本章小结

本章介绍西南旅游区四川省、重庆市、云南省、贵州省的自然景观及人文资源。该区地形地貌的复杂性造就了区内自然景观的多样性，形成了山、水、林、泉、瀑、峡、洞等不同的自然景观；民族的多样性又造就了文化的多样性，贵州苗族的吊脚楼、云南傣族风情、四川的羌族碉楼令人流连忘返。西南旅游区是一个富有魅力且充满异域风情的旅游区，无论是自然景观还是人文景观，西南地区在全国都是首屈一指，其以独特的少数民族风情、鬼斧神工的自然风光和引人入胜的人文资源吸引着中外游客。

本章测试

一、单项选择题

1. 峨眉山为（　　）四大名山之一。

A. 道教　　　　　B. 佛教　　　　　C. 儒教　　　　　D. 伊斯兰教

2. 以下（　　）景点，有"童话世界"之美誉。

A. 稻城　　　　　B. 色达　　　　　C. 九寨沟　　　　D. 蜀南竹海

3. 以下（　　）景区不属于重庆。

A. 葛洲坝　　　　B. 三峡大坝　　　B. 瞿塘峡　　　　D. 大宁河小三峡

4. 大理为（　　）聚居地。

A. 傣族　　　　　B. 白族　　　　　C. 壮族　　　　　D. 布依族

5. 中国唯一辖有民族自治地方的直辖市是（　　）。

A. 上海市　　　　B. 南京市　　　　C. 西宁市　　　　D. 重庆市

6.（ ）有"中国民俗大观园"的美誉。

A. 四川省　　　　B. 云南省　　　　C. 甘肃省　　　　D. 广西壮族自治区

7. 亚洲最大的瀑布是（ ）。

A. 贵州赤水瀑布　　　　　　　　B. 贵州黄果树瀑布

C. 四川九寨沟树正瀑布　　　　　D. 黄河壶口瀑布

8. 以下景点（ ）不属于四川省。

A. 乐山大佛　　　　B. 泸沽湖　　　　C. 海螺沟　　　　D. 大研古城

9.（ ）将镇远古城一分为二。

A. 舞阳河　　　　B. 赤水河　　　　C. 净水江　　　　D. 南盘江

10. 峨眉山为（ ）的道场。

A. 地藏菩萨　　　　B. 文殊菩萨　　　　C. 普贤菩萨　　　　D. 观世音菩萨

二、多项选择题

1. 乐山大佛为（ ）三江汇合之处。

A. 大渡河　　　　B. 青衣江　　　　C. 澜沧江　　　　D. 岷江

2. 云南省与以下（ ）三个国家接壤。

A. 越南　　　　B. 老挝　　　　C. 柬埔寨　　　　D. 缅甸

3. 大理四大特色为（ ）。

A. 上关风　　　　B. 下关花　　　　C. 苍山雪　　　　D. 洱海月

4. 以下关于九寨沟的说法，哪些是正确的？（ ）

A. 其位于四川省阿坝藏族羌族自治州九寨沟县境内

B. 其距离成都市 400 多千米

C. 因周围有 9 个藏族村寨而得名

D. 举世闻名的大熊猫、金丝猴、白唇鹿等珍稀动物乐于栖息在此

5.（ ）使地处西南边陲的西双版纳成为一块既神奇又独特的土地。

A. 热带雨林　　　　　　　　B. 热带草原

C. 以傣族为主的多民族风情　　　D. 以白族为主的多民族风情

6. 以下关于云南省的说法，哪些是正确的？（ ）

A. 云南是中华民族发祥地之一

B. 早在 170 万年前，山顶洞人就在这里繁衍生息

C. 始于汉代的"丝绸之路"曾使云南成为中国通往亚洲各国的重要通道和口岸

D. 从古滇青铜文化、傣族贝叶文化到大理南诏文化、丽江东巴文化等，展示了云南深远的生命进化史和悠久的人类发展史，成为科考旅游、历史文化旅游的重要目的地

7.以下哪些景点属于贵州省？（　　　）

A.镇远古城　　　　　B.西江苗寨　　　　　C.凤凰古城　　　　　D.三峡大坝

8.大宁河小三峡指（　　　）。

A.龙门峡　　　　　B.滴翠峡　　　　　C.铁棺峡　　　　　D.碧峰峡

9.（　　　）约占四川省土地面积的97.46%。

A.山地　　　　　B.高原　　　　　C.盆地　　　　　D.丘陵

10.西南旅游区包括（　　　）。

A.四川省　　　　　B.重庆市　　　　　C.云南省　　　　　D.贵州省

第十一章

青藏旅游区

本章概述 →

　　青藏旅游区包括青海省和西藏自治区。本区所在的青藏高原是我国最大、世界海拔最高的高原。它西起帕米尔高原，东到横断山，北界为昆仑山、阿尔金山和祁连山，南抵喜马拉雅山，总面积约 250 万平方千米，被称为"世界屋脊"。气温随高度和纬度的升高而降低，日照多，辐射强。青藏高原是黄河、长江、澜沧江、雅鲁藏布江、印度河等众多大江大河的发源地，被誉为"亚洲水塔"。高原上的居民以藏族为主，形成了以藏族文化为主的高原文化体系。绮丽的高原风光和独特的藏族民族风情构成本区极具魅力的自然地理和人文地理，是我国极具潜力的旅游发展区。

教学目标 →

1. 了解青藏旅游区特殊的地理环境。
2. 分析青海、西藏旅游的价值和特色。
3. 了解青海、西藏主要的自然和人文景点。
4. 解读湖光山色和人文历史对本区旅游的影响。

思维导图

```
东关清真大寺                                          布达拉宫
  塔尔寺                                               哲蚌寺
  青海湖 ── 青海省 ── 青藏旅游区 ── 西藏自治区 ──       大昭寺
  鸟岛                                                 罗布林卡
  茶卡盐湖                                             扎什伦布寺
                                                       纳木错
```

第一节　青海省

一、概述

青海因辖区内有国内最大的内陆咸水湖——青海湖而得名，简称"青"，省会西宁市。青海省五分之四以上的地区为高原，大多数地区在海拔 3000 米以上。地势总体呈西高东低，南北高中部低的态势，西部海拔高峻，向东倾斜，呈梯形下降，东部地区为青藏高原向黄土高原过渡地带，地形复杂，地貌多样。

青海兼具青藏高原、内陆干旱盆地和黄土高原三种地形地貌，属高原大陆性气候。地跨黄河、长江、澜沧江、黑河、大通河五大水系，是长江、黄河的发源地，溪流较多，湖泊星罗棋布。盐湖资源丰富，其中青海湖是我国最大的咸水湖。高原湖泊自有其风韵，又是禽兽的栖息地，黄羊、野驴、棕头鸥、斑头雁、天鹅不时出没，青海湖鸟岛尤为突出；雪山和冰川景色壮丽；高原牧场绿草如茵，牛羊成群，阿尼玛卿峰等冰封雪锁，利于开展登山旅游。

青海已形成东部、中部和西部三大旅游区。由于地处高原，少数民族众多，历史上交通不便，青海对大多数旅游者来说有一种神秘感。唐蕃古道经过青海，留下许多历史遗迹和传说。青海部分地区盛行藏传佛教，湟中是藏传佛教格鲁派创始人宗喀巴的诞生地，故多有寺庙，且规模宏伟，建筑辉煌，形成独特的宗教艺术。青海是少数民族聚居地，有着浓郁的民族特色和民俗风情，吸引八方游客前来考察和体验藏族、土族、撒拉族等民族的文化传统习俗。

小知识

唐蕃古道与丝绸南路

唐蕃古道是我国历史上一条非常著名的交通大道，也是唐代以来中原内地去往青海、西藏，乃至尼泊尔、印度等国的必经之路。唐蕃古道起自陕西西安（长安），途经甘肃、青海，至西藏拉萨，全长 3000 多千米。整个古道横贯我国西部，跨越举世闻名的世界屋脊，连通我国西南的友好邻邦，故亦有"丝绸南路"之称。

二、主要旅游景区

1. 东关清真大寺

东关清真大寺，是西宁古城著名的建筑，位于西宁东关大街路南一侧。寺院占地面积

1.194 万平方米，大殿本体占地面积 1102 平方米，南北楼各 363 平方米。东关清真大寺始建于明朝洪武年间，已有 600 多年的历史，是西宁市规模最大、保存最为完整的古代建筑。现为青海省目前最大的伊斯兰教寺院，是西宁市十多万穆斯林进行宗教活动的中心。清真寺与西北地区著名的西安化觉寺、兰州桥门寺、新疆喀什艾提尕尔清真寺并称为西北四大清真寺。

该寺正中是礼拜大殿，建筑坚固，结构严谨，外形宏伟壮观，内部清静素雅。大殿上装饰有金光灿灿的镏金宝瓶，此大殿为中国古代宫殿式建筑，系砖木结构。大殿南北两侧是两座两层的厢楼，为歇山式建筑。大殿和厢楼紧相毗邻，浑然一体，是该寺主体，也是寺内的精华所在。整个建筑飞檐斗拱，雕梁画栋，描金涂彩，显得艳丽华贵，蔚为壮观。

2. 塔尔寺

塔尔寺又名塔儿寺，得名于大金瓦殿内为纪念藏传佛教格鲁派创始人宗喀巴而建的大银塔，藏语称为"衮本贤巴林"，意思是"十万狮子吼佛像的弥勒寺"，地处西宁市湟中区城区，国家 5A 级旅游景区。塔尔寺初建于明嘉靖年间，迄今已有 400 多年的历史，是我国藏传佛教格鲁派六大寺院之一。全寺建筑格局与众不同，依山就势，错落而建。由许多独立的佛塔、殿宇、经堂、僧舍组成，是藏汉结合式建筑群。佛殿、经堂金碧辉煌，光彩夺目，占地约 600 余亩。其中以八塔、大小金瓦殿、花寺、大经堂、九间殿等最为著名。

3. 青海湖

青海湖，藏语名为"措温布"（意为"青色的海"），位于青藏高原东北部，距西宁约 200 千米，由祁连山脉的大通山、日月山与青海南山之间的断层陷落形成，是我国最大的内陆湖，也是最大的咸水湖，是维系青藏高原东北部生态安全的重要水体。青海湖湖面东西长、南北窄，略呈椭圆形，面积达 4456 平方千米，环湖周长 360 多千米，比著名的太湖大一倍还要多。湖区有大小河流近 30 条。湖东岸有两个子湖，一名尕海，面积 48 平方千米，为咸水；一名耳海，面积 8 平方千米，为淡水。由于这里地势高，即使是烈日炎炎的盛夏，日平均气温也只有 15 ~20℃，是理想的避暑胜地。

4. 鸟岛

鸟岛地处青海湖的西北部，布哈河口以北 4 千米处，由两座岛屿组成，一东一西，左右对峙，傍依在湖边。远远望去，两个岛屿就像一对相依为命的孪生姊妹，在湖畔相向而立，翘首遥望着远方。这两座美丽的小岛，就是举世闻名的鸟岛，被誉为"鸟的世界，鸟的王国"。栖息着十万余只各类候鸟，每年 3—4 月，从南方迁徙来的雁、鸭、鹤、鸥等候鸟陆续到青海湖开始营巢；5—6 月鸟蛋遍地，幼鸟成群，热闹非凡，声扬数里，此时岛上有 30 余种鸟，数量达 16.5 万余只；7—8 月，秋高气爽，群鸟翱翔蓝天，游弋湖面；9 月底开始南迁。美丽的青海湖鸟岛，是鸟儿的乐园，鸟儿的天堂，也是青藏高原的一大奇观。

5.茶卡盐湖

茶卡盐湖，别称茶卡或达布逊淖尔，是位于青海省海西蒙古族藏族自治州乌兰县茶卡镇的天然结晶盐湖，是柴达木盆地四大盐湖之一。"茶卡"是藏语，意即盐池，"达布逊淖尔"是蒙古语，也是盐湖之意。茶卡盐湖气候温凉，干旱少雨，属高原大陆性气候，年平均气温4℃。湖面海拔3100米，长15.8千米，宽9.2千米，呈椭圆形，湖水面积、水深受季节影响明显。每年5—9月为丰水季节，湖水面积可达104平方千米，相当于杭州西湖的十几倍；每年10月至翌年4月为枯水季节，湖水面积明显减少。茶卡盐湖与塔尔寺、青海湖、孟达天池齐名，是"青海四大景"之一，被旅行者们称为中国"天空之镜"，被国家旅游地理杂志评为"人一生必去的55个地方"之一。

课堂讨论

1. 青海分几个旅游区？有哪些类型的旅游资源？
2. 青海湖呈何形状？四周有哪些山脉？有几个子湖？

第二节 西藏自治区

一、概述

西藏简称"藏"，首府拉萨市，位于我国西南地区，是我国五个少数民族自治区之一，面积达120多万平方千米，约占全国面积的1/8，是我国仅次于新疆的第二大自治区。西藏唐宋时期称为"吐蕃"，元明时期称为"乌斯藏"，清代称为"唐古特""图伯特"等。清朝康熙年间起称"西藏"至今。1951年5月23日，西藏和平解放。1959年西藏叛乱平定后，中央政府开始对西藏进行全面直接管辖。1965年9月9日，西藏自治区正式宣告成立。

西藏地处西南边陲，平均海拔4000米以上，是青藏高原的主要部分，一向有"世界屋脊"之称。中尼边界的世界第一高峰——珠穆朗玛峰，拥有晶莹冰峰、瑰丽的冰川地貌奇观，以壮丽之美夺人心魄，是登山探险和科学考察旅游的理想场所。藏族人信奉藏传佛教，有隆重的宗教节日和以"唐卡"、藏戏为代表的别具一格的宗教艺术，有以布达拉宫、哲蚌寺、色拉寺、扎什伦布寺为代表的规模宏大、金碧辉煌的宗教建筑和丰富的收藏品，这些都使旅游者大开眼界。

二、主要旅游景区

1.布达拉宫

布达拉宫位于西藏自治区首府拉萨市区西北的玛布日山上，是一座宫堡式建筑群。最初是吐蕃王朝赞普松赞干布为迎娶文成公主而兴建。"布达拉"是梵语音译，又译作"普陀罗"或"普陀"，原指观世音菩萨所居之岛。布达拉宫于17世纪重建后，成为历代达赖喇嘛的冬宫居所。1961年，布达拉宫成为国务院第一批全国重点文物保护单位之一。1994年，布达拉宫被列为世界文化遗产。

小故事

文成公主入藏

贞观十五年（641年），唐太宗将文成公主下嫁松赞干布，诏令江夏王李道宗持节护送。公主在唐送亲使江夏王和吐蕃迎亲专使禄东赞的伴随下，从长安出发，途经西宁，翻日月山，长途跋涉到达拉萨。松赞干布率群臣到河源附近的柏海（今青海玛多县境内）迎接文成公主，谒见李道宗，行子婿之礼，之后与公主同返逻些（今拉萨）。

松赞干布专门为文成公主修筑的布达拉宫，富丽壮观。布达拉宫中存有大量壁画，其中就有唐太宗五难吐蕃婚使噶尔禄东赞的故事、文成公主进藏一路遇到的艰难险阻以及抵达拉萨时受到热烈欢迎的场面等。文成公主入藏时带去的释迦牟尼佛等身像，至今仍是藏族同胞崇拜的圣物。此外还带去了唐代先进的耕作技术，带去了各种酿酒、冶金、造纸、历法、医学等科学技术，促进了汉藏关系的和谐，促进了藏族地区经济、社会、文化的发展，深受百姓爱戴。

布达拉宫主体建筑分为红宫和白宫，红宫居中，白宫横贯两翼。红宫有历代达赖喇嘛的灵塔和各类佛堂及经堂，白宫部分是达赖喇嘛处理政务和生活居住的地方。布达拉宫主楼高约115米，13层，东西长360米，南北宽370余米，建筑面积约13万平方米，由寝宫、佛殿、灵塔殿、僧舍等组成。宫内珍藏大量佛像、壁画等文物，是藏族文化艺术的瑰宝。1936年（藏历火鼠年），十三世达赖喇嘛的灵塔殿建成后，形成了布达拉宫现在的规模。从五世达赖喇嘛开始，布达拉宫就成为历代达赖喇嘛的冬宫，并供奉有历代达赖喇嘛的灵塔，这里也是西藏地方政教合一政权的统治中心，重大的宗教、政治仪式均在此举行。

2.哲蚌寺

哲蚌寺是藏传佛教格鲁派六大寺庙之一，原名是吉祥永恒十方尊胜州，藏语意为"堆米寺"或"积米寺"。它坐落在拉萨市西郊约10千米的根培乌孜山南坡的坳里，由藏传佛教格鲁派创始人宗喀巴的弟子降央曲吉－扎西班丹于1416年创建。1464年，哲蚌寺建立僧院，传授佛教经典。西藏和平解放前该寺僧众超过一万人，是藏传佛教最大的寺庙。

寺庙沿山势逐层而建，占地面积约20万平方米，寺内有7个扎仓（僧院）。寺庙殿宇相接，群楼耸峙，规模宏大。鳞次栉比的白色建筑群依山铺满山坡，远望好似巨大的米堆，故名哲蚌，藏语"哲蚌"意为"米堆"。一年一度的雪顿节会在这里举办盛大的展佛活动。

小知识

雪顿节的来历

在藏语中，"雪"是酸奶的意思，"顿"是"宴"的意思。因此，雪顿意为酸奶宴，雪顿节又称酸奶节。相传藏传佛教格鲁派创始人宗喀巴大师在改革西藏佛教时，为新创立的格鲁派制定了严格的戒律，规定从藏历四月至六月，正值世间生命繁殖期间，为了保护生命的充分繁殖，不受到伤害、践踏，僧人都必须安心在寺庙念经修行，直到六月底才能开禁。到了开禁日，僧人们纷纷出寺下山，世俗老百姓为了犒劳僧人修行之苦，特备上酸奶，为他们举行野宴游行，为时一周。如今拉萨雪顿节，是西藏所有节日里最隆重、规模最大、节目内容最丰富的节日，是国家级非物质文化遗产。

3. 大昭寺

大昭寺是位于拉萨市的一座寺庙，又名"祖拉康""觉康"（藏语意为佛殿），始建于唐贞观二十一年（647年），融合了藏、汉、尼泊尔、印度的建筑风格，是松赞干布为纪念尺尊公主入藏而建的。大昭寺前面有一块标志藏汉亲密关系的唐蕃会盟碑，立于唐长庆三年（823年），用藏汉两种文字刻写。作为藏传佛教最神圣的寺庙，大昭寺并不从属于哪个教派，藏传佛教格鲁派兴起后，每年这里便举行传昭法会。历代达赖和班禅的受戒仪式就在这里举行。寺前终日香火缭绕，信徒们虔诚的叩拜在门前的青石地板上留下了等身长头的深深印痕。

特别提示

"林廓"——藏民转经仪式线路

藏族将环大昭寺内中心的释迦牟尼佛殿一圈称为"囊廓"，环大昭寺外墙一圈称为"八廓"，大昭寺外辐射出的街道叫"八廓街"，即八角街。以大昭寺为中心，将布达拉宫、药王山、小昭寺包括进来的一大圈称为"林廓"。这从内到外的三个环形，便是藏民行转经仪式的线路。

4. 罗布林卡

罗布林卡意为"宝贝园林"，位于西藏拉萨西郊，是全国重点文物保护单位。它始建于七世达赖时期（18世纪40年代），是历代达赖喇嘛消夏理政的地方，是一座典型的藏式风格园林。这一带原是灌木林，是拉萨河故道经过的地方。七世达赖参政后，因患腿疾，常来此处用泉水洗浴。当时的中央政府听说了七世达赖的情况，便命驻藏大臣在泉水附近搭设一些帐篷，供达赖休息和诵经之用，这就是罗布林卡的前身。

整个公园东部的建筑群被称为罗布林卡，偏西的建筑群叫金色林卡。经过200多年的扩建，全园占地36万平方米，是西藏人造园林中规模最大、风景最佳的园林。园内有植物

100余种，不仅有拉萨地区常见花木，而且有取自喜马拉雅山南北麓的奇花异草，堪称高原植物园。

5. 扎什伦布寺

扎什伦布寺位于日喀则市城西的尼玛山山坡上，建筑面积近30万平方米，是藏传佛教格鲁派在日喀则地区的最大寺院。始建于明正统十二年（1447年），创建人是格鲁派祖师宗喀巴的徒弟根敦珠巴，分为宫殿（班禅拉丈）、勘布会议（当地地方政府最高机关）、班禅灵塔殿、经学院四部分。在寺庙的入口处，游客可以看到壮观的殿宇群落，那白色房屋上有金顶的褐色建筑群就是历代班禅的灵塔，右前方是一座高大的白墙，每逢节日，这里就会展示巨幅的唐卡。

小知识

唐卡

唐卡也叫唐嘎，唐喀，系藏文音译，指用彩缎装裱后悬挂供奉的宗教卷轴画。唐卡是藏族文化中一种独具特色的绘画艺术形式，题材内容涉及藏族的历史、政治、文化和社会生活等诸多领域，传世唐卡大都是藏传佛教和苯教作品，具有鲜明的民族特点、浓郁的宗教色彩和独特的艺术风格，颜料传统上全部采用金、银、珍珠、玛瑙、珊瑚、松石、孔雀石、朱砂等珍贵的矿物宝石和藏红花、大黄、蓝靛等植物为颜料，以示其神圣。唐卡是中华民族绘画艺术的珍品，被称为藏族的"百科全书"，也是中华民族民间艺术中弥足珍贵的非物质文化遗产。

6. 纳木错

纳木错，藏语意为"天湖"，是藏传佛教的著名圣地，西藏"三大圣湖"之一。它位于拉萨市当雄县和那曲地区的班戈县之间，形状近似长方形，东西长70多千米，南北宽30多千米，面积约1920平方千米，是西藏第二大湖泊。纳木错是第三纪末第四纪初，喜马拉雅山运动凹陷而形成的巨湖，湖面海拔4718米，是世界上海拔最高的咸水湖，也是我国第二大咸水湖。

湖水靠念青唐古拉山的冰雪融化后补给，沿湖有不少大小溪流注入，湖水清澈透明，湖面呈深蓝色，水天相融，浑然一体。每个到过这里的人整个灵魂都仿佛被纯净的湖水洗涤。湖中有5个岛屿，佛教徒们传说它们是五方佛的化身，凡去神湖朝佛敬香者，莫不虔诚顶礼膜拜。湖滨平原牧草良好，是天然牧场。每当夏初，成群的野鸭飞来栖息繁殖，湖泊周围常有熊、野牦牛、野驴、岩羊等野生动物栖居。湖中盛产高原的无鳞鱼和细鳞鱼，湖区还产虫草、雪莲、贝母等名贵药材。

课堂讨论

1. 布达拉宫建筑结构有何特点？
2. 进藏旅游需要注意哪些事项？

本章小结

　　本章介绍了青藏旅游区的地貌特征、气候情况以及各地主要的旅游风景名胜。本区独特的自然资源禀赋与多样的人文风情交相呼应，构成了一个极具魅力的旅游区。青海有我国最大的内陆咸水湖青海湖，有西北四大清真寺之一的东关清真大寺，有藏传佛教格鲁派六大寺院之一的塔尔寺。西藏的布达拉宫、大昭寺、罗布林卡先后被列入世界遗产目录。三大圣湖、珠穆朗玛峰、扎什伦布寺等自然、人文景观吸引了世界各地游客。通过本章内容的学习，了解、掌握本区旅游风景区、历史遗迹以及相关人文典故。

本章测试

一、单项选择题

1. 以下选项表述正确的是（　　　）。

A. 西藏自治区简称藏，地处西南边陲，平均海拔在 4500 米以上

B. 藏族人民能歌善舞，生活习俗与其他民族多有不同，普遍信奉藏传伊斯兰教

C. 布达拉宫现有规模基本形成于第十二达赖喇嘛时期

D. 布达拉宫是西藏地方政教合一政权的统治中心

2. 最著名的铜佛像"马头明王"像保存在（　　　）殿内。

A. 大昭寺　　　　　　B. 哲蚌寺　　　　　　C. 甘丹寺　　　　　　D. 色拉寺

3. 下列有关纳木错湖说法错误的是（　　　）。

A. 纳木错是西藏三大神湖之一，由喜马拉雅山运动凹陷而形成

B. 纳木错湖是世界上海拔最高的咸水湖，面积最大的咸水湖

C. 纳木错湖水的主要补给来源于念青唐古拉山的冰雪融化

D. 纳木错湖中盛产高原的无鳞鱼和细鳞鱼

4. 有"十万佛塔"之美誉的寺庙是（　　　）。

A. 大昭寺　　　　　　B. 萨迦寺　　　　　　C. 白居寺　　　　　　D. 白马寺

5. 塔尔寺诸佛殿装饰的堆绣、壁画和（　　　），被人们称为艺术"三绝"。

A. 酥油花　　　　　　B. 酥油茶　　　　　　C. 唐卡　　　　　　D. 经幡

6. 青藏地区湖泊大部分都是（　　　）。

A. 淡水湖　　　　　　B. 咸水湖　　　　　　C. 火山湖　　　　　　D. 海成湖

7. 拉萨市是西藏自治区的首府，是自治区政治、经济、文化、交通中心，又是一座具有 1300 多年历史的高原古城。海拔 3650 米，每年日照长达 3100 小时，称为（　　　）。

A. 不夜城　　　　　　B. 日光城　　　　　　C. 高原城　　　　　　D. 极光城

8.被旅行者们称为中国"天空之镜"的地方是（　　　）。

A.青海湖　　　　　　B.纳木错　　　　　　C.茶卡盐湖　　　　　　D.托索湖

9.青海省地势总体呈西高东低，属（　　　）气候。

A.温带季风气候　　　　　　　　　　B.高原大陆性气候

C.亚热带季风气候　　　　　　　　　D.热带沙漠气候

二、多项选择题

1.西藏的（　　　）被列入《世界遗产名录》。

A.大昭寺　　　　　　　　　　　　B.日喀则

C.江孜　　　　　　　　　　　　　D.布达拉宫

2.下列属于"青海四大景"的是（　　　）。

A.茶卡盐湖　　　　　　　　　　　B.青海湖

C.塔尔寺　　　　　　　　　　　　D.可可西里

3.青藏高原是由（　　　）碰撞，隆起抬升而形成的，强烈的板块运动导致了岩浆活动的频繁而形成丰富的地热资源。

A.印度洋板块　　　　　　　　　　B.亚欧板块

C.太平洋板块　　　　　　　　　　D.非洲板块

4.三江源地区位于我国青海省南部，平均海拔3500~4800米，是世界屋脊——青藏高原的腹地，是（　　　）源头汇水区。

A.长江　　　　　　　　　　　　　B.黄河

C.澜沧江　　　　　　　　　　　　D.雅鲁藏布江

5.以下选项与藏区民族风俗有关的是（　　　）。

A.唐卡　　　　　　　　　　　　　B.雪顿节

C.喇嘛　　　　　　　　　　　　　D.穆斯林

6.下列选项表述正确的是（　　　）。

A.西藏地热资源丰富，居全国第二

B.公元7世纪，松赞干布统一西藏后，建立了吐蕃王朝，建都于拉萨

C.布达拉宫主体建筑分为红宫和白宫，红宫部分是达赖喇嘛处理政务和生活居住的地方

D.布达拉宫建筑面积约13万平方米，由寝宫、佛殿、灵塔殿、僧舍等组成

7."拉萨三大寺"包括（　　　）。

A.色拉寺　　　　　　　　　　　　B.甘丹寺

C.哲蚌寺　　　　　　　　　　　　D.大昭寺

8. 下列表述说法正确的是（　　　）。

A. 青海湖地处青藏高原的东北部，地域辽阔，草原广袤

B. 青海湖面南北长，东西窄，略呈椭圆形

C. 青海湖鸟岛面积原始面积小，现在随着湖水下降有所扩大

D. 青海湖鸟岛地势平坦，气候温和，四面绕水，环境幽静

第十二章

港澳台旅游区

本章概述 →

　　港澳台是指我国的香港特别行政区、澳门特别行政区和台湾省，有别于中国内地，统称"港澳台地区"。香港是"购物天堂"，全球三大金融中心之一；澳门是世界旅游休闲中心、世界四大赌城之一，港澳两个特别行政区执行"一国两制"，由于历史原因，港澳旅游人文资源呈现出中西融合的特点；台湾省湖光山色秀丽，融大陆闽南文化、客家文化、台湾少数民族所代表的南岛文化为一体。本区地理风貌和人文资源独特，香港的维多利亚港、澳门的大三巴牌坊、台湾的日月潭等都是著名的旅游景点，吸引了世界各地的游客。

教学目标 →

1. 比较香港、澳门、台湾三地的地理环境。

2. 熟悉台湾著名的旅游景点和历史文化。

3. 分析香港成为世界旅游热点地区的原因。

4. 解读澳门旅游资源的特点、类型及其成因。

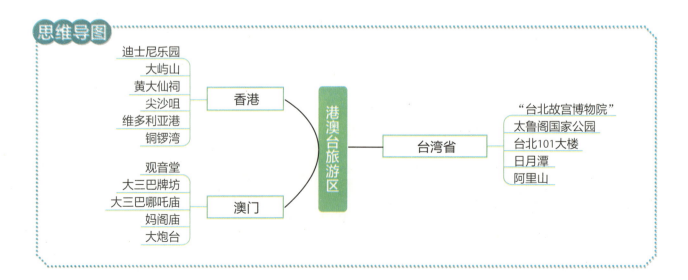

思维导图

迪士尼乐园
大屿山
黄大仙祠
尖沙咀 — 香港
维多利亚港
铜锣湾

观音堂
大三巴牌坊
大三巴哪吒庙 — 澳门
妈阁庙
大炮台

港澳台旅游区

"台北故宫博物院"
太鲁阁国家公园
台湾省 — 台北101大楼
日月潭
阿里山

第一节　香港特别行政区

一、概述

香港的全称是中华人民共和国香港特别行政区，北接广东省深圳市，与内地直接相通。香港是典型的滨海丘陵地，陆地部分呈菱形，凸于广东省宝安县城之南，从大陆伸入南中国海。香港岛在菱形半岛南端，全境包括香港岛、九龙半岛、新界与离岛四大部分。香港岛及其周围小岛屿，面积 80.87 平方千米，为香港之本土。九龙半岛以南部狮子山、飞鹅岭等山脉为界，面积 389.9 平方千米，包括昂船洲。"新界"指九龙半岛以北南到罗湖管理线的大片陆地，面积 738 平方千米。离岛指香港岛外围的 262 个大小岛屿，面积约为 211 平方千米。

香港是国际和亚洲区主要的航空中心，香港国际机场是世界上较繁忙的机场之一，全球各大航空公司都有航班飞往香港。香港旅游融合了东西文化的特色，主要景点有九龙的清水湾、宋城、荃湾寺庙群，尖沙咀的太空馆及市区内许多公园、艺术中心、博物馆和非居住区的郊野公园、迪士尼乐园、太平山、大屿山、黄大仙祠等。无论是享有"香港的华尔街"之称的中环，还是商厦林立的湾仔区，还是购物天堂与美食基地的铜锣湾、尖沙咀，抑或体现港人生活的旺角、油麻地、九龙塘、天水围，都是香港这座繁华国际大都市的见证。

延伸阅读

香港地名的由来

香港地区历史悠久，但"香港"作为地名出现在史籍中却比较晚。关于香港地名的由来，至今尚无十分确凿的史料可为依据。主要说法有以下两种：

（1）因"香姑"得名

据传，香姑是清朝嘉庆年间出没于伶仃洋面的海盗林某之妻。林被李长庚击败，后来死在台湾。香姑遂占据现在这个海岛，人们因此称该岛为香港。

（2）因运输香木得名

此说始于近人永言的《香港地名考》一文。他认为"香港"之小海港，以运香木出口而著名。他还具体写出了运送香木的路线："来自东莞南部及今新界所产之香，在尖沙头（今尖沙咀）之香涉头（当年运香木出口之旧式码头），用小舟载至石排湾（今香港仔）附近之小港，名香港者，然后改用艚船（大眼鸡船）转广州城，遵陆而北，逾南雄岭直达江苏省苏松一带。"

二、主要旅游景区

1. 迪士尼乐园

香港迪士尼乐园坐落于香港新界大屿山竹篙湾东南面，是全球第 5 个以迪士尼乐园模式兴建、迪士尼全球的第 11 个主题乐园及首个根据加州迪士尼（包括睡公主城堡）为蓝本的主题乐园，也是近年来香港最热门的旅游景点。香港迪士尼乐园的面积为 126 公顷，是全球面积最小的迪士尼乐园。虽然它面积不大，但乐园内的各种特色游乐项目一项不少，而且加入了许多东方元素，成功营造出华人地区的第一个迪士尼奇幻世界，让每位入园的人仿佛回到梦里的童话世界。香港迪士尼乐园除了家喻户晓的迪士尼经典故事及游乐设施外，还结合香港的文化特色，构思了一些专为香港而设的游乐设施、娱乐表演及巡游，展现出东方迪士尼的全新面貌和独特魅力。

2. 大屿山

大屿山位于香港西南面，珠江口东侧，背靠内地，面朝南海。它长约 27 千米，宽约 9.5 千米，面积达 146.75 平方千米，是香港最大的岛屿，其面积几乎是香港岛的两倍。动植物种类丰富，包括香港细辛、大屿八角、岭南槭等植物，在大屿山以北海域甚至经常有中华白海豚出没。大屿山分为两区，东北部的阴澳、竹篙湾、汲水门等属于荃湾区，其他大部分属于离岛区。1978 年，香港政府还在大屿山境内设立北大屿郊野公园和南大屿郊野公园，现今大屿山的郊野公园面积约占岛屿面积的 69%。大屿山通过机场快线、东涌线及青屿干线与岛外的陆上交通连接起来，极大地促进了该区域的旅游发展。

3. 黄大仙祠

香港黄大仙祠又名赤松黄仙祠，于 2010 年 5 月被定为香港一级历史建筑，是香港最著名的庙宇之一，崇奉道、释、儒三教，在香港及海外享有盛名。香港黄大仙祠正殿是香火最为鼎盛的一处，正殿延续了中国传统寺庙建筑风格：红柱金顶，蓝楣黄格。这座庙宇几经扩建，现在占地 18000 多平方米，祠中正殿、圣堂、从心苑等建筑各具特色，但最独特的是祠中的飞鸾台、经堂、玉液池、盂香亭及照壁这几处建筑，它们在建筑布局上均按风水"五行"属性而建。飞鸾台是黄大仙师的静室，代表"金"；经堂原为收藏宗教典籍之所，因堂内摆设多为木制而代表"木"；玉液池是一处由 7 朵莲花组成的喷水池，代表"水"；盂香亭内供奉着燃灯圣佛，因此代表"火"；照壁是一处双重檐蓝绿色琉璃瓦顶建筑，属"土"。金、木、水、火、土五行齐备，预示着庙宇永固。

4. 尖沙咀

尖沙咀位于九龙半岛南端，是九龙半岛伸入海中的一块尖形区域，紧邻维多利亚港，与香港岛隔海相望，是九龙区内最重要的商业中心、旅游区和购物天堂。此外，尖沙咀是国际名店最集中的一区，也是游客必定到访的购物区。除此之外，区内设有多个文化和教育中心，如香港文化中心、香港艺术馆、太空馆、香港历史博物馆和香港科学馆。此外，尖沙咀还有不少历史古迹，如九龙清真寺、玫瑰堂、圣安德烈教堂等。在尖沙咀文化中心一带海滨欣赏维多利亚港夜景及幻彩咏香江多媒体灯光音乐会演是游客游香港不可缺少的观光项目。

小知识

尖沙咀名字由来

尖沙咀的名字是根据地形而来的，由于该处海水为官涌山阻挡，形成一个又长又尖的沙滩，因此被称为"尖沙咀"。尖沙咀也曾被称作香埗头、尖沙头，现在许多本地年轻人都称其为尖咀或老尖。

5. 维多利亚港

香港维多利亚港是位于香港岛和九龙半岛之间的一道天然海港，宽 1.3 千米，东西长约 10 千米，东至鲤鱼门，西至汲水门，北至青衣南部海域，港内包括青洲、小青洲、昂船洲及九龙石等岛屿，水域总面积大约为 59 平方千米，如今已经成为世界著名的运输、金融、交通、旅游等行业的重要中心，是世界三大天然海港之一。平阔的水面、林立的高楼、悠哉的渡轮、挺立的大桥都赋予维多利亚港无边的浪漫情怀。入夜以后，华灯初上，维多利亚港换上一身绝美衣裳。从近处看，五彩霓虹恣意渲染，灯光与水光交相辉映，粼粼水波映现出一片玄妙之景；从远处看，星星点点的城市灯火渐渐连绵成片，恍如一片琼楼玉宇。那些航船上点缀的彩灯，忽如萤火微光，忽如天界流星，伴随着轮船飘荡在暗色水面上。

6. 铜锣湾

铜锣湾位于港岛中心，是香港最繁忙的购物和饮食区，也是香港不夜市区之一。虽然铜锣湾地价昂贵，但却从不摒弃价格低廉的消费场所，这里既有国际顶尖品牌的庞大阵容，也云集了众多平价街市，崇光百货、世贸中心、利园商场、时代广场与金百利、渣甸坊等纷纷在此集结。铜锣湾避风塘是感受香港昔日渔港风貌的好去处，这里停泊着众多新型游艇，入夜后，铜锣湾避风塘显得热闹而繁忙，只见船只灯火通明，穿唐装衫裤的艇妹摇橹，接送游客往来于海鲜艇、酒吧艇及歌艇之间。游客在船上品尝海鲜的同时，也可一边观赏海港夜景，一边领略舢板风光，别有风味，所以铜锣湾夜游避风塘是游客晚上观光的理想安排。此外，铜锣湾还有许多很好的中西菜馆。

小知识

铜锣湾的前尘往事

若说香港是亚洲的"购物天堂"，那么云集世界各地顶尖奢侈品的铜锣湾就是这"购物天堂"的热点地带。

19世纪末，人们在往来香港岛的东西两端时，需要绕路而行或坐船经过铜锣湾，交通十分不便。当时香港正值英国统治时期，英国人遂在此建起了一条连接海湾的海堤，取名高士威道。后来人们借此用作铜锣湾的英文名"Causeway Bay"，意即海堤湾。

课堂讨论

1. 香港地标街景在哪里？为什么享有"世界三大夜景"的美誉？
2. "香港八景"是指哪八景？反映了香港什么样的自然景观和人文情怀？

第二节　澳门特别行政区

一、概述

澳门特别行政区简称"澳"，旧属广东香山县（今天的广东中山市），位于广东珠江三角洲的西侧，距香港西南约60千米，北与广东省珠海市相邻，东隔伶仃洋与香港特别行政区相望。澳门由澳门半岛和氹仔岛、路环岛两个离岸小岛组成，恰如一朵精致小巧的三瓣莲花，明媚绽放在珠江岸边。澳门人口60.75万，97%为中国籍，其余为葡萄牙等国籍。

经过400年历史风云与东西方文化交融，如今澳门已成为中西合璧的历史文化名城，有"东方蒙特卡洛"之称。这里的旅游业、酒店业蓬勃兴盛，葡萄牙文化与中国文明交融，历史遗迹众多，既有古色古香的中国传统庙宇，又有庄严肃穆的天主教堂，还有世界著名的娱乐场，它以中西文化融合的独特魅力和优越的地理位置吸引着世界各地的投资商和观光客。

澳门的名胜古迹多与宗教有关。普济禅院、妈阁庙、莲峰庙被称为澳门三大古刹。大三巴牌坊是圣保罗教堂火灾后遗留下来的前壁。闹市中有不少幽静的公园，如二龙喉公园、白鸽巢公园、石排湾郊野公园等都各有特色，而卢廉若公园更以其苏州园林的特点吸引无数游客。松山灯塔、大炮台以及路环的竹湾、黑沙湾海滩也是游客的好去处。只有走进澳门、亲近澳门，人们才会在这座水陆相依的城市中感悟到它中西合璧的独特韵味。

澳门历史城区

　　澳门历史城区位于中华人民共和国澳门特别行政区澳门半岛，以澳门旧城为中心，串连起逾20个历史建筑。历史城区的范围东起东望洋山，西至新马路靠内港码头，南起妈阁山，北至白鸽巢公园。该城区建筑群中的各建筑建成时间从明至民国，时间跨度达400多年。2005年，澳门历史城区被列入《世界遗产名录》。

延伸阅读

澳门简史

　　自秦始皇统一六国后，澳门一带被正式纳入我国版图，并屡次设郡置县：秦属南海郡，汉属番禺县，隋属南海县，唐属东莞县，南宋至清代时，历属香山县。

　　1553年，葡萄牙人以"晾晒水浸货物"的名义，在南湾一带上岸借居，首次登上了澳门的土地。接着，葡萄牙人又改借地为租地，在此修筑城台。1624—1625年，两广总督下令摧毁城台，墙基成为澳门租借地的界墙之一。

　　鸦片战争以后，葡萄牙人开始越界，于1848年开始驱逐清朝驻澳官员。从1883到1864年，葡萄牙人逐步占领了澳门半岛全境、凼仔岛与路环岛。1887年，葡萄牙又迫使清政府签订了为期40年的《中葡友好通商条约》。

　　1976年，葡萄牙新宪法承认了澳门为葡国管理下的中国领土。1987年，中国与葡萄牙两国正式签署了《关于澳门问题的联合声明》，该声明意味着被葡萄牙强占几百年的澳门即将回到祖国的怀抱。1999年12月20日，中国政府顺利收回澳门，并设立了澳门特别行政区。2005年7月，澳门历史街区被列入《世界遗产名录》，从此澳门也成为中国重要的历史文化名城。

二、主要旅游景区

1. 观音堂

　　观音堂又称普济禅寺，位于澳门美副将大马路，修建于明朝天启年间，距今已有380多年的历史。在漫长的历史变迁中，它先后经过十几次重修，至今仍然保持着古朴庄重的风貌。观音堂是澳门三大禅院中规模最大、历史最久、最具特色的一座庙宇，也是中国南方为数不多的保存完好的禅宗寺院之一。它自建成以来就一直是许多善男信女的拜祭之地，每年到了观音诞期，这里更是香火鼎盛，热闹非凡。

　　观音堂是一幢巍峨壮观的三进式古建筑。山门内外两侧各题有一副楷书楹联和一副隶书楹联。越过山门，迎面可见第一进大雄宝殿，殿里供奉着释迦牟尼等三尊金身佛像。在殿堂东西两侧，矗立着天后殿、地藏殿、关帝殿、藏经楼等附属建筑。第二进是长寿佛殿，里面供奉着一尊长寿佛，身形高大，宝相庄严。第三进是禅院正殿，即观音殿，里面供奉着观音大士，观音像全由樟木雕塑而成。十八罗汉分列两旁，神态惟妙惟肖，栩栩如生。

2. 大三巴牌坊

大三巴牌坊是澳门最具代表性的名胜古迹，是游客必经之地。大三巴牌坊并不是中国式"牌坊"，其实是圣保禄教堂的前壁遗迹，而圣保禄教堂是葡萄牙人在澳门创建的天主教教堂。"三巴"这个名字听来颇富闽南味，实际上是葡文"圣保禄"的中文译音。在中国古籍中，圣保禄教堂也被称为"三巴寺"，又因现在的外形酷似中国传统的牌坊，于是便有了"大三巴牌坊"这个独特的名字。

大三巴牌坊于1835年遭大火焚毁，仅遗教堂前的68级石阶及花岗石建成的前壁，因貌似中国牌坊而得名。现存的遗迹为1637年竣工的圣保罗大教堂的前壁，巍峨壮观，糅合了欧洲文艺复兴时期与东方建筑的风格而成，体现出东西方艺术的交融。大三巴牌坊上雕像栩栩如生，既保留传统，又有创新；既展现了欧陆建筑风格，又继承了东方文化传统，体现着中西文化结合的特色，是远东著名的石雕宗教建筑。

3. 大三巴哪吒庙

大三巴哪吒庙是指位于澳门大三巴牌坊右侧的哪吒庙，为澳门现存两座哪吒庙之一。大三巴哪吒庙于1888年落成，在清朝光绪二十七年（1901年）时进行过一次改建，于是有了现在的形制。这是一座两进式的中国传统建筑规模不大，由于中间没有天井，显得巧妙而简单。

整座庙宇只是由相连的门厅和正殿构成。门厅是飞檐式的建筑，椽头下面用红绿漆绘着传统图案，梁脊上则装饰着中国传统的祥云日月雕饰。穿过门厅，就是进深5米的正殿了。正殿的墙体由青砖砌成，没有装饰，极为素朴。殿门上悬着"哪吒古庙"的匾额。殿内供奉着好几尊神态各异的哪吒神像，位于中间的最为活泼可爱，英勇神武，透着一股子灵秀劲儿。

环视整座庙宇，四面青色，墙体很少有装饰，甚至门厅的三面只是简单地围绕着黑色的木栅。这份素朴、简约、内敛、低调的风格，倒与在它一旁辉煌张扬的大三巴形成了鲜明的对比，也像是为中西方文化提供了一种生动的比照。作为中国文化遗产，大三巴牌坊哪吒庙不但保存了中国传统的庙会文化，展现了澳门社会的社团文化和街坊文化，也是中西两种文化、两种宗教相互尊重与共存的最好体现。

4. 妈阁庙

妈阁庙原称"妈祖阁"，俗称"天后庙"，是澳门历史最悠久的庙宇，最著名的名胜古迹，"妈阁紫烟"是澳门八景之一。妈阁庙建于明朝弘治元年（1488年），是澳门较著名的名胜古迹之一，也是澳门三大禅院中最古者，澳门三大古刹中历史最悠久的。妈阁庙位于澳门半岛西南部，依山面海沿崖而建，红日辉耀层阁，蓝波光映飞檐。整个建筑包括大殿、石殿、弘仁殿和观音阁，庙内供奉天后塑像及相传天后曾搭乘过的大头模型帆船。

游人经过庙门及花岗石牌坊，走进庭院，循着山麓的石阶小径，拾级而上，即可抵达建于巉岩巨石间，就石窟凿成的弘仁殿。殿内四壁，雕刻着海魔神将，色彩斑斓，中央供奉天后。自弘仁殿至观音阁，沿着山崖有不少石刻，或为名流政要咏题，或为骚人墨客遣兴，楷草篆隶，诸体具备。此外，庭院内有中国帆船石刻浮雕，传说妈祖曾乘此船自家乡出海，经历台风巨浪，平安抵澳。观音阁位于庙之最高处，供奉观音大士。每年春节和农历三月廿三妈祖诞期，妈阁庙香火至为鼎盛。除夕午夜开始，不少善男信女纷纷到来拜神祈福，庙宇内外，一片热闹。在妈祖诞期前后，庙前空地会盖搭一大棚，作为临时舞台，上演神功戏。

小知识

"妈祖" 林默

"妈祖"在福建话里是"母亲"的意思。"妈祖"姓林名默，宋朝福建莆田人，自幼聪颖，得老道秘传法术，能通神，经常在海上搭救遇难船只，"升天"后仍屡次在海上显灵，救助遇难的人。人们感其恩德，尊为护航海神，历代王朝也多次封谥，明朝时晋封其为"天后"。

5.大炮台

大炮台位于澳门中部海拔61米的大炮台山，是中国现存最早和为数不多的西式炮台之一。大炮台的前身是圣保禄教堂的祀天祭台，因此，也被称为圣保禄炮台、大三巴炮台。自1557年伊始，葡萄牙人开始陆续在澳门定居。当时，中国沿海的海盗活动非常猖獗，他们四处横行、肆意劫掠。为了保护教士和居民的安全，葡萄牙人决定将祭台改建成炮台。1617年，炮台开建，1626年，炮台正式竣工，成为澳门防范海盗的一道有力防线。

炮台呈不规则四边形，占地面积约为一万平方米，平坦而开阔。四周城墙环绕，气势雄伟，颇具欧洲古堡风貌。整个炮台唯有西北侧的城墙相对较矮，并未设置炮口。这是因为炮台山炮台是葡萄牙人在半岛上设置的由东海岸至西海岸防御体系的核心，主要防御东、南和西三个方向的来犯者。为了增强炮台的防御力，葡萄牙人还在炮台修筑了棱堡和碉堡。恰恰是这道坚固的军事防线见证了澳门曾经的那段屈辱历史。如今，这座海岛城市重新站立起来并回到祖国怀抱，昔日修筑的大炮台成了这座城市难以抹去的历史记忆。

课堂讨论

1.澳门为什么成为世界旅游休闲中心之一？
2.大三巴牌坊和大三巴哪吒庙各有什么样的风格？

第三节　台湾省

一、概述

台湾省简称"台"，位于我国东南海域，西隔台湾海峡与福建相望，是一个由岛屿组成的海上省份，自古以来就是中国领土不可分割的一部分。全省由台湾本岛和周围属岛以及澎湖列岛两大岛群，共由80余个岛屿组成。陆地总面积约3.6万平方千米，其中台湾本岛南北长394千米，东西最宽处144千米，绕岛一周的海岸线长1139千米，面积约占全省面积的97%以上，是我国第一大岛。

台湾岛地貌为中间高两侧低，地形多为山地和丘陵。台湾岛的山地众多，因此在东部地区形成了近似高原的地貌，其中台东山地由中央、玉山等5条山脉组成高原状地区，面积约2.3万平方千米。中央山脉偏于本岛东侧，纵贯南北，长达320千米，主峰均在3000米以上，成为全岛的脊梁和分水岭。玉山主峰高3997米，为台湾第一高峰。阿里山脉山势则比较平缓，是著名风景区。山地之中也有不少盆地和狭窄的平原，较大的有宜兰平原。台湾还是一个多火山的岛。

多种地形地貌，使台湾形成各种类型的旅游景观。台湾不仅植物茂盛，风景秀丽，还有众多庙宇、古迹和历史建筑以及独特的少数民族风情。在台北可以看到大屯火山群、北投温泉、石门水库、乌来瀑布、"台北故宫博物院"等景点；在台中可以游览双潭秋月、阿里云海、玉山积雪等景点；在高雄可以游览赤嵌楼、澎湖渔火等；在台湾东部可以游览鲁阁幽峡、清水断崖等景点；在台湾中部山区、东部纵谷平原和兰屿岛上，可以观赏台湾高山族动人的"笔杵舞"，领略不一样的少数民族风情。

延伸阅读

台湾简史

台湾自古就是中国不可分割的领土。"台湾"一名源于台湾南部少数民族"台窝湾"社的社名，意为滨海之地，开发台湾的福建省移民依闽南语将此名译写为"大员""台员""大湾"等，后定名为"台湾"。明朝万历年间，明政府正式在公文中使用"台湾"一名，但直到明朝末，"台湾"指代的都是台湾省台南地区。清朝时，朝廷才将全岛正式定名"台湾"，并设隶属于福建省的"台湾府"。

1622年，荷兰军队来到台湾。两年后，荷兰人以现在的台南安平为基地，建立统治台湾的中心。1626年，西班牙舰队从马尼拉出发，抵达台湾北部的基隆与淡水，确立了对台湾北部和东部部分地区的统治。直至1642年，荷兰将驻扎在台湾北部的西班牙人赶走，宣示了对台湾全岛的统治权。

　　1661年，郑成功率兵攻入台湾，打败荷兰殖民者，收复了台湾，成为民族英雄，受到台湾人民的敬仰。23年后，清朝大将施琅打败郑成功的后人郑克塽，郑氏王朝宣告灭亡，台湾进入清朝统治时期。1895年，中日甲午战争后，《马关条约》使台湾被迫成为日本的殖民地。1945年，第二次世界大战结束，日本战败，台湾光复，由国民政府接管。

　　1949年中华人民共和国成立，台湾成为中华人民共和国的一个省。台湾海峡两岸虽然尚未统一，但中国的主权和领土完整从未分割，也不容分割。2005年3月14日，十届全国人大三次会议通过《反分裂国家法》，为反对和遏制"台独"势力分裂国家、促进祖国和平统一提供了法律保障。

二、主要旅游景区

1. "台北故宫博物院"

　　"台北故宫博物院"又称中山博物院，位于台湾省台北市士林区至善路二段221号。1965年，为了纪念孙中山先生的百岁诞辰，"台北故宫博物院"被命名为"中山博物院"。它与故宫博物院一脉相承，收藏有70万件藏品，其中包括了40万件明清历史档案，从上古的陶器到夏商周的青铜器，再到历代的字画、玉器、陶瓷灯稀世珍宝，无所不包，构成了这个文物瑰宝的大观园。它是中华瑰宝荟萃之地，传承中华经典。

　　"台北故宫博物院"建筑四层，分别是第一层的办公室、图书馆、演讲厅，第二层用于展览瓷器、青铜器以及侯家庄墓园出土的文物，第三层主要展出书画、玉器、法器、图书文献等，第四层则是各种专题展出。博物馆的正院形似梅花，代表了美好的寓意。建筑选取蓝色的琉璃瓦和白色的基石砌成台阶和栏杆，风格更显典雅和清丽。青山碧水间，淡黄色的墙壁显示着富贵和典雅。

2. 太鲁阁国家公园

　　台湾岛第三座国家公园太鲁阁国家公园横跨台中、南投和花莲三县，面积达920平方千米。太鲁阁峡谷深达1000米，长约20千米。这段峡谷起于太鲁，终于天祥山。峡谷沿线有高山深谷，最奇特的是其石头都是大理石，因此太鲁阁又是著名的大理石峡谷。

　　太鲁阁国家公园有面积广阔的原始森林，涵盖热带、温带和寒带的各种树木，从阔叶林到针叶林，从云杉到芦竹，不一而足。走进森林，藤蔓高攀，枝叶繁茂，低矮的灌木丛层层叠叠，高大的乔木树梢直指蓝天。奇山奇石、峡谷断崖、清流飞瀑无所不有，可谓集天下胜景之大观。公园地势险峻，悬崖断壁无处不在，山崖与草木碧流相和，构成了一幅美丽的画卷。太鲁阁上还有著名的慈母阁、天祥村落、流芳桥等。这些建筑是撒落在太鲁阁公园峭壁间的珍珠，耀眼夺目又灵动多姿。

3. 台北 101 大楼

台北 101 大楼，又名台北 101、台北金融大楼，高 508 米（含天线），是台北市标志性建筑之一，也是世界较高建筑之一。台北 101 坐落于台湾省台北信义区金融贸易区中心，其东临信义广场，北依信义 21 号公园，西近富士洋行，南靠台北捷运信义线，由一座 101 层高的办公塔楼及 6 层的商业裙楼组成。大楼运用一般安全带的概念，在 87 楼到 92 楼之间悬吊一颗 660 吨重的巨大钢球——调谐质量阻尼器，利用摆动来减缓大楼的晃幅。大楼安装有两台世界最高速的电梯，从 1 楼到 89 楼，只要 39 秒的时间。在一些特殊的节日里，大楼外墙灯光会以节庆为主题在外墙以灯光表现特殊的文字或图形，配合不同节日主题，燃放摩天大楼式烟火秀。

4. 日月潭

日月潭是台湾著名的风景区，是台湾八景中的绝胜，其天然风姿可与杭州西湖媲美。日月潭位于南投县中央的鱼池乡，在玉山之北，能高瀑布之南，被海拔 2400 米的水社大山、大尖山等连峰环绕着，湖面海拔 760 米，是一个高山湖泊，湖周 35 千米，水域面积 9 平方千米，平均水深 30 多米，日月潭的水源基本上靠雨水来补给。日月潭旧称水沙连、水社大湖、龙湖、珠潭，当地人也称它水社里，是台湾最大的天然淡水湖泊，也是台湾最美丽的高山湖泊，素有"台湾心脏"的美誉。湖中有一孤岛——光华岛，也称珠子屿、浮珠屿。以光华岛为界，潭水分为丹碧二色：北半部为前潭，水色丹，形如日轮，故名日潭；南半部称为后潭，水色碧，形舣似月，故名月潭，合称日月潭。

小故事

白鹿与日月潭

据台湾少数民族邵人口传历史，400 年前一队邵人勇士追逐白鹿，从嘉南山区的部落翻山越岭来到现今日月潭。传说，有一天，一只体型巨大的白鹿窜向西北，于是山胞们尾随追，追了三天三夜。第四天，他们越过山林，只见千峰万岭、翠绿森林的重重围拥之中，一派澄碧湖水正在晴日下静静地闪耀着宝蓝色的光芒，就像纯洁的婴儿甜蜜地偎依在母亲怀中酣睡。碧水中有个树林茂密的圆形小岛，把大湖分为两半，一半圆如太阳，其水赤色；一半曲如新月，其水澄碧。于是他们把大湖称为"日月潭"，那小岛叫作"珠仔岛"。这里水足土沃，森林茂密，宜耕宜狩，于是他们决定迁居此地，带头的部落首领就是今日邵人酋长"毛王爷"毛信学的祖先。环潭一带地方古称水沙连，分属南投县鱼池乡，是邵人的聚居地。

5. 阿里山

阿里山位于嘉义以东 72 千米，是玉山山脉的支脉，由地跨南投、嘉义二县的大武峦山、尖山、祝山、塔山等 18 座大山组成，东面靠近台湾最高峰玉山。景区内群峰耸峙，溪壑纵横，既有悬崖峭壁之奇险又有幽谷飞瀑之秀丽。最高处海拔 2663 米，山虽不算高，但以其神木、樱花、云海、日出四大胜景（阿里四景）而驰誉全球，故有"不到阿里山，不知台湾的美丽"之说。

凡是到阿里山的游客，都要亲眼看看"阿里山神木"的雄姿。在阿里山主峰的神木车站东侧，挺立着一棵高耸云霄的大树，树身略倾侧，主干已折断，但树梢的分枝仍苍翠碧绿，树高 52 米左右，树围约 23 米，需十几人才能合抱。漫山遍野的樱花是阿里山又一奇观。阳春时节，阿里山漫山遍野开满了殷红、洁白的樱花，一堆堆，一丛丛，艳丽多姿，与森林的黛绿嫩翠交织成一片锦绣，群峰像穿上了绿底红花的盛装，令人如痴如醉。

特别提示

神木周公桧

据推算，阿里山神木已有 3000 多年高龄，约生于周公摄政时代，故被称为"周公桧"，是亚洲树王，仅次于美洲的巨杉"世界爷"。在周公桧的东南方有一棵奇异的"三代木"。三代木同一根株，能枯而后荣，重复长出祖孙三代的树木，是造化的神奇安排。如今第一、二代的前身均已枯老横额，第三代却仍然欣欣向荣。

课堂讨论

1. 台湾地形地貌有何特点？各地有哪些特色景点？
2. 台湾"八景十二胜"具体指的是哪些景观？

本章小结

本章介绍香港、澳门、台湾 3 个旅游区的自然和人文地理及其主要旅游景点。香港旅游资源相对贫乏，但凭借优越的地理位置、活跃的进出口贸易、世界自由港地位，成为世界旅游、购物天堂；与香港一样，由于特殊的历史背景，澳门中西文化交融，东西文化对比强烈，作为世界上庙堂密度最大的地区，吸引众多游客前往旅游；台湾是我国宝岛，自然风光秀丽，人文资源丰富，历史遗迹众多，不仅吸引了大陆游客前往观光旅游，也是众多海外游客向往的旅游目的地。港、澳、台文化制度不同，旅游资源各具特色，成为极富魅力的世界旅游热点地区。

本章测试

一、单项选择题

1. 香港岛的最高点是（　　）。

A. 前港都府　　　　B. 太平山　　　　C. 浅水湾　　　　D. 维多利亚公园

2. 香港素有"（　　）"之称。

A. 购物天堂　　　　B. 东方鲁尔　　　　C. 渤海明珠　　　　D. 东方小巴黎

3.香港的（　　　）被称为"百业之首"，约占国内生产总值（GDP）的1/4。

A.旅游业　　　　　　B.金融业　　　　　　C.国际航运业　　　　D.房地产业

4.有"东方蒙特卡洛"之称的是（　　　）。

A.澳门　　　　　　　B.香港　　　　　　　C.曼谷　　　　　　　D.新加坡

5.澳门的标志性建筑大三巴牌坊的主要建筑风格是（　　　）。

A.罗马式　　　　　　B.哥特式　　　　　　C.巴洛克式　　　　　D.新古典主义式

6.澳门特别行政区以"（　　　）"作为行政区划单位，但并非正式的行政机构建制，不具法律地位。

A.堂区　　　　　　　B.街区　　　　　　　C.巷区　　　　　　　D.府区

7.台湾隔台湾海峡与大陆相望的省区是（　　　）。

A.广东　　　　　　　B.广西　　　　　　　C.海南　　　　　　　D.福建

8.（　　　）是台湾的著名景点

A.浅水湾　　　　　　B.葡京娱乐城　　　　C.大三巴牌坊　　　　D.太鲁阁国家公园

9.中国台湾唯一拥有海域和陆地的"国家公园"，被称为台湾的天涯海角的是（　　　）。

A.垦丁　　　　　　　B.日月潭　　　　　　C.阿里山　　　　　　D.太鲁阁

10.港澳台三地的共同地理特征是（　　　）。

A.旅游业是支柱产业　　　　　　　　　　B.居民祖籍多为广东省

C.世界上重要的金融、贸易、航运中心　　D.均属亚热带季风气候

二、多项选择题

1.香港位于中国东南部，珠江口东侧，由（　　　）以及262个大小离岛组成。

A.新界内陆地区　　B.氹仔岛　　　　　　C.路环　　　　　　　D.九龙

E.香港岛

2.以下景点位于香港的是（　　　）。

A.野柳　　　　　　B.黄大仙祠　　　　　C.金紫荆广场　　　　D.浅水湾

E.垦丁

3.下列关于香港的说法中，正确的是（　　　）。

A.香港的主要宗教是佛教和道教　　　　B.香港行人靠右走，车辆靠左行驶

C.香港人送花喜送梅花　　　　　　　　D.香港被誉为"购物天堂"

E.香港由香港岛、九龙、新界内陆地区及260多个离岛组成

4.澳门现行的官方语言是（　　　）。

A.汉语　　　　　　B.英语　　　　　　　C.葡萄牙语　　　　　D.粤语

E.日语

5. 关于澳门地区的叙述不正确的是（　　　　）。

A. 澳门的工业以生产重工业产品为主　　　B. 澳门有澳门半岛、环路岛、九龙岛组成

C. 博彩旅游业是澳门的经济支柱　　　　　D. 商业贸易是澳门主要的经济支柱

E. 澳门是以府区作为行政区划单位的

6. 澳门是自由港，大多数进口物品可获免税，因而商品价格低廉，澳门的特色商品有（　　　　）。

A. 手工花边　　　　　B. 玻璃串珠饰品　　　　C. 葡萄酒　　　　　D. 中国式衬衣

E. 澎湖四宝

7. 台湾的著名景点有（　　　　）。

A. 野柳风景区　　　　　　　　　B. 太鲁阁国家公园

C. 阿里山　　　　　　　　　　　D. 日月潭

E. 垦丁国家公园

8. "台北故宫博物院"的三大镇馆之宝是（　　　　）。

A. 清明上河图　　　　B. 翠玉白菜　　　　C. 金缕衣　　　　　D. 毛公鼎

E. 肉形石

9. 下列关于港澳台地区，说法正确的有（　　　　）。

A. "东方明珠"香港已成为举世闻名的动感之都

B. 浅水湾位于香港岛北部，是香港最具代表性的泳滩

C. 澳门古称"濠镜澳"，与香港、广州位于珠江三角洲外缘

D. 葡国鸡、葡国腊肠是台湾著名菜式

E. 日月潭是台湾岛唯一的天然湖泊，是台湾八景之首

参考文献

［1］鲍国之. 妈祖文化与天津［M］. 天津：天津古籍出版社，2014.

［2］曹明红. 全国导游基础知识［M］. 天津：天津大学出版社，2012.

［3］曹培培. 中国旅游地理［M］. 北京：清华大学出版社，2016.

［4］陈传康. 陈传康旅游文集［M］. 青岛：青岛出版社，2003.

［5］陈龙. 导游基础知识［M］. 长沙：湖南师范大学出版社，2012.

［6］陈小野. 香港旅游完全指南［M］. 北京：中国轻工业出版社，2010.

［7］陈晓丹. 中国地理博览［M］. 北京：中国戏剧出版社，2009.

［8］陈艳珍，张新凤，赵德辉. 旅游文化［M］. 北京：北京理工大学出版社，2017.

［9］程远曲. 中国旅游地理［M］. 北京：中国轻工业出版社，2016.

［10］崔广彬，郑岩. 旅游管理专业课程思政的教学探索——以"旅游资源学"课程为例
　　　［J］. 当代教育实践与教学研究，2019（7）:166-167.

［11］戴克清，胡吉超. 智慧旅游的营销策略探究——以历史文化名城寿县为例［J］. 淮南
　　　师范学院学报，2015，17（3）：56-59.

［12］导游人员资格考试研究中心［M］. 北京：北京燕山出版社，2016.

［13］丁春文. 浙江乡土旅游［M］. 杭州：浙江工商大学出版社，2018.

［14］丁文魁. 风景名胜研究［M］. 上海：同济大学出版社，1988.

［15］范能船. 海上名刹龙华寺［M］. 上海：上海书店出版社，1993.

［16］冯家沛. 云台山旅游气候资源分析［J］. 气象科学，1996（4）：396-400.

［17］冯淑华，田逢军. 旅游地理学［M］. 武汉：华中科技大学出版社，2011.

［18］广东省人民政府地方志办公室编. 广东资政志鉴［M］. 广州：广东人民出版社，
　　　2015.

［19］郝纯. 智慧游浙江［M］. 杭州：西泠印社出版社，2017.

［20］合肥市地方志编纂委员会办公室. 环巢湖（十二镇）［M］. 合肥：安徽美术出版
　　　社，2017.

［21］何敏翔. 百个符号看江苏［M］. 南京：江苏人民出版社，2014.

［22］黄细嘉，龚志强. 江西导游［M］. 南昌：江西科学技术出版社，2016.

［23］黄翔.旅游区管理［M］.武汉：武汉大学出版社，2004.

［24］姜立勋.北京的宗教［M］.天津：天津出版社，1995.

［25］李宏.中国地理全知道［M］.北京：北京燕山出版社，2010.

［26］李世麟，张锦华.中国旅游地理［M］.南京：东南大学出版社，2007.

［27］李甜.课程思政背景下专业课程建设探索与实践——以《中国旅游地理》为例［J］.
国际公关，2020（10）：150-151.

［28］李肇荣.导游基础知识［M］.桂林：广西师范大学出版社，2013.

［29］梁朝信.中国旅游地理［M］.北京：旅游教育出版社，2010.

［30］梁明珠.中国旅游地理［M］.2版.广州：暨南大学出版社，2014.

［31］林洁，王平春.西南地区少数民族酒文化研究［M］.成都：电子科技大学出版社，
2017.

［32］林婉如.中国旅游地理［M］.2版.大连：东北财经大学出版社，2000.

［33］刘葆，胡浩.中国旅游地理［M］.北京：中国商业出版社，2012.

［34］卢丽蓉，李敏.旅游学概论［M］.天津：天津大学出版社，2011.

［35］罗昌智.浙江文化教程［M］.杭州：浙江工商大学出版社，2009.

［36］罗翰等编.福建旅游指南［M］.北京：中国旅游出版社，1987.

［37］吕明.伴游扬州（英汉双语）［M］.苏州：苏州大学出版社，2019.

［38］马莉.西北少数民族民俗风情［M］.银川：宁夏人民出版社，2013.

［39］闵煜铭，曹松涛，方觉曙，等.安徽省地理［M］.合肥：安徽人民出版社，1991.

［40］潘冬南.广西导游［M］.北京：北京理工大学出版社，2017.

［41］秦合岗.导游基础知识［M］.北京：机械工业出版社，2015.

［42］裘樟鑫，于能.农村地名传说故事［M］.杭州：浙江工商大学出版社，2012.

［43］全国导游基础知识［M］.北京：人民日报出版社，1995.

［44］全国导游人员资格考试辅导教材编写组.全国导游基础知识［M］.武汉：圣才电子
书出版社，2019.

［45］荣立楠.中国历史名城掌故与传说［M］.北京：金盾出版社，1997.

［46］山东省《齐鲁考古丛刊》部.山东史前文化论文集［M］.济南：齐鲁书社，1986.

［47］沈民权.导游基础知识［M］.北京：高等教育出版社，2015.

［48］圣才学习网.全国中级导游资格考试《导游知识专题》［M］.武汉：圣才电子书出
版社，2019.

［49］圣才学习网.全国中级导游资格考试《汉语言文学知识》［M］.武汉：圣才电子书
出版社，2019.

［50］苏州市农业区划办公室.苏州旅游资源［M］.上海：上海科学技术出版社，1992.

［51］佟蔚.中国旅游地理［M］.武汉：武汉大学出版社，2013.

［52］汪小洋，周欣．江苏地域文化导读［M］．南京：东南大学出版社，2008．

［53］王方晗．我爱天津［M］．济南：山东画报出版社，2014．

［54］王枫．中国旅游地理［M］．北京：冶金工业出版社，2013．

［55］王聚贤．中国旅游地理［M］．北京：北京理工大学出版社，2012．

［56］王忠武，黄细嘉，龚志强．江西导游新编［M］．南昌：江西科学技术出版社，2008．

［57］王钟印．中国旅游地理概论［M］．北京：中国旅游出版社，1994．

［58］王祖光．导游上海［M］．上海：上海辞书出版社，2010．

［59］魏伯南．海南岛［M］．北京：中国旅游出版社，2005．

［60］蜗牛导考教研室．地方导游基础知识［M］．北京：中国环境出版社，2019．

［61］吴春美．中国旅游地理［M］．北京：旅游教育出版社，2017．

［62］吴国清．中国旅游地理［M］．上海：上海人民出版社，2012．

［63］吴攀升．山西地理［M］．北京：北京师范大学出版社，2017．

［64］席金兰．畅游台湾［M］．北京：清华大学出版社，2012．

［65］夏秋芬，王健．千古画卷采石矶［J］．人民公交，2014（9）：108–109．

［66］向云驹．中国民间文学经典文库（神话）［M］．银川：宁夏人民出版社，2009．

［67］肖星．中外旅游地理［M］．广州：华南理工大学出版社，2005．

［68］辛建荣．旅游区规划与管理［M］．天津：南开大学出版社，1999．

［69］徐耀新．历史文化名城名镇名村（无锡）［M］．南京：江苏人民出版社，2017．

［70］杨国庆．南京城墙［M］．南京：江苏人民出版社，2014．

［71］杨清波．东北民歌文化研究及艺术探析［M］．青岛：中国海洋大学出版社，2019．

［72］杨宗生，符忠昌．海南岛揽胜［M］．北京：中国旅游出版社，1985．

［73］姚雪峰．中国旅游地理［M］．北京：中国旅游出版社，2016．

［74］应舍法．悠游浙江［M］．杭州：浙江人民出版社，2012．

［75］袁小凤，何方永．中国旅游地理［M］．成都：电子科技大学出版社，2007．

［76］袁忠玉．人文精神渗透于地理教学的方法探究［J］．成才之路，2020（27）：55–56．

［77］詹艳．高职高专中国旅游地理课程教学提升人文素养的探索与实践［J］．佳木斯职业学院学报，2016（11）:23–24．

［78］张海燕．在地理教学中渗透思政教育［J］．科教导刊-电子版（下旬），2020（5）：107–108．

［79］张妙弟．美丽澳门（美丽中国）（中国地理学会·全民科普读本）［M］．北京：蓝天出版社，2015．

［80］张妙弟．美丽广东（美丽中国）（中国地理学会·全民科普读本）［M］．北京：蓝天出版社，2015．

［81］张妙弟．美丽广西（美丽中国）（中国地理学会·全民科普读本）［M］．北京：蓝

天出版社，2015.

［82］张妙弟. 美丽海南（美丽中国）（中国地理学会·全民科普读本）［M］. 北京：蓝
天出版社，2015.

［83］张妙弟. 美丽台湾（美丽中国）（中国地理学会·全民科普读本）［M］. 北京：蓝
天出版社，2015.

［84］张妙弟. 美丽香港（美丽中国）（中国地理学会·全民科普读本）［M］. 北京：蓝
天出版社，2015.

［85］张伟. 吴文华与苏州文化产业发展的实践和探索［M］. 苏州：苏州大学出版社，
2016.

［86］张志军. 江西地方文化史导论［M］. 成都：西南交通大学出版社，2018.

［87］张志远. 导游基础知识［M］. 北京：中央广播大学出版社，2012.

［88］章尚正. 醉翁亭与琅琊山——旅游名胜开发研究之一［J］. 安徽大学学报，1996
（1）：73–75，67.

［89］赵菡，裴露. 基于舞台真实理论的文化旅游开发的可行性研究——以寿县古城墙为例
［J］. 商场现代化，2015（17）：157.

［90］郑岩，宿伟玲. 旅游管理类专业课程思政建设的创新思考与实践［J］. 创新创业理论
研究与实践，2021（4）：34–36.

［91］中国交通地理［M］. 北京：科学出版社，2000.

［92］陈航. 中国旅游地理［M］. 北京：清华大学出版社，2014.

［93］曹培培. 周凤杰. 中国旅游地理［M］. 北京：中国林业出版社，2016.

［94］周航，王全吉. 浙江民间故事精粹［M］. 杭州：浙江文艺出版社，2010.

［95］周建梅. 高职《中国旅游地理》教学中渗透人文精神教育［J］. 中国成人教育，2010
（20）：177–178.

［96］周永才，钱子春，肖浅祺，等. 江浙沪名土特产志［M］. 南京：南京大学出版社，
1987.

［97］周永振. 旅游文化概论［M］. 武汉：武汉大学出版社，2010.

［98］朱华. 旅游学概论［M］. 北京：北京大学出版社，2014.

［99］朱伟. 旅游文化学［M］. 武汉：华中科技大学出版社，2011.

附　录

附录 1　中国十大风景名胜

1985 年，由群众投票，在全国评选出"中国十大风景名胜"，它们依次是：万里长城、桂林山水、杭州西湖、故宫、苏州园林、安徽黄山、长江三峡、台湾日月潭、承德避暑山庄、秦陵兵马俑。

附录 2　中国历史文化名城

中国历史文化名城由国务院审批，截至 2021 年 3 月 12 日已公布三批及 36 座增补城市，共计 123 座。

第一批历史文化名城（1982 年公布，共 24 座）：北京、承德、大同、南京、苏州、扬州、杭州、绍兴、泉州、景德镇、曲阜、洛阳、开封、江陵（今荆州）、长沙、广州、桂林、成都、遵义、昆明、大理、拉萨、西安、延安。

第二批历史文化名城（1986 年公布，共 38 座）：上海、天津、沈阳、武汉、重庆、南昌、保定、平遥、呼和浩特、镇江、常熟、徐州、淮安、宁波、歙县、亳州、寿县、福州、漳州、济南、安阳、南阳、商丘、襄樊（现为襄阳）、潮州、阆中、宜宾、自贡、镇远、丽江、日喀则（今桑珠孜区）、韩城、榆林、武威、张掖、敦煌、银川、喀什。

第三批历史文化名城（1994 年公布，共 37 座）：正定、邯郸、新绛、代县、祁县、哈尔滨、吉林、集安、衢州、临海、长汀、赣州、青岛、聊城、邹城、临淄、郑州、浚县、随州、钟祥、岳阳、肇庆、佛山、梅州、海康（今雷州）、柳州、琼山、乐山、都江堰、泸州、建水、巍山、江孜、咸阳、汉中、天水、铜仁。

增补历史文化名城（2001—2021 年公布，共 36 座）：山海关区（秦皇岛）、凤凰县、濮阳、安庆、泰安、海口、金华、绩溪、吐鲁番、特克斯、无锡、南通、北海、宜兴、嘉兴、太原、中山、蓬莱、会理县、库车县、伊宁、泰州、会泽县、烟台、青州、湖州、齐齐哈尔、常州、瑞金、惠州、温州、高邮、永州、长春、龙泉、蔚县、辽阳、通海县、黟县。

附录3　中国旅游胜地四十佳

1991年全国评选出"中国旅游胜地四十佳"，名单如下：

一、以自然景观为主的旅游胜地（10处）

长江三峡风景区、桂林漓江风景区、黄山风景区、庐山风景区、杭州西湖风景区、峨眉山风景区、黄果树瀑布风景区、泰山风景区、秦皇岛北戴河海滨风景区、华山风景区。

二、以人文景观为主的旅游胜地（10处）

八达岭长城、乐山大佛、苏州园林、故宫、敦煌莫高窟、曲阜三孔（孔府、孔庙、孔林）、颐和园、明十三陵、中山陵、承德避暑山庄—外八庙。

三、新开发的以自然景观为主的旅游胜地（10处）

九寨沟黄龙寺风景区、桐庐瑶琳仙境、贵州织金洞、巫山小三峡、井冈山风景区、蜀南竹海风景区、大东海—亚龙湾风景区、武陵源风景区、五大连池风景区、黄河壶口瀑布风景区。

四、新开发的以人文景观为主的旅游胜地（10处）

秦始皇陵兵马俑博物馆、自贡恐龙博物馆、黄鹤楼、北京大观园、山海关及老龙头长城、成吉思汗陵、珠海旅游城、锦绣中华、夫子庙及其秦淮河风光带、葛洲坝。

附录4　中国八大古都

中国八大古都：西安、洛阳、开封、南京、杭州、北京、安阳、郑州。

附录5　全国首批国家级重点风景名胜区

1982年，国务院审批并公布了我国第一批国家级重点风景名胜区，共44处。它们是：八达岭—十三陵、承德避暑山庄、秦皇岛—北戴河、五台山、恒山、千山、镜泊湖、五大连池、太湖、南京钟山、杭州西湖、富春江—新安江、雁荡山、普陀山、黄山、九华山、天柱山、武夷山、庐山、井冈山、泰山、崂山、鸡公山、洛阳龙门石窟、嵩山、武汉东湖、武当山、衡山、肇庆星湖、桂林漓江、峨眉山、长江三峡、黄龙寺—九寨沟、重庆缙云山、青城山—都江堰、剑门蜀道、黄果树瀑布、路南石林、大理苍山洱海、西双版纳、华山、临潼骊山、麦积山、天山天池。

附录6　中国列入《世界遗产名录》项目

截止至2021年7月，中国已有56项世界文化、景观和自然遗产列入《世界遗产名录》，其中世界文化遗产 33 项、世界文化景观遗产 5 项、世界文化与自然双重遗产 4 项、世界自然遗产 14 项。

1. 文化遗产项目

明清皇宫（北京故宫和沈阳故宫）、万里长城、甘肃敦煌莫高窟、陕西秦始皇陵兵马俑、周口店"北京人"遗址、承德避暑山庄、湖北武当山、曲阜三孔（孔庙、孔府、孔林）、布达拉宫（包括大昭寺）、苏州古典园林、山西平遥古城、云南丽江古城、北京颐和园、北京天坛、重庆大足石刻、明清皇家陵寝（明显陵、清东陵、清西陵、明孝陵、明十三陵、盛京三陵）、河南洛阳龙门石窟、安徽古村落（西递、宏村）、四川青城山和都江堰、山西大同云冈石窟、吉林高句丽王城王陵及贵族墓葬、澳门历史城区、安阳殷墟、开平碉楼与古村落、福建土楼、登封"天地之中"历史建筑群、元上都遗址、京杭大运河、丝绸之路、土司遗址（湖南永顺老司城遗址、湖北恩施唐崖土司城遗址、贵州遵义海龙屯土司遗址）、厦门鼓浪屿、良渚古城遗址以及泉州：宋元中国的世界海洋商贸中心。

2. 自然遗产项目

云南"三江并流"自然景观、四川大熊猫栖息地、中国南方喀斯特、江西三清山、湖南武陵源国家级名胜区、四川九寨沟国家级名胜区、四川黄龙国家级名胜区、中国丹霞地貌、澄江化石地、新疆天山、湖北神龙架、可可西里、贵州梵净山、中国黄（渤）海候鸟栖息地。

3. 文化与自然双重遗产项目

山东泰山、安徽黄山、四川峨眉山—乐山风景名胜区、福建武夷山。

4. 文化景观遗产项目

江西庐山风景名胜区、山西五台山、杭州西湖、红河哈尼梯田文化景观、左江花山岩画文化景观、贵州梵净山。